MW01634565

MARCUS M. KEUPP
Spurwechsel

Marcus M. Keupp

Spur-
wechsel

Die neue Weltordnung nach Russlands Krieg

QUADRIGA

Die Bastei Lübbe AG verfolgt eine nachhaltige Buchproduktion. Wir verwenden Papiere aus nachhaltiger Forstwirtschaft und verzichten darauf, Bücher einzeln in Folie zu verpacken. Wir stellen unsere Bücher in Deutschland und Europa (EU) her und arbeiten mit den Druckereien kontinuierlich an einer positiven Ökobilanz.

Originalausgabe

Copyright © 2025 by
Bastei Lübbe AG, Schanzenstraße 6–20, 51063 Köln, Deutschland

Bei Fragen zur Produktsicherheit wenden Sie sich bitte an:
produktsicherheit@bastei-luebbe.de

Vervielfältigungen dieses Werkes für das Text- und Data-Mining
bleiben vorbehalten.
Die Verwendung des Werkes oder Teilen davon zum Training
von Künstliche-Intelligenz-Technologien oder -Systemen ist untersagt.

Textredaktion: Burkard Miltenberger, Berlin
Umschlaggestaltung: zero-media.net, München
Einband-/Umschlagmotiv: © FinePic, München
Satz: hanseatenSatz-bremen, Bremen
Gesetzt aus der Minion Pro
Druck und Verarbeitung: GGP Media GmbH, Pößneck

Printed in Germany
ISBN 978-3-86995-153-9

5   4   3   2

Sie finden uns im Internet unter quadriga-verlag.de
Bitte beachten Sie auch: lesejury.de

Шли столетья по России,
бил надежды барабан.
Не мечи людей косили –
слава, злато и обман.

Что ни век – все те же нравы,
ухищренья и дела…

– Булат Шалвович Окуджава,
Считалочка для Беллы (1972)

Eine Wahrheit kann erst wirken,
wenn der Empfänger für sie reif ist.
Nicht an den Wahrheiten liegt es daher,
wenn die Menschen noch so voller Unweisheit sind.

– Christian Morgenstern, *Stufen* (1922)

The most important political question on which modern times have to decide,
is the policy that must now be pursued, in order to maintain the security
of Western Europe against the overgrown power of Russia.

– John Mitchell, *Thoughts on tactics and military organization* (1838)

Inhaltsverzeichnis

Vorwort

Exegi monumentum aere perennius

– Horaz, Oden 3.30

Der Krieg, der Vater aller Dinge? Er hat die so stabil geglaubte Vorkriegswelt zerstört, doch ohne ihn wäre dieses Buch nicht entstanden. Scheinbar sichere Pfade sind verschwunden, ganz neue, für unmöglich gehaltene neu entstanden. Es ist an der Zeit, sich zu orientieren. Wer in der neuen Welt bestehen will, muss sie nüchtern und illusionslos anschauen – und das gilt insbesondere für den Blick nach Osten. Denn der Krieg ist größer als sein Kampfraum. Die heutige Zeit mag so manchem diffus erscheinen, aber nie waren die Wahlmöglichkeiten so klar, so ausschließlich. Die großen Grundsatzfragen sind immer noch offen. Weltanschauungen ringen miteinander, und wer sich behaupten will, muss die Sprache der Stärke sprechen. Nach dem Krieg ist vor dem Krieg: Diese Auseinandersetzung wird lange dauern.

Man muss viele Perspektiven verbinden, um den Krieg in seiner Gesamtheit zu verstehen. Daher habe ich versucht, Zusammenhänge fachübergreifend darzustellen. Komplexe Sachverhalte werden mitunter vereinfacht und in großen Bögen präsentiert – die Wissenschaft möge es mir nachsehen. Dennoch ist der Text tief in der wissenschaftlichen Literatur und der zeitgenössischen Analytik verankert. Der interessierte Leser findet alle Nachweise, Daten und Quellen in den Anmerkungen. Orts- und Personennamen werden gemäß den Konventionen der deutschsprachigen Presse geschrieben – auch wenn deren

Transliterationen falsch sind, sowohl gegenüber kyrillischen als auch gegenüber turksprachigen Alphabeten. Der Name Борис Ельцин wird daher als *Boris Jelzin* geschrieben, obwohl man ihn eigentlich mit *El'cin* transliterieren müsste, und Weichheits- sowie Härtezeichen werden nicht mit Apostrophen ersetzt. Schwer zu übersetzende Begriffe sind im Original angegeben und umschrieben. Das ist mehr als nur linguistische Feinheit: Wir wissen immer noch sehr wenig von Sprache und Kultur des Ostens, von russischer Geschichte und imperialen Gedanken. Aber wer sich bereit machen will für die morgige Welt, darf nicht länger auf die Märchen von gestern vertrauen.

Standing on the shoulders of giants: So zu schreiben ist nur möglich, weil ich mich auf die Grundlagenwerke vieler herausragender Historiker, Landeskenner und technischer Experten stützen konnte. Bisher waren vor allem diejenigen zu hören, die zu allem eine Meinung, aber keine fachliche Kenntnis haben. Gerade deshalb ist faktenbasierte Analytik wichtig, und entsprechend muss das Buch vieles zertrümmern, was man als gesichert oder richtig angenommen hat. Doch ohne kreative Zerstörung gibt es keinen Neubeginn – und ohne umfassende Unterstützung keinen Erfolg. Ohne die unermüdliche Mitarbeit meiner Assistenten Maximilian Dambacher, Fabian Muhly, Christoph Schulze und Martin Bader, die Literatur aufbereitet, Quellen recherchiert und meine Entwürfe kritisch überprüft haben, wäre dieses Werk unmöglich gewesen. Stephan Meyer und Cindy Witt haben das Projekt mit sicherem Gespür begleitet, und Burkard Miltenberger hat dem Manuskript den letzten Schliff gegeben. Dennoch liegt die Verantwortung für den Text allein bei mir, und alle verbleibenden Fehler sind meine. Mein Dank gilt auch der Schweizer Armee. Korpskommandant Walser, Divisionär René Wellinger und Brigadier Hugo Roux haben mich bei der Entstehung dieses Werkes stets unterstützt und mir den Rücken gestärkt.

Ich lebe das *strenuous life*, wie Theodore Roosevelt es beschrieben hat: Es ist anstrengend, integrativ und interdisziplinär zu schreiben, aber man darf sich nie entmutigen lassen – *dare mighty things.* Und es ist riskant, politische Sachbücher zu verfassen. Weder folgt man ganz der wissenschaftlichen Konvention, noch kann man einfach journalistisch oder frei von Analytik schreiben. Das Werk bleibt eine Skizze, ein Versuch, komplexe und fluide Zusammenhänge zu bändigen. Leser und Fachkritik werden entscheiden, ob es nützlich und gelungen ist, wie gut es den unerbittlichen Zeitenlauf übersteht. Wenigen ist es vergönnt, dauerhaft in Erinnerung zu bleiben. Ich hoffe auf ein mildes Urteil.

Basel, im März 2025 PD Dr. Marcus Matthias Keupp,
Dipl.-Kfm.

IMPERIUM

Bruchstellen

Von wegen *Russland verstehen*: Der blinde Fleck nach Osten hat eine lange Tradition. Man träumt von unendlichen Weiten, märchenhaften Reichtümern, ergeht sich in Friedensphantasien. Aber Russland ist ein Imperium, und genauso denkt und verhält es sich auch.

Dieser Blickwinkel erscheint vielen ungewohnt, weil die westeuropäischen Imperien maritim geprägt waren: die Schifffahrt und der Welthandel verbanden die spanischen, französischen, portugiesischen und niederländischen Kolonien genauso wie das britische Empire. Die Zaren hingegen unterwerfen ihre Nachbarn genauso wie die Osmanen und die Habsburger: auf dem Landweg. Ostwärts folgen sie der fruchtbaren Schwarzerde (чернозём), kolonisieren in Sibirien riesige, von indigenen Völkern besiedelte oder gänzlich menschenleere Räume, führen aber auch Kriege gegen hochentwickelte Staatswesen, stoßen östlich und westlich bis an die Meeresküsten vor. So mancher will auch heute nicht wahrhaben, dass Russland genauso gewaltsam entstanden ist wie das Osmanische Reich, hält es für einen Nationalstaat, obwohl es auch heute noch über mehr Ethnien regiert, als jemals in Österreich-Ungarn lebten.

Bis weit ins 17. Jahrhundert hinein ist *russisch*, ganz ähnlich wie *deutsch*, ein vager Sprach- und Kulturbegriff, eine unscharfe Raumvorstellung, aber keine politische Landesbezeichnung. Iwan III. nennt sich zwar erstmals *Großfürst von Moskau*, und in seiner europäischen Korrespondenz bezeichnet er sich bereits als *Zar*, obwohl erst knapp 100 Jahre später sein Enkel Iwan IV. – *der Schreckliche* – als solcher gekrönt wird. Aber ein Land namens Russland ist in Europa damals unbekannt: Die Chronisten der frühen Neuzeit nennen Iwans Herrschaftsraum *moscovia*, und davon abgeleitet bezeichnen sie seine Untertanen insgesamt – und nicht nur die Einwohner der Hauptstadt – als *Moskowiter*. Erst zu Beginn des 18. Jahrhunderts beginnt man auch in Europa allmählich von *Russland* zu sprechen.[1]

Der Landesname ist somit eigentlich eine politische Erfindung, die weniger auf einer kontinuierlichen historischen Tradition beruht, sondern vielmehr eine nationale Identität begründen und territoriale Ansprüche legitimieren soll. Denn unter *Rus-Land* verstanden die Chronisten etwas ganz anderes, nämlich das seit dem 14. Jahrhundert polnisch-litauisch beherrschte Gebiet der historischen Rus, die sich zwischen der Ostsee und dem Schwarzen Meer erstreckte. Diese im frühen Mittelalter gebildete Kulturgemeinschaft war kein zentralisierter Staat, sondern ein loser Verband regionaler Fürstentümer, in denen sich skandinavische Krieger und Händler mit altslawischen Siedlern vermischten. Gemeinsam kontrollierten sie die Handelswege zwischen dem Baltikum und Byzanz. Das heutige Russland ist jedoch keinesfalls der Nachfolger dieses Gebiets, wie die russische Staatspropaganda gern behauptet.

Vielmehr führte der Mongoleneinfall in Europa dazu, dass sich die Rus in zwei große Teilregionen trennte, die ganz unterschiedliche Entwicklungen nahmen. Ab 1237 begannen die aus Zentralasien vorstoßenden Mongolen, die Kiewer Rus zu überrennen. 1240 brennen sie Kiew nieder, womit die historische Rus als zusammenhängendes Gebilde endet. Schon zuvor hatten einzelne Fürsten ihren Sitz nach Nordosten verlagert, und weitere folgen, um den Mongolen auszuweichen. Unter Fürst Jurij Dolgoruki bildet sich in der Region um Susdal und Wladimir ein neues lokales Machtzentrum – 1147 wird erstmals ein kleiner befestigter Ort urkundlich erwähnt, den er (vermutlich) gründete: Moskau. Der Süden der alten Rus ist hingegen nach den Mongoleneinfällen zunehmend entvölkert und wirtschaftlich geschwächt. In dieses Machtvakuum stoßen die Großfürsten von Litauen vor. Über einen Zeitraum von rund 150 Jahren drängen sie die mongolische Herrschaft allmählich zurück. 1362, nach der Schlacht an den Blauen Wassern, beherrscht Algirdas bereits Kiew, und Vytautas (*der Große*) dehnt das Herrschaftsgebiet bis zum Schwarzen Meer aus. Die heutige Ukraine ist daher ebenso wenig ein direkter Nachfolger der historischen Rus, sondern vielmehr das Ergebnis eines komplexen politischen und kulturellen Prozesses, der von polnisch-litauischen Herrschaftsstrukturen, kosakischen Aufständen und der Interaktion mit Zentraleuropa und der russischen Politik geprägt war.[2]

Trotz ihrer gemeinsamen historischen Wurzeln nahmen die nördlichen und südlichen Fürstentümer völlig unterschiedliche Entwicklungen. Die nördliche Rus wird durch den polnisch-litauischen Sperrriegel vom übrigen Europa abgeschottet und nimmt daher nur begrenzt an der kulturellen Interaktion teil, zudem sie ständig nach Osten blicken muss: Denn die Mongolen ziehen nicht einfach ab, sondern unterwerfen die nördlichen Fürstentümer. Über zwei Jahrhunderte lang sind diese den Mongolen untertan und tributpflichtig. Erst nachdem Iwan III. 1478 das wohlhabende Nowgorod unterworfen hatte und daraufhin reich und selbstbewusst geworden war, verweigert er Ahmed Khan 1480 den Tribut. Die Auseinandersetzung auf diese Provokation hin endet kampflos: Die Goldene Horde zieht sich zurück, nachdem ihr Heer dem russischen am Fluss Ugra wochenlang untätig gegenübersteht. Damit beginnt die mongolische Herrschaft langsam zu erodieren, und die Kräfteverhältnisse verschieben sich. Schließlich stößt Iwan IV. nach Osten vor und beginnt 1552 mit der Eroberung des Khanats von Kasan eine beispiellose Expansion:

Russland eignet sich nun über Jahrhunderte einen Großteil der Territorien an, die einst das mongolische Weltreich umfasst hatte. Und damit wird es selbst zum Vielvölkerreich.[3]

Um 1900 leben etwa 129 Millionen Menschen im russischen Kaiserreich, wobei die knapp 56 Millionen ethnischen Russen zu dieser Zeit eine Minderheit im eigenen Imperium sind, sie herrschen über rund 22 Millionen Ukrainer, acht Millionen Polen, sieben Millionen turkestanische Völker, fünf Millionen Belorussen, fünf Millionen Juden, je vier Millionen kaukasische Ethnien, Finnen und Tataren, sowie je eine Million Litauer, Letten, Esten und Deutsche – um nur die numerisch größten Völker zu nennen.[4] Diese Verhältnisse bleiben erstaunlich stabil, nicht zuletzt aufgrund des starken Bevölkerungswachstums der zentralasiatischen Völker nach 1950: Auch 1989 lebt nur etwas mehr als die Hälfte aller Sowjetbürger in der Russischen Sozialistischen Föderativen Sowjetrepublik (RSFSR).[5] Und auch wenn die heutige Russländische Föderation zu etwa 80 Prozent von ethnischen Russen bewohnt wird, so teilen sich diese den Raum mit über 180 nichtrussischen Volksgruppen.[6]

Am Vorabend des Ersten Weltkriegs erstreckt sich dieser diffuse Vielvölkerverband über ganz Eurasien, grenzt westlich ans deutsche Kaiserreich, südlich an Persien und Afghanistan, östlich an China und Korea, herrscht über Sibirien und das Nordmeer bis zum Pol. Aber so erfolgreich die Eroberungszüge militärisch auch waren, so wenig haben sie eine vereinigende Nationalidee hervorgebracht. Die Völker nutzen Russisch zwar als *lingua franca*, die wenigsten fühlen sich dem Zarenreich jedoch innerlich verbunden. Sie sprechen zu Hause polnisch, jiddisch oder ukrainisch, identifizieren sich mit ihrem baltischen, finnisch-ugrischen, sibirischen Erbe. Viele kaukasische Völker sind muslimisch, so wie auch die turksprachigen Tataren und Baschkiren, und beides trifft auch auf Kasachen, Usbeken, Turkmenen und Kirgisen zu, die Tadschiken hingegen sprechen neupersisch (*Farsi*). Was verbindet sie, abgesehen von der Moskauer Oberherrschaft? Bis heute bleibt komplex und umstritten, was die russische Identität ausmacht, was das Adjektiv *russisch* eigentlich beschreibt, was die Staatsidee, die Nationalerzählung sein soll. Noch beim Übergang zur Moderne muss man resignierend feststellen: *Seit der Zeit Peters des Großen und Katharina der Großen hat es ein Ding namens Russland nicht gegeben, es gab immer nur das russische Imperium.*[7] Und nach dem Untergang der Sowjetunion streitet man jahrelang über neue Flaggen und Staatssymbole, ändert den Text der sowjetischen Hymne, behält aber ihre Melodie bei. Über alle politischen Systeme und historischen Epochen hinweg haben die russischen Herrscher hartnäckig, aber letztlich erfolglos versucht, eine Nationalidee und eine Staatsarchitektur zu finden, die dem Imperium einen inneren, freiwillig getragenen Zusammenhalt verschafft. Dabei waren sie durchaus kreativ; es mangelt ihnen nicht an Ideen, warum das Imperium notwendig ist, warum es mehr sein soll als nur eine zusammengewürfelte Völkersammlung.[8]

Iwan III. sieht seine Herrschaft in der Kontinuität des oströmischen Reiches. Als es 1453 mit dem Fall Konstantinopels untergeht, übernimmt er von ihm das Symbol des Doppeladlers – von der sowjetischen Ära abgesehen bis heute das russische Staatswappen –, und er heiratet die Tochter des letzten byzantinischen Kaisers. Es bleibt offen, inwiefern er tatsächlich an die ursprünglich theologisch gemeinte Idee eines *Dritten Rom* glaubte, nach dem kein weiteres Weltreich mehr vorstellbar sei – aber sie eignet sich hervorragend, um die imperiale Expansion zu legitimieren: Wenn er nun fremde, früher mongolisch beherrschte Völker unterwirft, so deshalb, weil er sich zur Herrschaft erwählt fühlt.

Als Peter I. 1721 zum Kaiser proklamiert wird, stellt er ein Identitätskonzept vor, das nicht nur die russische, also ethnisch slawische und religiös orthodoxe Ethnie (русский), sondern alle Bewohner des Imperiums umfassen soll, auch und gerade wenn sie anderen Volksgruppen angehören (российский). Dieses Kunstwort wird bis heute verwendet, um die komplexe Verschränkung von Staat und Imperium, von russischen und nichtrussischen Ethnien zu beschreiben, auch die heutige Staatsbezeichnung der *Russländischen Föderation* (Российская Федерация) leitet sich davon ab.[9] Das zugrundeliegende Konzept ist so simpel wie integrativ: Mögen sich die unterworfenen Volksgruppen auch ethnisch, sprachlich, religiös und kulturell unterscheiden, so bilden sie doch eine große Gemeinschaft, die der Zar als verbindende Klammer zentralistisch regiert.

Auch Katharina II. versucht sich an einer Nationalidee. Als sie 1767 erstmals die tatarische Hauptstadt Kasan besucht, schreibt sie so beeindruckt wie ernüchtert an Voltaire: *In dieser Stadt sind zwanzig verschiedene Völker, die sich in keiner Weise gleichen, und doch muss ich ein Gewand für sie schneidern, das ihnen allen passt.*[10] Sie stellt ihre Eroberungsfeldzüge als zivilisationsstiftend, als Projekt der Aufklärung dar: Russland sei (von wem auch immer) beauftragt, seine einzigartige Kultur in die menschenleeren Weiten zu tragen und die unterdrückten, vormodern lebenden Völker zu *entwickeln*. Während ihr Ansatz rational ist, lässt Alexander I. sich von mystisch-religiösen Allmachtsphantasien leiten: Russland sei auserwählt, die slawischen Völker zu führen und zu *beschützen*. Auch Puschkin und Dostojewski vertreten solche Gedanken: Russland habe eine besondere Bestimmung, es sei spirituell und historisch zur Mission auserwählt und moralisch dazu verpflichtet.[11]

Von dort ist es nicht weit zu den imperialen Theoretikern des 19. Jahrhunderts, die östlich wie westlich siedelnde Völker als minderwertig betrachten und ihnen die Fähigkeit absprechen, moderne Staaten zu bilden. Dem russischen Imperium komme daher die mühevolle Aufgabe zu, sie aus rückständiger

Dunkelheit ans zivilisierte Licht zu führen. Diese Idee ist nicht speziell russisch, sondern vielmehr typisch für koloniales Denken; die zwangsweise hergestellte Gemeinschaft wird als zivilisatorische Entwicklungsaufgabe umgedeutet: *Take up the white man's burden.* Die Russen erscheinen gegenüber den unterworfenen Völkern als idealistische, etwas naive, aber gutmütige große Brüder, die die kleinen Geschwister opferreich ans Licht führen, wofür sich diese dankbar zu zeigen hätten: *Russland sei ein Land, das sich selbst kolonisiert.*[12]

Lenin verachtet den Imperialismus zwar ideologisch, realpolitisch will er aber nach 1917 nicht akzeptieren, dass das zaristische Imperium zerfällt. Mit der Idee der sowjetischen *Gemeinschaftswohnung* (коммуналка) versucht er eine innere Einheit herzustellen: Jedes Volk, jede Region darf ein eigenes Zimmer im gemeinschaftlichen Haushalt bewohnen und dort ein wenig Privatsphäre genießen, aber die Klammer des sowjetischen Unionsstaates verbindet sie alle. In den 1920er Jahren versucht Stalin – damals Volkskommissar für Nationalitätenfragen – ein verbindendes Konzept zu schaffen, das er als *Verwurzelung* (коренизация) bezeichnet: Lokale Kulturen und Sprachen sind erlaubt, werden sogar gefördert, aber nur solange sich alle Volksgruppen zur übergeordneten Einheit von Partei und Staat bekennen: *National in der Form, sozialistisch im Inhalt.*[13]

Als das Imperium nach 1991 erneut zu zerfallen droht, entwickelt Jelzin ein zugleich patriotisches und inklusives Identitätskonzept: Alle Einwohner seien, unabhängig von ihrer ethnischen oder nationalen Identität, gleichberechtigte Angehörige des Imperiums (россияне). Und schließlich propagiert Putin seit 2009 eine grenzenlose *Zivilisation* (русский мир), fällt dabei aber wieder in das Denken einer russischen Leitkultur zurück: Die russische Kulturgemeinschaft ende nicht an Nationalstaatsgrenzen; wo auch immer Russen lebten, sei Russland, und es schütze seine Volksangehörigen auch in anderen Staaten. Das Adjektiv *russisch* bezeichnet in seiner Vorstellung nicht nur eine Ethnie, sondern eine bewusste politische Kulturwahl: Egal, wo man lebt, welche Staatsangehörigkeit man hat – wer den russischen Pass annimmt, wird zum Russen, wird virtuell Teil des Imperiums. Jeder kann sich dieser Ideenwelt verschreiben, ob er früher im sowjetischen Imperium ansässig war oder nicht. Dennoch bleibt das Konzept letztlich nationalistisch und logisch inkonsistent. Die russische Ethnie nimmt in diesem Konzept eine quasi selbstverständliche Führungsrolle ein: Um zu dieser (imaginierten) Zivilisation zu gehören, muss man sich der Weltsicht, dem kulturellen Erbe und der Staatstradition des russischen Volkes verschreiben. Bezeichnenderweise wird das Konzept gerade *nicht* als российский мир, als Völkergemeinschaft, formuliert.[14]

Dennoch will keines dieser ideellen Konzepte so recht funktionieren: Stattdessen streben die einst unterworfenen Völker davon, sobald sich die Chance dazu bietet; und haben sie das Imperium einmal verlassen, wollen sie nicht zurück. Allein im 20. Jahrhundert ist es zweimal beinahe zerbrochen.

Die Bolschewiki versuchen im russischen Bürgerkrieg, die Völker auf ihre Seite zu ziehen, indem sie das *Manifest der Völker Russlands* veröffentlichen: Allen soll die freie Selbstbestimmung zugesprochen werden. Statt zaristische Repression zu erfahren, darf sich jeder nun frei entfalten – freilich *innerhalb* eines zentralistisch geführten Staatsverbands, der der kommunistischen Ideologie verpflichtet ist. Die Völker nehmen den Aufruf aber etwas zu wörtlich und verabschieden sich umgehend: Polen, die Ukraine, Estland, Lettland, Litauen, Georgien, Armenien, Aserbaidschan und Finnland brechen in kürzester Zeit weg und erklären sich zu unabhängigen Nationalstaaten. Aber nicht nur die Völker des äußeren Imperiums lösen sich, auch innerlich bricht es auseinander. Zahlreiche so kleinräumige wie kurzlebige Staaten entstehen: die Republik Uhtua in Karelien, die Volksrepublik der Krim, die Volksrepublik von Kuban, die kaukasische Bergrepublik sowie das nordkaukasische Emirat, die Republik Kars und die Republik Idel-Ural, um nur einige zu nennen. In Turkestan bricht 1918 der Basmatschi-Aufstand los, er folgt dem gescheiterten Versuch, das Khanat von Kokand wiederzuerrichten. Lokale Bauern wehren sich gegen die sowjetische Zwangskollektivierung, muslimische Geistliche widersetzen sich der atheistischen Ausrichtung der Bolschewiki, und der osmanische General Enver Pascha versucht, beide für die pantürkische Idee zu gewinnen und mit ihrer Hilfe ein Kalifat in Samarkand zu gründen – erst 1924 kontrolliert die Rote Armee das Gebiet wieder vollständig.[15]

Auch sonst hat die Armee im russischen Bürgerkrieg alle Hände voll zu tun, die entsprungenen Völker wieder einzufangen und zwangsweise ins kommunistische Paradies einzugliedern. Dabei geht sie zuerst gegen den Kaukasus, Zentralasien und die Ukraine vor, aus ganz pragmatischen Gründen – das neue Regime braucht die Ölversorgung, die Baumwolle, die Weizenfelder. Erst 1922, mit der Gründung der Sowjetunion, ist die mühevolle geographische Restauration des Zarenreichs abgeschlossen, aber sie gelingt nicht ganz: Finnland und die baltischen Staaten setzen sich militärisch gegen die Rote Armee durch und bewahren ihre Unabhängigkeit – erst 1940, als die Sowjetunion sich ökonomisch und militärisch konsolidiert hat, wird Stalin auch sie wieder gewaltsam einsammeln und Finnland, obwohl die Rote Armee im sowjetisch-finnischen Winterkrieg schwere Verluste erleidet, seine karelischen Provinzen entreißen.[16]

Die Desintegration wiederholt sich 1989: Die ökonomisch ruinierte und in Afghanistan geschlagene Sowjetunion ist nicht länger fähig und willens, die Unabhängigkeitsbestrebungen der Satellitenstaaten aufzuhalten. Bereits zwischen 1988 und 1990 schließen Polen, Ungarn und die Tschechoslowakei zahlreiche Handelsabkommen mit dem Westen, und 1989 brechen im gesamten Ostblock teils friedliche, teils gewaltsame Volksrevolutionen aus, die die moskautreuen Regime stürzen.

Die osteuropäischen Satellitenstaaten sind verloren, aber auch das innere Imperium beginnt sich aufzulösen, und Gorbatschow versucht erfolglos, es zusammenzuhalten. In Deutschland immer noch als Friedensbringer und *Reformer* verklärt, hatte er nicht minder imperiale Ansichten als seine Vorgänger: Wo mehr als 50 Prozent Russen wohnten, könne man nicht von Staaten sprechen; das Baltikum, Kasachstan und die Ukraine seien keine Nationen, sondern *Minderheitenregionen* – obwohl die sowjetische Siedlungspolitik dort millionenfach Russen angesiedelt und die Kasachen sogar zur Minderheit im eigenen Land gemacht hatte. Schon 1986 unterdrückt das sowjetische Militär auf Gorbatschows Weisung hin erste Unabhängigkeitsbestrebungen in Kasachstan, 1989 schießt es auf Demonstranten in Georgien, 1990 unterdrückt es ethnische Unruhen in Aserbaidschan. Mit einer 650 Kilometer langen Menschenkette demonstrieren die baltischen Völker 1989 für ihre Eigenstaatlichkeit, aber noch im Januar 1991 fordert Gorbatschow den litauischen Interimspräsidenten auf, die im Vorjahr erklärte Unabhängigkeit zurückzunehmen. Umsonst: Sein Projekt eines neuen sowjetischen Unionsvertrags scheitert, auch alle weiteren Sowjetrepubliken erklären im Laufe des Jahres 1991 ihren Austritt.[17]

Auch Jelzin strebte danach, den russischen Einfluss in den neuen Nationalstaaten, die 1990 und 1991 aus dem zerfallenden sowjetischen Imperium hervorgingen, aufrechtzuerhalten. Im Westen trotz seiner so geselligen wie unberechenbaren Art als *liberaler Reformer* hochgejubelt, unterstützte er 1992 die transnistrischen Separatisten in der Republik Moldau und griff in den georgischen Bürgerkrieg ein, um prorussische Fraktionen in Abchasien und Südossetien zu unterstützen. Das äußere Imperium hat er zwar verloren, die Rote Armee ist weder fähig noch willens, die Völker wieder gewaltsam zurück ins Imperium zu zwingen. Aber die neuen Nationalstaaten sollen sich dennoch politisch und wirtschaftlich auf Russland ausrichten. Die gleichzeitig mit der Auflösung der Sowjetunion gegründete *Gemeinschaft Unabhängiger Staaten* (*GUS*, eigentlich Содружество Независимых Государств) ist zwar formell egalitär, aber als postkoloniale Bindungsstruktur erdacht. Putin wird diese Idee ab 2014 mit der Gründung der Eurasischen Wirtschaftsunion vertiefen.

Gleichzeitig etabliert sich ab 1991 ein neuer Begriff: das *nahe Ausland* (ближнее зарубежье): Wer sich darin befinde, so die Idee, sei zwar formal souverän, müsse aber russische Interessen besonders berücksichtigen und seine politischen und Handelsbeziehungen auf Russland ausrichten. Diese Bindungstechnik ist nicht spezifisch russisch, sondern vielmehr typisch für koloniales Denken. Sie findet sich insbesondere im französischen Konzept der *Françafrique*, deren Kontrollstrukturen nach 1960 weitaus stärker ausgeprägt waren als diejenigen der GUS: Die ehemaligen Kolonien sind nun pro forma selbständig, aber ihre Wirtschaftsbeziehungen sind unverändert auf das koloniale Zentrum hin ausgerichtet, sie dürfen eine eigene Zentralbank haben, aber deren Reserven liegen sicherheitshalber in Paris, und die Währung ist an den Euro gekoppelt.

Nach dem Zusammenbruch des sowjetischen Wirtschaftsmodells haben die zentralasiatischen Staaten und der Kaukasus kaum eine andere Wahl, als sich der GUS anzuschließen, während im früheren äußeren Imperium die Idee postkolonialer Bindung nicht mehr durchsetzbar ist. Polen und die baltischen Staaten verwahren sich scharf gegen jeden Einflussversuch, und in direkten Gesprächen mit US-Präsident Clinton lotet der polnische Staatspräsident Lech Wałęsa schon 1993 den NATO-Beitritt aus – er will die temporäre Schwäche Russlands nutzen, um sich abzusichern, und ahnt bereits, dass ein wiedererstarktes Russland erneut expandieren könnte.[18]

Gorbatschow und Jelzin standen vor dem gleichen Problem wie die Bolschewiki: Das Imperium zerfällt, und wenn es den Völkern gelingt, erfolgreich auszuscheiden, wird es auseinanderbrechen. Zwar wird die RSFSR schon 1992 staatsrechtlich in die heutige Russländische Föderation überführt, aber innerlich ist dieses neue Gebilde alles andere als stabil. Sowohl das ölreiche Tatarstan wie auch das bitterarme, aber stolze Tschetschenien hatten sich 1990 für souverän erklärt, auch im hochindustrialisierten Baschkortostan und der ressourcenreichen Region Sacha (Jakutien) gibt es Bestrebungen, sich von der Zentralmacht zu lösen, genau wie im multiethnischen Dagestan. Nach dem ökonomischen Zusammenbruch der sowjetischen Wirtschaft verfügte Jelzin weder über die finanziellen noch die militärischen Mittel, um einen zentralen Herrschaftsanspruch überall gleichzeitig durchzusetzen.

Er greift daher gezwungenermaßen zum Vertragsföderalismus und schließt eine chaotische Vielfalt von Einzelvereinbarungen mit den Regionen ab. Dabei muss er weitreichende Zugeständnisse machen und widerwillig dulden, dass die Moskauer Zentralmacht regional moderiert wird. Die ethnischen Fragen werden dabei nicht gelöst, sondern wie in der Sowjetunion lediglich eingekapselt: Die autonomen Sowjetrepubliken (ASSR) innerhalb der RSFSR werden in bis heute bestehende russländische Republiken (российские республики) überführt und erhalten dabei umfassende regionale Autonomierechte. Auch die autonomen Oblaste (AO) innerhalb der RSFSR behalten weitgehend ihren regionalen Sonderstatus.

Wie die Bolschewiki muss auch Jelzin die rohstoffreichen Gebiete des Imperiums halten. Daher lässt er Tschetschenien zunächst ziehen und konzentriert sich auf Tatarstan – er braucht das Öl für die Staatseinnahmen. Tatarstan weiß darum und lässt sich seine Zustimmung teuer abkaufen. Es weigert sich, den neuen Föderationsvertrag zu unterschreiben, und führt stattdessen 1992 ein Referendum durch, in dem eine Mehrheit für die Unabhängigkeit stimmt. Erst nach langen Verhandlungen und vielen Zugeständnissen kann Jelzin es 1994 zur Unterschrift bewegen, und erst dann erklärt er, dass keine Gefahr für das Auseinanderbrechen der Föderation mehr bestehe. Nach dieser Konsolidierung greift Jelzin im ersten Tschetschenienkrieg (1994–1996) zu militärischer Gewalt, um das abtrünnige Kaukasusvolk zurück ins russische Imperium zu zwingen. Er hat keine andere Wahl: Ein unabhängiges Tschetschenien, das der russischen Armee erfolgreich standhält, hätte unwiderstehlichen Vorbildcharakter für Dagestan, für den ganzen Nordkaukasus. Aber er verliert den Krieg, erst Putin kann sich im zweiten Tschetschenienkrieg (1999–2001) durchsetzen, wobei die russische Armee die Hauptstadt Grosny zum zweiten Mal zerstört.

Letztlich wird jeder russische Herrscher auf dieses zentrifugale Problem zurückgeworfen: Freiwillig bleiben die Völker nicht im Imperium, es gleicht einem permanent unter Druck stehenden Kessel, dessen innere Dynamik sich zwar unterdrücken, bestenfalls eindämmen, nicht aber auflösen lässt. Und entweichen die Völker einmal, lassen sie sich nur mühsam oder gar nicht mehr zurückgewinnen. Es überrascht daher nicht, dass alle russischen Herrscher versucht haben, entweder die innere Dynamik zu kontrollieren oder ein eisernes Band um den Kessel zu schlagen: Bleiben die Völker schon nicht freiwillig zusammen, hält man sie eben an der langen Leine, bietet ihnen etwas Freilauf an – oder unterdrückt ihre Bestrebungen gewaltsam.

Bereits Alexander I. hatte mit einem Modell regionaler

Selbstverwaltung experimentiert. Nachdem Finnland mit dem russisch-schwedischen Krieg von 1809 an ihn gefallen ist, wird es weder annektiert noch direkt aus Moskau regiert. Stattdessen lässt er sich zum finnischen Großfürsten proklamieren, schwört den Throneid, bestätigt die tradierten Rechte des finnischen Adels und gesteht ihm sogar weitreichendere Selbstverwaltungsrechte als unter der schwedischen Herrschaft zu.[19] Diese Methodik, ethnische Eliten für das russische Imperium zu kooptieren, wendet auch Putin im heutigen Tschetschenien an. Ramzan Kadyrow – dessen Vater Akhmat im ersten Tschetschenienkrieg noch gegen Jelzin gekämpft hatte – darf lokal unumschränkt regieren, aber nur bei absoluter Loyalität zum Moskauer Herrscher, dem er auch Truppen für dessen Feldzug in der Ukraine zu stellen hat: ein modernes Feudalsystem.

Diese Modelle regionaler Autonomie bleiben aber die Ausnahme, denn sie schaffen keine Akzeptanz für die imperiale Ideen, die Völker bleiben für sich und der russischen Herrschaft innerlich unverbunden. Andere Herrschaftstechniken versuchen daher, die innere Identität aufzulösen, die Völker zu russifizieren: Wer sich innerlich als Russe empfindet, trägt die imperiale Idee mit und hat kein Verlangen mehr nach Eigenständigkeit, so die Überlegung.

Bereits Katharina II. bietet dem ukrainischen Adel die Aufstiegsassimilation an: Wer die russische Oberherrschaft loyal umsetzt und sich persönlich an der russischen Kultur orientiert, erhält Privilegien und Ämter, darf am glanzvollen Hof in St. Petersburg leben. Auch die Sowjetunion nutzt diese Technik, um die lokalen Eliten als Träger und Transmissionsriemen ihrer inneren Herrschaft einzusetzen. Wer zu den neuen Verwaltungseliten gehören will, muss die eigene kulturelle Identität unterordnen, russisch sprechen, zum *Sowjetmenschen* werden, der keine ethnischen, sondern nur noch ideologische Wurzeln hat und dankbar die Segnungen der russischen Leitkultur akzeptiert. Wer sich innerlich so umformt, darf Karriere in der Partei machen und, absolute Loyalität zur Zentralmacht vorausgesetzt, auch in die höchsten Staatsämter der Sowjetrepubliken aufsteigen. Auch die Rote Armee – propagandistisch als *Armee der Völkerfreundschaft* verbrämt – dient der Russifizierung: Es gab rein russische, aber keine rein ethnischen Regimenter; russisch geführte Einheiten hingegen assimilierten die Angehörigen anderer Ethnien.[20]

Auch diese Methoden sind nicht spezifisch russisch, sondern vielmehr typische Kolonialtechniken, wie sie insbesondere in Belgisch-Kongo mit dem Konzept der *évolués* umgesetzt wurden: Sobald die unterworfenen Völker hinreichend gebildet und zivilisiert sind, dürfen sie an der Staatsverwaltung teilnehmen – vorausgesetzt, sie übernehmen europäische Sitten und Verhaltensweisen. Aber während im Kongo nur einige Hundert *évolués* verfügbar sind, als die Belgier 1960 abziehen und das Land daraufhin im Chaos versinkt, wirkt sich die sowjetische Aufstiegsassimilation sogar dekolonisierend aus: Die zahlreichen und gut ausgebildeten neuen Eliten kehren mit der Auflösung der Sowjetunion 1991 in ihre Heimatländer zurück – aber nicht etwa, um dort im russischen Namen zu regieren, sondern um ihre neu entstandenen Nationalstaaten aufzubauen.[21]

Die Umgestaltung von Identitäten und Territorien durch gezielte Siedlungspolitik ist ein weiteres Beispiel für den russischen Versuch, die imperiale Herrschaft zu stabilisieren. Katharina II. gliedert große, mit dem Frieden von Küçük Kaynarca (1774) vom Osmanischen Reich eroberte Gebiete neu, dabei schafft sie auch das *Gouvernement Taurien*. Mit solchen, aus griechischen Sagen und längst verfallenen Siedlungen entlehnten Namen stellt sie Russland als natürlichen Erben der antiken Tradition dar, was ihre Herrschaft legitimieren soll; die Geschichte des Raumes wird dabei umgeschrieben: Ihre

Planstadt Cherson etwa ist nach der antiken Siedlung Cherso-
nes benannt (die allerdings nicht am Dnipro, sondern auf der
Krim lag). Sie verteilt ihre neuen Ländereien an den russischen
Adel, der dort Bauern und Händler ansiedelt, womit sich die
Bevölkerungsverhältnisse verändern. Insbesondere der Krim
wird ihre räumliche Identität genommen, wenngleich die
Krimtataren einstweilen dort weiter leben dürfen. Die Krim ist
keineswegs *heilige russische Erde*, sondern zuvor jahrhundertelang ein muslimischer Vasallenstaat des Osmanischen Reiches,
erst 1783 wird sie endgültig dem russischen Imperium einge-
gliedert.[22] Unter Katharina II. beginnen auch kleine Militär-
vorposten wie Omsk, Irkutsk und Krasnojarsk, sich allmählich
zu großen Provinzstädten zu entwickeln, die russisch besiedelt
werden und die im Umland lebenden nichtrussischen Ethnien
kontrollieren. Ab 1896 verbindet sie die Transsibirische Eisenbahn teilweise, ab 1916 vollständig bis zum Pazifik, womit auch
Truppen schnell verlegt werden können.

Stalin betreibt die Neudefinition von Räumen und Identitäten mit extremer Gewalt, die zahllose Opfer fordert. Siedlungspolitik ist für ihn innere Sicherheitspolitik, eine Region
erst dann politisch zuverlässig, wenn sie überwiegend von
Russen bewohnt wird. Er deportiert 1944 nicht nur die Krimtataren, sondern auch die Balten und die Wolgadeutschen, die
er sämtlich der Kollaboration mit der Wehrmacht verdächtigt,
und dazu viele weitere Völker: Die Tschetschenen und Ingu-
schen werden aus dem Kaukasus nach Zentralasien deportiert,
auch die Krimtataren, Tscherkessen und Kalmücken werden
massenhaft umgesiedelt. Zudem schafft die stalinistische Industriepolitik in großem Umfang russische Arbeiter nach
Transnistrien und in die Ukraine, und auch für Stalins Nachfolger ist die Siedlungspolitik ein Instrument, um räumliche
Herrschaftsansprüche zu begründen: Zwischen 1945 und 1990
werden Hunderttausende Russen auf der Krim angesiedelt,

womit sich in der Bevölkerung der Eindruck verfestigt, sie sei schon immer russisch gewesen.

Aber weder Umsiedlung noch Geschichtsklitterung, weder die Eisenbahn noch großzügige Aufstiegsangebote entfalten dauerhafte Wirkung, selbst die gewaltsamste Herrschaftstechnik wirkt nur oberflächlich: Sie hindert die Völker zwar daran, das Imperium zu verlassen, nimmt ihren Angehörigen den Raum, mitunter das Leben, nicht aber die Identität. Diese bleibt auch im Exil erhalten, und als die Völker mit der beginnenden Entstalinisierung in ihre Siedlungsgebiete zurückkehren dürfen, knüpfen sie umgehend wieder daran an.

Nicht einmal bei den großen russischen Minderheiten in Estland und Lettland trägt die Idee der russischen Welt – dort sind etwa 25 Prozent der Einwohner russische Muttersprachler, die estnische Stadt Narva etwa wird zu über 90 Prozent von ethnischen Russen bewohnt. Das liegt nicht zuletzt an den sozialen Realitäten: Man lebt am Ende doch lieber dort, wo die Renten höher und die öffentlichen Leistungen besser sind, wo wirtschaftliche Freiheit und freie Meinungsäußerung herrschen. Und auch wenn man sich nicht einbürgern lässt, ist das nicht gleichbedeutend mit der Unterstützung imperialer Vorstellungen. Die russische Diaspora im Baltikum verleugnet ihre Kultur nicht, ist aber politisch überwiegend loyal.[23]

Alle diese Ideen funktionieren hervorragend für die Herrschenden – sie können sich als Aufklärer und Zivilisatoren, als Träger einer überlegenen Kultur präsentieren. Den Beherrschten hingegen, die als unfertige, leitungsbedürftige Brüder gesehen werden, hat die imperiale Idee weniger anzubieten: Von ihnen wird verlangt, sich unterzuordnen, wenn nicht gar die eigene Kultur und Identität aufzugeben. Alle Integrationsideen scheitern letztlich an diesem inneren Widerspruch: Demokratische Gleichberechtigung und imperialer Herrschaftsanspruch sind logisch unvereinbar: *Russland kann entweder ein Imperium oder eine Demokratie sein, aber nicht beides zugleich.*[24] Denn jede echte Föderalisierung und innere Demokratisierung des Imperiums würde auch eine starke Dezentralisierung und einen pluralistischen Staatsaufbau erfordern, der regionale Interessen austariert und demokratische Partizipation ermöglicht.

Dadurch würde der imperialen Idee jedoch die Grundlage entzogen: Das russische Volk wäre nur noch eines unter vielen, es könnte keinen Überlegenheits- oder Herrschaftsanspruch geltend machen. Die Knechtschaft der Völker ist der Preis für den Erhalt des Imperiums. Sie koexistieren zwar in einem zentralistisch beherrschten Staatsverband, aber eine Willensnation bilden sie nicht, keines ist dem Imperium aus freien Stücken beigetreten. Gerade die stalinistische Nationalitätenpolitik verdeutlicht dieses Problem: Sie erlaubt kulturelle Selbstbestimmung, 1925 erscheint sogar ein Wörterbuch des Ukrainischen. Aber gleichzeitig will sie eine repressive Zentralherrschaft durchsetzen und eine sowjetische Identität erzeugen. So bleiben die Versuche der russischen Staatslenker, die Völker innerlich so zu verbinden, dass sie das Imperium freiwillig mittragen, letztlich künstlich, die oktroyierte Identität bleibt intellektuell und abstrakt, erreicht die Menschen jedoch nicht. Alle diese Ideen und Konzepte sind letztlich nur ein dünner, nachträglich hinzugefügter Firnis, der die imperiale Zentralherrschaft, die erobernde Gewalt, nachträglich legitimieren soll. Somit bleibt das Nationalitätenproblem entweder eingefroren oder gewaltsam unterdrückt, aber letztlich ungelöst.

Auch die Schweiz und die USA sind ethnisch, sprachlich und kulturell heterogen, aber beide Staaten verstehen sich als Willensnationen mit starker demokratischer Tradition. Die USA waren seit ihrer Staatsgründung nie ein Schmelztiegel, und sie sind es auch heute nicht. Im Gegenteil behalten die Einwanderer ihre Bräuche, Sprachen und sozialen Strukturen noch lange bei. Bis ins frühe 20. Jahrhundert bildeten sie

Parallelgesellschaften, die untereinander nicht auf Englisch, sondern in ihren Muttersprachen kommunizierten. Dennoch unterdrückt der Staat diese Vielfalt nicht, er versucht auch nicht, sie mit intellektuellen Konzepten zu übertünchen oder die Menschen zu anglifizieren, stattdessen sieht er die chaotisch erscheinende Diversität gerade als Stärke der Staatsidee. Und die Einwanderer verleugnen weder ihre Abstammung noch ihre Sprache, pflegen beide weiter, sehen sich aber auch als Teil einer neuen Gemeinschaft, in deren Fortschritts-, Freiheits- und Wohlstandsversprechen sie eine geteilte, alle ethnischen und sprachlichen Unterschiede überwindende Überzeugung finden.[25]

Die Schweiz entwickelte sich aus einer Vielzahl von Regionen mit unterschiedlichen Sprachen, Kulturen und Traditionen. Ihre föderale, dezentrale und partizipative Staatsarchitektur respektiert regionale Identitäten, schafft aber ein verbindendes nationales Bewusstsein. Der Begriff der *Eidgenossenschaft* ist durchaus wörtlich zu verstehen: als freiwilliger und feierlich bekräftigter Entschluss, gemeinsam ein Staatswesen zu tragen, das die regionalen Unterschiede integriert, ohne ihre Diversität zu verleugnen, das alle Staatsbürger gleichberechtigt am politischen Prozess teilhaben lässt.[26] Beide Staatskonzepte beruhen letztlich auf einem positiven Integrationsversprechen: Wer die Staatsidee freiwillig mitträgt, kann sich selbst verwirklichen, ohne seine Identität oder Sprache aufgeben zu müssen, kann in Freiheit und Wohlstand leben, darf demokratisch an der Staatsentwicklung teilhaben. In der Schweiz wie auch den USA besteht daher ein gemeinsames und freiwilliges Streben, trotz aller kulturellen, sprachlichen und ethnischen Diversität zusammenzubleiben und den Staat gemeinsam zu tragen.

Das Imperium will hingegen mehr sein als nur eine zusammengewürfelte Sammlung unterworfener Völker und eroberter Räume, obwohl imperialer Herrschaftsanspruch und freiwillige Partizipation logisch unvereinbar sind. Die vielbeschworene Einheit existiert daher nur auf dem Papier; man ist eben gerade nicht die *unzertrennliche Union freier Republiken* (Союз нерушимый республик свободных), von der die sowjetische Hymne sang, sondern ein gewaltsam entstandenes Konstrukt, das weder innerlich frei noch äußerlich unzertrennlich ist. Das Imperium bleibt bei aller Zentralisierung der politischen Mechanik und Herrschaftsgewalt innerlich fragmentiert und ideell unverbunden, es fehlt ihm an innerer Überzeugungskraft. Die Herrschaftsgewalt, der unfreiwillige Beitritt der Völker, bleibt unüberwindbar.

Somit kann die imperiale Idee jederzeit bestritten werden. Und tatsächlich muss sie sich im Wettbewerb mit alternativen Staatsideen bewähren, die Freiheit und Selbstbestimmung ohne imperiale Herrschaft versprechen und daher zentrifugal wirken. Sie sind gefährlicher als jeder äußere Feind, denn sie destabilisieren den imperialen Staatsaufbau von innen. Die größten Feinde des russischen Imperiums sind daher nicht die USA oder die NATO, sondern der ethnische Nationalismus und der politische Islam.

Je repressiver die zaristische und sowjetische Zentralmacht versuchte, die tradierten Kulturen, Sprachen und Religionen zu verbieten, zu assimilieren oder schlichtweg auszurotten, desto mehr stärkte sie das Bewusstsein der unterworfenen Völker für ihre eigene Identität. Die Polen erheben sich 1830 und erneut 1863 gegen die repressive Herrschaft der Zaren – die polnische, tief in der Nationalgeschichte, der komplexen Sprache und dem Katholizismus begründete Identität verweigert sich jeder Assimilation. Und je mehr die angrenzenden Imperien versuchen, Polen von der Landkarte zu radieren, desto hartnäckiger klammert es sich an seine Kultur. Auch die sowjetischen Herrscher erfahren dies, als die Regierung Jaruzelski ab 1981 mit Billigung aus Moskau das Kriegsrecht ausruft, um die Gewerkschaftsbewegung zu unterdrücken, die nicht nur bessere Arbeitsbedingungen, sondern auch vermehrt innere Freiheiten einfordert.

Auch im Westen des Zarenreichs dient die russische Sprache dazu, die lokale Bevölkerung zu assimilieren – sie soll nicht nur *lingua franca* für den Alltag, sondern Identifikationsmerkmal sein. Der Erfolg ist begrenzt, man muss zwar nun in offiziellen Angelegenheiten russisch sprechen, gibt aber innerlich und zu Hause die eigene Identität nicht auf.[27] Nikolaus II. unterzeichnet 1899 das Februarmanifest, mit dem die bisher liberale Selbstverwaltung Finnlands endet: Nun soll es russifiziert werden. Gesetze werden nun direkt aus Moskau erlassen, Finnen sind in der zaristischen Armee wehrpflichtig, und Russisch wird zwingend Bildungs- und Verwaltungssprache – als der Generalgouverneur Bobrikow diese Politik gegen breite zivilgesellschaftliche Proteste durchsetzen will, wird er von einem jungen Finnen ermordet.

Auch die Ukrainer widersetzen sich und betonen ihre nationale Kultur, sie dichten, singen und publizieren in ukrainischer Sprache, was Alexander II. als staatsgefährdend empfindet. Mit dem Emser Erlass von 1876 verbietet er den öffentlichen Gebrauch der ukrainischen Sprache, nachdem der *kleinrussische Dialekt* in Wissenschaft und Schule bereits 1863 verboten worden war. Aber die ethnische Identität umfasst mehr als nur die Sprache. Viele Ukrainer mögen zwar Russisch als Muttersprache sprechen, aber sie empfinden sich deshalb genauso wenig als Russen, wie französisch- oder italienischsprachige Schweizer sich als Franzosen oder Italiener verstehen.

Putins forcierte Russifizierung in den besetzten Gebieten der Ukraine geht daher weiter, sie strebt danach, die Identität vollständig auszulöschen. Plakate verkünden: *Mit Russland in die Zukunft!* Und das heißt: Wer keinen russischen Pass annimmt, gilt als Ausländer und kann nach Russland umgesiedelt werden. Auch Rente, Gewerbeschein und Gesundheitsversorgung gibt es nur noch mit russischem Pass, Schulbücher erscheinen nur noch in russischer Sprache, und gelehrt wird die Staatspropaganda – ein Vorgeschmack darauf, was die gesamte Ukraine erwartet, wenn sie den Krieg verlieren sollte. Aber so, wie sich die freie Ukraine dieser Russifizierung verweigert und für ihre Eigenstaatlichkeit kämpft, so sind die Assimilationsversuche auch in vielen anderen Regionen fehlgeschlagen. Wenn außerhalb ihrer Region erwerbstätige Dagestani auf der Zugfahrt erzählen: *Ich fahre nach Russland arbeiten* – dann entwerten sie mit diesem einfachen Satz ganze Jahrhunderte imperialer Assimilationsversuche.[28]

Noch gefährlicher für die imperiale Idee als der ethnische Nationalismus ist der politische Islam. Wenn muslimische Geistliche bei Putins offiziellen Reden im Publikum sitzen und damit den Eindruck einer multireligiösen Gemeinschaft vermitteln, ist das zwar eine schöne Inszenierung, aber nicht die gesellschaftliche und politische Realität. Im Gegenteil herrscht in der russischen Politik ein starkes Misstrauen gegen den politischen Islam und dessen Sprengkraft.

Im Kaukasus erinnert man sich immer noch lebhaft an Imam Schamil, der den zaristischen Truppen jahrelang erfolgreich Widerstand leistete. Dagestan, das von einer Vielzahl unterschiedlicher Volksgruppen besiedelt ist, die mindestens 20 verschiedene Sprachen sprechen, bleibt bis heute eine unruhige Provinz. Die Bevölkerung protestierte nicht nur gegen die Mobilisierung im September 2022, sie schaut auch auf das benachbarte Aserbaidschan, das wirtschaftlich deutlich erfolgreicher ist. Kurz nachdem Putin im Oktober 2023 eine Rede über interreligiöse und interethnische Toleranz gehalten hatte, stürmte ein antisemitischer Mob den Flughafen von Machatschkala. Und die Sowjetunion fällt 1979 nicht zuletzt deshalb in Afghanistan ein, weil sie den politischen Islam fürchtet: Gelänge es den Mudschaheddin, das kommunistische Regime in Kabul zu beseitigen, könnte das ganz Zentralasien zu erneuten Aufständen bewegen – insbesondere, weil die Bevölkerung der zentralasiatischen Sowjetrepubliken stärker wuchs als diejenige der RSFSR; die Mehrheitsverhältnisse begannen sich zu verschieben.[29]

Sobald ein Volk diese Ideen verwirklicht und einen eigenen Nationalstaat (oder ein eigenes Kalifat) gründet, negiert es auch den imperialen Herrschaftsanspruch. Beide Bewegungen wirken daher zentrifugal: Man benötigt keinen großen Bruder, der das eigene Schicksal gütig lenkt; das angeblich grenzenlose Russland endet am nationalen Schlagbaum. Nichts muss Russland daher mehr fürchten, als das Schicksal der habsburgischen und osmanischen Imperien zu erleiden, an den Zentrifugalkräften eines Vielvölkerstaates zu zerbrechen. Jedes Volk, das aus dem Imperium ausscheidet, rührt gleich in mehrfacher Hinsicht an diese Schwachstelle.

Zunächst entzieht jeder Austritt dem Imperium wirtschaftliche und menschliche Ressourcen. Russland hat heute weniger als halb so viele Einwohner wie die Sowjetunion vor ihrer Auflösung. Es kontrolliert nicht länger die usbekischen Baumwollplantagen, das kasachische Uran, die ukrainischen Weizen- und Sonnenblumenfelder. Knapp 30 Millionen Menschen in der Russländischen Föderation gehören nichtrussischen Ethnien und Kulturen an – und viele davon leben in den rohstoffreichsten Gebieten östlich des Ural. Dieser Landesteil ist dreimal größer als der westlich des Ural gelegene, wo zwar nur 20 Prozent der Gesamtbevölkerung leben, aber 80 Prozent des russischen Goldes geschürft sowie gegenüber den westlichen Gebieten ein Vielfaches an Industrie- und Edelmetallen gefördert wird. Und während die westlich gelegenen Ölfelder allmählich erschöpft sind und die Fördermengen sinken, produziert der Föderationsbezirk Ural zwei Drittel des Erdöls und über 80 Prozent des Erdgases. In den 1970er Jahren nimmt die Sowjetunion lange unterbrochene Bauarbeiten an der Baikal-Amur-Magistrale wieder auf, um große mineralische Lagerstätten in Sibirien und dem Fernen Osten zu erschließen. Der wirtschaftliche Erfolg dieser Eisenbahnstrecke bleibt zwar aus, doch mit steigenden Rohstoffpreisen nutzt Putin sie nun gewinnbringend.

Nicht Moskau und St. Petersburg erzielen das größte regionale Bruttoinlandsprodukt (BIP), sondern die autonomen Bezirke (окруа) Nenets, Chanty-Mansisk, Tschuchotka sowie die Republiken Komi, Burjatien und Sacha (Jakutien) – alle benannt nach den Völkern, die dort leben. Die Zaren ahnten nichts von den gewaltigen Rohstoffvorkommen, als sie diese Regionen unterwarfen, aber heute werden sie von den politisch kontrollierten Staatskonzernen ausgebeutet. Aber warum sollten die dort lebenden Völker ihre Ressourcen nicht selbst kontrollieren und die Einnahmen für sich behalten?[30]

Der Verlust dieses wirtschaftlichen Potenzials wäre umso schmerzhafter, wenn das ausgeschiedene Volk auch ohne Russland wirtschaftlich erfolgreich sein sollte. Denn nichts ist für einen Kolonisator demütigender, als zu sehen, dass es der ehemaligen Kolonie besser geht als unter seiner Herrschaft. Der Austritt wird damit zur dreifachen Provokation: Er entlarvt die imperiale Herrschaft als wirtschaftliche Ausbeutung, zeigt auf, dass man ohne sie erfolgreicher ist, und er macht den neuen Staat zum Leuchtturm, der ins Rest-Imperium zurückstrahlt, zur ständigen Provokation direkt an der Grenze: Schaut, wie gut es uns geht, ihr könntet auch so leben. Das kaufkraftbereinigte BIP pro Kopf von Litauen und Estland lag 2021 mehr als 15 Prozent über dem russischen, dasjenige von Lettland weniger als zehn Prozent darunter – obwohl diese Länder rohstoffarm sind und nur über einen Bruchteil der russischen Landesfläche und Bevölkerung verfügen. Aber sie entwickelten

Geschäftsmodelle, die ihnen Wettbewerbsvorteile und damit Wohlstand verschaffen, und sind in den europäischen Binnenmarkt integriert.[31]

Schwerer als der wirtschaftliche wiegt jedoch der ideelle Verlust, die Negation der imperialen Idee: Jeder Austritt ist auch eine Abstimmung mit den Füßen, ein verlorener Ideenwettbewerb, eine narzisstische Kränkung, die an der Vorstellung einer zivilisatorischen Überlegenheit und Berufung kratzt: Ihr seid nicht überlegen, nicht auserwählt, wir brauchen euch nicht. Das Imperium reagiert darauf zunächst mit Larmoyanz: Wir haben euch entwickelt, ans Licht der Zivilisation geführt, und nun verlasst ihr uns, ihr Undankbaren!

Gerade weil das Imperium sich als Kulturbringer versteht, empfindet es jeden, der sich von dieser Idee abwendet, als undankbar, ja geisteskrank – wenn nicht gar von ausländischen Agenten verführt. Puschkin hat diesem beleidigten Vorwurf ein literarisches Denkmal gesetzt: *Und der wilde Schrei des Krieges schwieg: Alles vom russischen Schwerte beherrscht. Stolze kaukasische Söhne, ihr habt gekämpft, seid qualvoll gestorben, doch unser Blut errettete euch nicht (...) der Kaukasus verrät seine Urgroßväter.*[32] Diese Larmoyanz ist jedoch nicht nur ein russisches Phänomen, sondern ein typischer kolonialer Reflex. Auch Charles de Gaulle zeigte sich 1958 nach seinem Staatsstreich verärgert und enttäuscht, als Guinea sich für unabhängig erklärt und auch andere nord- und westafrikanische Völker sich weigern, der geplanten *communauté française* beizutreten: Frankreich hat euch ans Licht der modernen Zivilisation geführt, und nun lasst ihr uns im Stich.[33]

Aber Frankreich ist auch ohne seine Kolonien immer noch eine laizistische Republik mit klarem Nationalbegriff, und Großbritannien hat auch ohne das Empire eine tiefgründige Verfassungs- und Kulturgeschichte sowie eine nationale Identität. Es schmerzt zwar, die wirtschaftlichen Ausbeutungsgebiete und Absatzmärkte zu verlieren, aber man lässt sie schließlich ziehen – unwillig, zähneknirschend, mitunter erst nach erfolglosen Kolonialkriegen –, aber büßt deshalb nicht die eigene Staats- und Nationalidee ein. In Russland erodiert jedoch mit dem Territorium auch die fragile Identität des Imperiums. Jede geographische ist somit auch eine ideelle Schrumpfung, denn sie negiert die imperiale Staatsidee, weist Russland schmerzhaft auf sein ewiges Grundproblem hin: die unvollständige Nationalidee, das Fehlen eines integrativen Modells.[34] Wenn sich die einst unterworfenen Völker wieder verabschieden, ist ein imperialer Staat nicht mehr vorstellbar. Denn die Moskauer Zentralmacht und die von ihr kontrollierten Gebiete können ohne einander nicht bestehen, sie sind unauflöslich in der imperialen Staatsidee verwoben. Diese lässt sich nicht mit westlichen Nationalstaatsbegriffen fassen, sie klammert sich an die Vorstellung von Berufung, von zivilisatorischem Auftrag, von Größe um ihrer selbst willen, ist weder räumlich noch ethnisch klar abgegrenzt. Russland bleibt ein niemals fertiges und niemals fertigzustellendes Projekt, ein Baukasten fortwährender Selbstergänzung, ewig auf der Suche nach sich selbst, ewig unvollendet.

Die Kränkung eines Austritts liegt vor allem darin, dass ein Volk es wagt, die Verschränkung von Zentralmacht und beherrschtem Gebiet aufzubrechen, das Imperium *nicht zu denken*. Damit delegitimiert es den Herrschaftsanspruch, zeigt auf, dass die jahrhundertelange Expansion weder gottgewollt noch historisch notwendig war, dass das Imperium weder einen Siedlungs- noch Bildungsauftrag hat, sondern nur temporäre Gewaltherrschaft ausübt, dass es nicht höherwertig ist, sondern nur geographisch günstige Verhältnisse, das Machtvakuum des zerfallenden mongolischen Weltreichs, ausnutzen konnte – und dass es daher genauso zerfallen kann, wie es entstanden ist. Selbst die russische Sprache wäre dann nicht mehr lange *lingua franca*, bald würden sich Türkisch und Mandarin als neue eurasische Verkehrssprachen durchsetzen. Nach dem Verlust der staatlichen Hülle, dem Abschied aller unterworfenen Völker würde man lediglich wieder dort stehen, wo Iwan III. einst begann, bevor er Nowgorod unterwarf: in der Provinz hinter dem Wald (залесье), dessen slawisch-orthodoxe Ethnie zwar homogen, aber welthistorisch und wirtschaftlich unbedeutend ist.

Angesichts dieser existenziellen Bedrohung ist die Reaktion logisch und unmissverständlich: Wenn der Austritt das Imperium wirtschaftlich und ideell negiert, muss er verhindert werden. Wachsen kann das Imperium jederzeit, schrumpfen darf es nicht. Und deshalb wird jedes Gebiet, das sich erdreistet zu gehen, immer wieder zurückgeholt – entweder sofort oder, wenn das Imperium temporär geschwächt ist, sobald wieder Ressourcen verfügbar sind. Daher reagiert das Imperium 1990 genauso wie 1918: Was fortstrebt, wird wieder eingefangen. Auch Putin ist nur eine personelle Repräsentanz dieser imperialen Reflexe: Was einst bei uns war, ist immer noch unser. Es greift daher zu kurz, Putins Politik als *neo-imperial* zu bezeichnen. Russland ist seit 1552 ein Imperium und hat nie aufgehört, es zu sein.

Die *Spezialoperation* in der Ukraine ist daher weit mehr als ein territorialer Revisionskrieg, und sie ist auch nicht Putins persönliches Projekt. Es geht nicht nur um die Rückeroberung angeblich historisch russischer Gebiete, sondern um die imperiale Identität selbst. Russland muss verhindern, dass ein großes, wirtschaftlich erfolgreiches Gegenmodell direkt an der Grenze entsteht, das sich in einem militärischen Abwehrkampf dem imperialen Einfluss entzogen hat. Eine souveräne, erfolgreiche Ukraine ist die ultimative Verneinung der imperialen Idee: ein slawischer Staat, der ohne autokratische Führerfiguren auskommt, nicht expansiv, dafür aber demokratisch und rechtsstaatlich ist, in dem eine große jüdische Minderheit friedlich mit sowohl orthodoxen als auch katholischen Christen lebt, in dem kyrillisch geschrieben, aber westlich gedacht wird, in der ganz unterschiedliche Völker leben, die aber freiwillig eine gemeinsame Staatsidee tragen. Somit würde ebenso die russische Umdeutung ihres Territoriums und ihrer Identität negiert: Wir sind nicht *Neurussland,* wir sprechen nicht *kleinrussisch.*

Und auch wirtschaftlich könnte die Ukraine erfolgreich sein, sie ist nicht darauf angewiesen, ihre Wirtschaftsbeziehungen auf Russland auszurichten. Bereits vor dem Krieg gingen rund 40 Prozent der ukrainischen Warenexporte in die EU, und das Handelsvolumen hatte sich zwischen 2000 und 2021 versechsfacht. Die Ukraine wird häufig als Agrarland wahrgenommen, das große Mengen an Raps, Sonnenblumenöl und Weizen exportiert. Das stimmt zwar, doch ihr wirtschaftliches Potenzial geht weit darüber hinaus. Das Kohlezeitalter im Donbass mag vorbei sein, doch die Ukraine verfügt über bedeutende Vorkommen an Eisenerz, Lithium, Titan und Uran. Hinzu kommt ihr immenses Potenzial zur Energieerzeugung – sowohl durch Wasser- und Nuklearkraft als auch für künftige Wind- und Solarenergie in den trockenen und heißen Gebieten am Schwarzen Meer. Der so produzierte Strom könnte eine stabile Grundlast erzeugen und so das europäische Synchronnetz stabilisieren. Auch im Bereich technologischer Dienstleistungen hat die Ukraine großes Potenzial, insbesondere als IT-Hub – ein Erbe alter Zeiten; das sowjetische Charkow war ein führender Standort für Mathematik, Physik und Ingenieurswissenschaften, ein bedeutender Teil der sowjetischen Rüstungsindustrie befand sich in der nordöstlichen Ukraine.

Ein solcher Staat wäre schon durch seine bloße Existenz ein Fanal für alle Völker im russischen Imperium, es auch einmal zu versuchen: Die Ukraine zeigt, dass es möglich ist zu gehen. Also muss das Imperium sie gewaltsam an diesem endgültigen Abschied hindern, will es nicht selbst auf seine ungelösten Bruchstellen zurückgeworfen werden: *Füge dich, meine Schöne.* So widerlich dieser Spruch in seiner toxischen Männlichkeit erscheint, so sehr spiegelt er die imperiale Logik. Russland kann und wird von dieser Idee nicht ablassen – sie ist für seine innere Stabilität und seine Selbstfindung unverzichtbar.

Und deshalb zeigen sich bei der *Spezialoperation* die gleichen Techniken, die schon Stalin angewendet hatte: Die Invasion wird zur Schutzaufgabe umgedeutet, Täter und Opfer werden vertauscht: Wenn Russland in benachbarte Gebiete einfalle, dann nur, um die dort lebenden *Minderheiten* vor aggressiver Verfolgung zu *schützen*, um sie vor der *Verführung* durch *raumfremde Mächte* zu bewahren. Schon 1939 rechtfertigt die Sowjetunion ihren Einmarsch in Ostpolen mit der angeblichen Notwendigkeit, die ukrainische (!) und belorussische Bevölkerung gegen den aggressiven polnischen Staat schützen zu müssen. Es fällt dabei die Nähe zu nationalsozialistischen Methoden auf – Hitler rechtfertigt auf seiner Abschlussrede zum Nürnberger Parteitag vom 12. September 1938 seine Interventionsabsicht mit einem ganz ähnlichen Argument: *Die Deutschen in der Tschecho-Slowakei sind weder wehrlos noch sind sie verlassen.* Und 1940 rechtfertigt Stalin die Annexion der baltischen Staaten mit dem Argument, dort würden russische Minderheiten diskriminiert, man müsse diese *besorgten Bürger schützen.*

Der Austritt eines Volkes lässt sich daher am besten verhindern, indem russische Minderheiten erzeugt werden, die es zu *schützen* gilt – indem Russen ansiedelt oder der ansässigen Bevölkerung russische Pässe ausgestellt werden. Putin begann bereits 1999, russische Pässe an die Bevölkerung der Krim zu verteilen, das Gleiche geschah ab 2002 in den russisch besetzten Gebieten Georgiens. Danach läuft alles nach dem immergleichen Drehbuch ab: Die russische Politik beruft sich darauf, diskriminierte Minderheiten schützen zu müssen, ergänzt um eine Scheindiplomatie, die beteuert, keine feindseligen Absichten zu hegen. Nach der Invasion werden die vollendeten Tatsachen durch *Referenden* (unter vorgehaltener Pistole) legitimiert, denen dienstbare *internationale Wahlbeobachter* einen pseudolegalen Anstrich verleihen. Propagandageschichten über das historische Erbe dieser ja eigentlich schon immer russischen Gebiete runden das Bild ab.

Und paradoxerweise stabilisieren solche gewaltsamen Interventionen das Imperium besser als jeder Friedenszustand, als jedes freiwillige Integrationsmodell es je könnte. Solange man einen Feind imaginieren kann, der Russland zerstören wolle und daher die Abspaltung seiner Gebiete vorantreibe, lassen sich Ressourcen mobilisieren und innere Konflikte temporär befrieden. So sorgt die Intervention für eine dystopische Stabilisierung: Frieden ist Krieg, Krieg ist Frieden – aber nur solange der Krieg dauert.

Stabilisator

Von wegen *Spezialoperation*: Aus drei Tagen wurden drei Jahre. Was als kurzfristige Intervention geplant war, ist ein mechanisierter und blutiger Abnutzungskrieg geworden. Doch obwohl die *Spezialoperation* vom ersten Tag an missglückte, nutzte Putin ihre Dynamik, um sein Regime zu konsolidieren, zentrifugale Tendenzen einzudämmen und seine Nationalerzählung zu verankern.

Schon vor dem Krieg hatte er versucht, dem Imperium eine negativ definierte Identität zu geben, über die sich ein landesweiter Konsens herstellen lässt: Wir wissen zwar immer noch nicht, wer oder was wir eigentlich sind, jedenfalls aber, wer wir *nicht* sind: Wir sind nicht *Gayropa*, nicht *woke*, nicht liberal, nicht westlich, nicht NATO. Und der Krieg scheint zu beweisen, dass dieses projizierte Feindbild tatsächlich zutrifft. Indem Putin die Invasion von 2022 zum Verteidigungskrieg gegen einen (scheinbar) aggressiv vorrückenden Westen umdeutet, kann er die Erzählung des großen vaterländischen Abwehrkampfes der bedrängten Heimat beschwören: Das heilige Russland verteidige seine Reinheit gegen aggressiv vorrückende Invasoren und deren moralische Dekadenz.[35]

Das historische Motiv ist dabei natürlich alt: Nichts verbindet so sehr wie ein gemeinsamer Feind. Putin verwendet das gleiche Motiv wie Wilhelm II., der 1914 den Beginn des Ersten Weltkriegs als *aufgezwungenen* – und natürlich vom neidischen England eingefädelten – Konflikt darstellt. Folglich seien im heiligen nationalen Abwehrkampf alle innenpolitischen Gegensätze aufgehoben, nun herrsche (einstweilen) der *Burgfrieden*, sogar gegenüber Sozialdemokraten: *Ich kenne keine Parteien mehr, ich kenne nur noch Deutsche.*[36]

Putin betreibt also eine simple Täter-Opfer-Umkehr: Nicht etwa die Ukraine wird überfallen, sondern die Bewohner des russischen Imperiums sind die Opfer einer Invasion, und zwar nicht nur an dessen westlichem Rand, sondern überall. Unaufhörlich wiederholt das Staatsfernsehen diese *rally around the flag*: Nach den Mongolen, Krimtataren, Osmanen und Faschisten rücke nun der amerikanisch aufgehetzte Westen gegen Russland vor. So sind alle ethnischen, religiösen und kulturellen Unterschiede eingeebnet, die Abwehr des westlich gesteuerten *Kiewer Regimes* wird zu einer heiligen Handlung im nationalen Abwehrkampf umgedeutet – zumal die Teilnahme daran finanziell verlockend ist, vor allem in den überwiegend von nichtrussischen Ethnien bewohnten Regionen.

In Russland herrscht vielerorts bittere Armut, insbesondere in den Provinzen. In Regionen wie Tuwa, Dagestan oder Burjatien liegt das durchschnittliche Monatseinkommen bei gerade einmal 200 bis 300 US-Dollar.[37] An vielen dieser Gegenden ist der Wohlstand der Nullerjahre weitgehend vorbeigegangen, und die sowjetisch erbaute und unterhaltene Infrastruktur zerfällt zusehends. Dörfer haben weder Straßen noch Sanitärinstallationen. Im Haushaltsplan 2023 machen Subventionen zugunsten der Regionen etwa zehn Prozent des Gesamthaushalts aus, und die ärmsten unter ihnen sind ohne diese Zuschüsse nicht lebensfähig – ihr Rohstoffreichtum fließt nach Moskau ab, die lokalen Einwohner haben davon nichts. Allein Dagestan soll 2025 fast 107 Milliarden Rubel (etwa eine Milliarde Euro) erhalten, und Sacha (Jakutien), Tschetschenien und Kamtschatka sind ebenfalls auf hohe Subventionen angewiesen.

Angesichts dieser strukturellen Probleme ist die Kriegsteilnahme finanziell sehr attraktiv und oftmals auch die einzige Möglichkeit, der Armut zu entkommen, auch und gerade wenn man das eigene Leben einbüßt: Die regionalen Todesquoten sind gerade in der ethnischen Provinz mit am höchsten.[38] Zudem kann Putin auf eine lange militärische Tradition in Burjatien bauen: Ganze Familien dienten dort bereits in der Roten Armee. Wer sich als Zeitsoldat (контрактник) anwerben lässt, erhielt schon 2022 einen monatlichen Sold von etwa 800 US-Dollar. Dazu kommen mit dem Vertragsabschluss fällige Sofortprämien. Natürlich bleibt weder den nichtrussischen Völkern noch den Russen selbst verborgen, dass viele nie wieder von der Front zurückkehren, weshalb die Prämien und Soldzahlungen ständig erhöht werden. Lag die Spitzenprämie zu Beginn noch bei rund 200.000 Rubel, beträgt sie heute das Zehnfache. Wenngleich das Interesse in jüngster Zeit zurückgeht, findet Putin immer noch genügend kommerzielle Kombattanten.[39]

Fanden im September 2022 anlässlich der Mobilisierung gewalttätige Proteste in Dagestan und Burjatien statt, sind diese mittlerweile verstummt. Und wurden 2022 noch vielerorts Brandanschläge auf das lokale militärische Kommissariat (военкомат) verübt, um die eigene, auf Papier geführte Militärakte zu vernichten und damit der Mobilisierung zu entgehen, sind auch diese verflacht. Man schätzt die finanziellen Anreize. Überlebt man den Krieg, ist man Rubelmillionär, kommt man nicht zurück, sichern die großzügigen Todesfallleistungen wenigstens die Familie ab – somit wird die Akzeptanz des eigenen Todes ökonomisch rational.[40]

Auch unabhängig von der Nationalitätenfrage ist Russland durch den Krieg innerlich stabilisiert worden. Schon vor dem Krieg war es Putin gelungen, viele Zugeständnisse, die Jelzin in den 1990er Jahren gegenüber den Regionen machen musste, langsam auszuhöhlen und die Föderation wieder zu zentralisieren. Mit den stark wachsenden Öleinnahmen der Nullerjahre und der wirtschaftlichen Erholung nach der Russlandkrise von 1998 konnte er nicht nur die Regionen subventionieren, sondern auch die regionale Eigenständigkeit zunehmend abbauen. Bereits in den ersten Jahren seiner Herrschaft hatte er begonnen, die Föderationsverfassung von 1993 zentralistisch umzudeuten – trotz ihres ursprünglichen Ziels, eine ausgewogene Machtverteilung zwischen Moskau und den Föderationssubjekten zu gewährleisten. Dieser Begriff, in Russland keineswegs als widersprüchlich empfunden, wurde von Putin konsequent und wortwörtlich umgesetzt. Seine Taktik beruhte auf der systematischen Kooptation lokaler Eliten. Mit großzügigen Subventionen gelang es ihm, die Regionen ruhigzustellen, die lokale Opposition zu neutralisieren und somit die regionale Machtbalance zu eliminieren: Subvention verhindert Subversion.

Im Gegenzug mussten die regionalen Eliten die politische

Kontrolle Moskaus akzeptieren. In der Landwirtschaftspolitik binden finanzielle Transfers die regionalen Führungspersönlichkeiten und sichern so die Kontrolle über die imperiale Peripherie. Auch die staatlich kontrollierten Rohstoffunternehmen kooptieren lokale Eliten, um lokale sozial- und umweltpolitische Probleme, die zu Unruhen führen könnten, durch diskrete Geldzahlungen zu lösen.[41] Darüber hinaus stärkte Putin die Zentralregierung, indem er die lokalen Gouverneure zunehmend nicht mehr von den Bürgern der jeweiligen Föderationssubjekte wählen ließ, sondern sie direkt aus Moskau einsetzte. In vielen Fällen wurden ehemalige Föderationssubjekte miteinander verschmolzen, um so eine homogene russische Bevölkerungsmehrheit zu schaffen und die regionalen Differenzen zu minimieren. Diese Maßnahmen führten zu einer starken Zentralkontrolle, die unter Putin zur Norm wurde.[42]

Mit der Invasion von 2022 konnte Putin schließlich die letzten Reste der regionalen Machtbalance beseitigen. Wo regionale Politiker über eigene Netzwerke und Unterstützung verfügten, wurden sie umgehend durch farblose Apparatschiks ersetzt, die der Zentralregierung hörig sind. So werden charismatische lokale Führungspersönlichkeiten verhindert.[43] Politische Koalitionen gegen die Zentralregierung können sich kaum noch bilden, die interregionale Zusammenarbeit ist zwar nicht verboten, stößt aber auf wenig Interesse – es herrscht schließlich Konkurrenz um Subventionen. Die Regionalwahlen von 2024 waren nicht länger Ausdruck einer demokratischen Auseinandersetzung, sondern bestätigten lediglich die von Moskau eingesetzten oder vorgeschlagenen Funktionäre. Deren Rolle beschränkt sich hauptsächlich auf die Umsetzung der finanziellen und administrativen Kontrolle durch Moskau, wodurch sie nahezu keinen Handlungsspielraum mehr besitzen. Diese Rückkehr zu sowjetischen Praktiken führt in der Bevölkerung zu einer resignierten, aber letztlich ruhigen

Stimmung. Die Politiker liefern, was von der Zentralregierung verlangt wird, und erhalten im Gegenzug bequeme Subventionen, die lokalen Strukturen werden alimentiert.

Putin erreicht hiermit eine vollständige Durchdringung der Machtvertikale bis hinunter auf die lokale Ebene. Er regiert durch, verfügt über eine zentralisierte Kontrolle, die bis in die entlegensten Regionen reicht. Auf dem Papier bleibt Russland zwar eine Föderation, aber die regionalen Verhältnisse sind wieder die gleichen wie in der Sowjetzeit: ein straff hierarchisches System, in dem alle politische Entscheidungsmacht unmissverständlich in Moskau konzentriert ist. Formell mag es noch regionale Entscheidungsbefugnisse geben, aber de facto sind sie nicht mehr durchsetzbar.[44]

Putin hat die Macht aber nicht nur in den Regionen zentralisiert. Die staatlichen und parlamentarischen Organe der Föderationsverfassung existieren zwar pro forma weiter, aber nur noch als Kulissen, als Transmissionsriemen und Akklamationsorgane der putinistischen Machtvertikale – ganz ähnlich wie im nationalsozialistischen Deutschland, wo die Weimarer Verfassung pro forma in Kraft blieb, der Reichstag weiter tagte und das Ermächtigungsgesetz alle vier Jahre verlängert wurde, um die Diktatur formell zu legitimieren.[45] Jeglicher öffentliche Diskurs ist nun unterbunden, Staatspropaganda hat ihn ersetzt. Schon in den ersten Kriegstagen wurden ausländische und unabhängige russische Medien verboten, die seit 2008 bestehende Zensurbehörde (Роскомнадзор) kontrolliert alle Medien vollständig. Produzierte die Zivilgesellschaft anfänglich noch engagierte, teils spektakuläre Proteste unter dem Schlagwort нет войне (*kein Krieg*), sind diese längst in einer resignativen Passivität versandet; das Regime unterbindet selbst kleinste Aktionen – nur eine kreative, untergründige Subversion ist nicht auszurotten.[46]

Wie alle russischen Herrscher muss auch Putin die ewige

Frage beantworten: Was soll Russland sein, ist es mehr als nur erobertes Gebiet und erzwungene Gemeinschaft? Er hat dazu eine bizarre, in sich völlig widersprüchliche Nationalerzählung aufgebaut, die so eklektisch wie retro-romantisch ist, panslawische und allrussische Ideen des 19. Jahrhunderts aufgreift, sie mit religiöser Mystik und Sowjetsymbolik garniert – nur Neues hat sie nicht anzubieten.

Nikolaus I. und Alexander III. vertraten eine orthodoxe, autokratische und nationalistische Staatsdoktrin, und beide waren religiösen Erzählungen zugetan, die Russland als rein und heilig darstellten, als Schutzmacht des (inexistenten, aber erträumten) *slawischen Volkes* und des orthodoxen Glaubens, als kulturell überlegenes Gegenbild eines materialistischen und dekadenten Westens.[47] Putin greift diese Ideenwelt wieder auf, und die russisch-orthodoxe Kirche, deren heutiger Patriarch früher in den höchsten Geheimdienstkreisen verankert war, predigt diese alt-neue Dreieinigkeit genauso wie der von Putin geförderte Sänger *Shaman*, der sich im schwarzen Lederkostüm, mit Trikolore und christlichem Kreuz inszeniert und dabei я русский (*ich bin Russe*) und моя россия (*mein Russland*) skandiert.[48]

Putin versteht den orthodoxen Glauben dabei nicht als religiöses, sondern als politisches Werkzeug. Er stellt ihn in den Dienst seiner ultranationalistischen Agenda, indem er mythologische Bezugspunkte schafft. Dabei positioniert er sich – wie einst Nikolaus I. – als Hüter der Orthodoxie und als globalen Verteidiger aller orthodoxen Minderheiten. Störend wirkt dabei allerdings, dass es nicht nur eine russische, sondern eine Vielzahl gleichberechtigter orthodoxer Kirchen gibt, die bis auf wenige Ausnahmen autokephal sind. Ihr gemeinsames Oberhaupt, der ökumenische Patriarch von Konstantinopel, regiert sie als *primus inter pares*; nur er, nicht aber das Moskauer Patriarchat oder irgendein russischer Herrscher, kann beanspruchen, die orthodoxe Welt zu vertreten. Und gerade er hat stets gefordert, nationale von religiösen Belangen zu trennen. Als er 2019 die ukrainisch-orthodoxe Kirche als autokephal anerkennt und damit das Moskauer Patriarchat in der Ukraine entmachtet, protestiert Putin wütend, weil dieser Akt seine Nationalerzählung unangenehm mit den kirchenrechtlichen Realitäten konfrontiert: Die russisch-orthodoxe Kirche mag viele Gläubige haben, aber sie ist nur eine unter vielen, hat weder Sonderrechte noch Sendungsaufgaben.[49]

Schließlich ergänzt Putin diese nationalchauvinistischen Ansätze mit Sowjetsymbolik. Für ihn ist die sowjetische Ära nicht eine Zeit kollektivistischer Diktatur und wirtschaftlicher Fehlschläge, sondern eine glorreiche Vergangenheit, in der sich nostalgische Sehnsüchte nach einer bescheidenen, aber progressiven und (scheinbar) egalitären Gemeinschaft verankern lassen. Obwohl die Begründer der Sowjetunion sowohl den ethnischen Nationalismus wie auch jede religiöse Mystik radikal ablehnten, ganz im Gegenteil einen atheistischen, rational-bürokratischen Staat schufen und den letzten Zaren samt seiner Familie ermorden ließen, sieht er darin keinen Widerspruch. Es geht ihm nicht um Inhalte oder logische Stimmigkeit, sondern um emotionale Identifikationsbilder.

Die heute wieder allgegenwärtigen roten Sterne und Flaggen suggerieren das Märchen der guten alten Zeit, als eine gemeinsame Gesellschaftsidee alle Völker des Imperiums unter der sowjetischen Flagge (scheinbar) vereinte. Wer zwischen 1940 und 1970 geboren wurde, erinnert sich noch an den sowjetischen Staat, der Industrien erschuf, sichere Arbeitsplätze in Staat und Verwaltung anbot, Infrastrukturen baute, Mieten, Grundnahrungsmittel und Benzin subventionierte und kostenlose Bildung – alles natürlich gegen entsprechende Regimetreue – ermöglichte: *Es war nicht alles schlecht!* Aber unter den allgegenwärtigen roten Sternen herrscht heute weder soziale

Gerechtigkeit noch sozialistische Gesetzlichkeit, dafür aber ein mafiös strukturierter, staatsdirigistischer Kapitalismus, in dem alle Eigentumsrechte unter dem Vorbehalt politischer Zuverlässigkeit stehen, wo das Regime stets drohen kann, Abweichler oder allzu selbstbewusste Konzernlenker so scheinlegal wie öffentlichkeitswirksam zu enteignen (рейдерство). Paradoxerweise stabilisieren diese fehlenden Eigentumsrechte das Regime besser, als jede freie Wirtschaftsordnung es je könnte, da mobiles und unverbrüchliches Eigentum immer auch Korrektiv schrankenloser Autorität ist.[50]

Es fällt dabei auf, wie selektiv Putin die stalinistische Zeit betrachtet. Deren Verbrechen sind bis heute ein Tabuthema in der russischen Gesellschaft. Die Organisation *Memorial*, die sich systematisch der Aufarbeitung widmete, wurde im Dezember 2021 vom Obersten Gerichtshof aufgelöst. 2023 ließ Putin die Dzierżyński-Statue vor der Lubjanka, die Jelzin einst abgerissen hatte, neu errichten. Und wenn bei der Parade zum 9. Mai auch heute noch populäre Lieder der stalinistischen Zeit wie в путь (*Auf den Weg*) gespielt werden, wenn dort überall sowjetische Regimentsflaggen wehen, ist das nicht Nostalgie, sondern eine bewusst inszenierte politische Strategie, die die kollektive Erinnerung für sich vereinnahmt und den Krieg als Abwehrkampf der bedrängten Heimat darstellt: *Mögen die Feinde dies begreifen: wir drohen nicht, wir stellen fest. Wir haben zusammen die halbe Welt durchschritten, muss es sein, tun wir's erneut.*[51]

Seit 2023 wehen im Park der Dreihundertjahrfeier von St. Petersburg die sowjetische, die heutige russische und die schwarz-gelb-weiße Flagge der Romanows nebeneinander – jede so groß wie ein halbes Fußballfeld. Das ist mehr als nur symbolische Megalomanie: Obwohl diese drei Flaggen völlig unvereinbare politische, soziale und wirtschaftliche Systeme repräsentieren, vereint sie eine diffuse Vorstellung von tradiertem Erbe und nationaler Größe. Sie symbolisieren einen auf die russische Kultur zentrierten Patriotismus, der alle politischen und personellen Wechsel überbrücken soll, aber fundamental imperial und zentralistisch gedacht ist; bezeichnenderweise werden die Flaggen der Föderationssubjekte nicht gezeigt.

Dieses absurde, aber emotional ansprechende Nebeneinander wirkt mitunter unfreiwillig komisch, wenn orthodoxe Priester eine Stalinstatue mit der Begründung einsegnen, er habe zwar viele ihrer Brüder umbringen lassen, ihnen damit aber auch neue Heilige gegeben, die sie jetzt verehren könnten.[52] Im Gottesdienst lässt man sich auf eine vormoderne Mystik ein, um danach auf dem Smartphone – mittels VPN – zensiertes Youtube zu schauen.

So rückwärtsgewandt und widersprüchlich dieses Nationalepos auch ist, so brutal und bedenkenlos wird es umgesetzt. Das putinistische Russland wirkt ordinär und gewalttätig, die kultivierte Raffinesse der sowjetischen Diplomaten ist verschwunden, die hochgebildeten Deutschlandkenner Falin und Portugalow haben keine zeitgenössischen Pendants. Stattdessen skandieren bullige Männer in dicken, mit dem symbolischen Z bedruckten Pullovern: Своих не бросаем (*Die Unsrigen lassen wir nicht im Stich*).[53] Politischer Mord ist alltäglich geworden: Journalisten werden auf offener Straße erschossen, Dissidenten sterben in Haft, Demonstranten wandern – wie einst in der Sowjetunion – in die Psychiatrie, Manager fallen aus dem Fenster. Auch gegenüber den Oligarchen und den Geschäftsführern der Energiekonzerne ist die Botschaft unmissverständlich: Ihr mögt Milliarden besitzen, aber ihr habt nur ein fragiles kleines Leben, das jederzeit erlöschen kann.[54]

Und die autoritäre Revolution frisst ihre Kinder: Wie Stalin muss auch Putin fürchten, dass ein populärer und fähiger General seine Macht gefährdet. Daher besetzt er die militärischen

Chefposten mit farblosen, aber dienstbaren Apparatschiks, während er Kombattanten und Waffensysteme potenzieller Konkurrenten durch den Krieg vermindern lässt. Wer Putin einst bei seinem Aufstieg half, ihn heute aber allzu frech herausfordert, hat sein Leben verwirkt: Die dienstbaren Werkzeuge von früher sitzen heute im Gefängnis, selbst prorussische Militärblogger begehen plötzlich *Selbstmord*, und wer wie Jewgeni Prigoschin gar auf eigene Faust nach Moskau fahren will, um sich zu beschweren und damit Putins Führungsanspruch anzuzweifeln, unterschreibt sein Todesurteil. Und das Regime hat noch Spielraum für weitere Verschärfungen: Noch kann man ungehindert ausreisen, noch ist man nicht zur Zwangsarbeit verpflichtet, noch ist die Todesstrafe nicht eingeführt. Einstweilen aber leeren sich sozialverträglich die Gefängnisse, deren Insassen die Freiheit winkt, wenn sie sich mobilisieren lassen und den Krieg überleben. Sie wie auch alle anderen traumatisieren Kriegsrückkehrer können nach ihrer Frontverwendung unmittelbar zu einer Söldnerfirma oder zur Nationalgarde, der Rosgvardia, wechseln oder sich bei den afrikanischen Einheiten der Wagner-Söldner eines gesetzlosen Abenteurerlebens erfreuen.

Diese dystopische Stabilisierung ist allerdings teuer erkauft, denn Russland begibt sich damit wirtschaftlich auf einen so riskanten wie rückwärtsgewandten Pfad. Es stimmt zwar nicht, dass Russland vor dem Krieg nur eine *große Tankstelle* war, wie es John McCain einst spöttisch formulierte, aber Steuern und Abgaben auf Öl-, Gas-, Metall- und Mineralexporte bilden nach wie vor das Rückgrat des russischen Staatshaushalts. Trotz einer gewissen wirtschaftlichen Diversifizierung in den letzten 25 Jahren bleibt die russische Volkswirtschaft im Kern eine Petrodollarökonomie: 2021 machten Energieexporte 50 Prozent des gesamten Exportwerts von 420 Milliarden US-Dollar aus, wobei 72 Prozent dieses Volumens auf Rohöl entfielen und nur 16 auf Erdgas. Steuern und Zölle auf Öl- und Gasexporte generierten etwa 40 Prozent der Staatseinnahmen. Der Krieg setzt diese Öleinnahmen stark unter Druck, und zwar nicht nur deshalb, weil die Ukraine die russische Ölindustrie mit Langstreckendrohnen angreift. Seitdem die EU im Februar 2023 ein Embargo auf russisches Öl erließ, hat Russland fast sein gesamtes fossiles Westgeschäft eingebüßt. Vor dem Krieg gingen fast 50 Prozent der russischen Rohöl- und Ölprodukt-Exporte in westliche OECD-Länder. Diese Absatzmärkte sind jetzt weitgehend verloren, höchstens noch indirekt durch Reimporte aus Drittländern erreichbar.[55]

Diesen Absatz ostwärts umzulenken ist alles andere als einfach. Die Volumina der Druschba-Pipeline, die vor dem Krieg täglich etwa 1,2 bis 1,5 Millionen Barrel Öl aus Tatarstan und der Oblast Tjumen nach Westeuropa transportierte, können nicht einfach umgeleitet werden, dafür fehlt es sowohl an den notwendigen Anschlüssen wie auch an Transportkapazität. Von den tatarischen Ölfeldern aus führt nur die transkasachische Pipeline direkt nach China. Deren Kapazität ist mit ca. 0,6 Millionen Barrel pro Tag allerdings deutlich geringer, und sie ist bereits zu etwa 70 Prozent ausgelastet. Die sibirische ESPO-Pipeline hat zwar ein Volumen von 1,6 Millionen Barrel pro Tag, verfügt jedoch über keine kapazitätsstarke Verbindung zu den tatarischen Ölfeldern. Und auch sie operiert an der Kapazitätsgrenze, sodass das Volumen der Druschba selbst dann nicht zu transportieren wäre, wenn es direkt ostwärts umgeleitet würde.[56]

Russland kann zwar dieses Volumen maritim auf den Weltmarkt umleiten, aber dafür fallen Transaktionskosten an. Um seinen Staatshaushalt auszugleichen, musste Russland vor dem Krieg etwa 70 US-Dollar pro Barrel einnehmen (*fiscal breakeven*).[57] Hier setzen die Sanktionen an: Westlichen Firmen ist es verboten, russische Tanker zu versichern, wenn deren

Ladung für mehr als 60 US-Dollar pro Barrel verkauft wird (*oil price cap*). Natürlich kann Russland diese Regulierung kreativ umgehen: Es nutzt die Mongolei als Schiffsregister – einen Binnenstaat ohne Flotte oder Zugang zur Hochsee –, es hat eine eigene Schattenflotte aus älteren Tankern aufgebaut, und auf offener See wird exportiertes Rohöl in die Tanker kollaborierender Nationen umgepumpt. Aber alle diese Maßnahmen kosten Zeit und Geld, und sie vermindern damit den erzielten Nettoerlös. Zudem sind die USA und Großbritannien seit Ende 2024 dazu übergegangen, die Tanker der Schattenflotte direkt zu sanktionieren, sodass es für Russland zwar nicht unmöglich, aber teurer wird, die Sanktionen zu umgehen, und die Erlöse folglich weiter sinken. Diese direkte Sanktionierung der Schiffe verhindert auch die weitere Entwicklung der arktischen Ölproduktion.[58]

Unabhängig von der Transportfrage muss Russland sein Öl günstiger als die Konkurrenz anbieten, damit der Käufer das Risiko verspäteter Ladungen und rechtlicher Folgen durch das Ignorieren der Sanktionen in Kauf nimmt. Der durchschnittliche Preisnachlass lag im September 2024 bei etwa elf US-Dollar pro Barrel, der Weltmarktpreis bei durchschnittlich 82 US-Dollar.[59] Solange er in dieser Region bleibt, erzielt Russland also Nettoerlöse, die den Haushalt knapp ausgleichen. Aber mit jedem Tag und mit jedem Dollar, an dem er – konstante Preisnachlässe angenommen – unter 80 US-Dollar pro Barrel liegt, wächst das Staatsdefizit.

Bei den Ölexporten ist aber wenigstens eine maritime Umleitung möglich, bei den Gasexporten hingegen kaum. Obwohl diese viel weniger zum Staatsbudget beitragen als die Öleinnahmen, sind sie dennoch fast vollständig verloren. Vor dem Krieg gingen 72 Prozent aller Gasexporte nach OECD-Europa. Noch 2021 hatte Russland etwa 155 Milliarden Kubikmeter Gas nach Europa verkauft, davon allein 43 Milliarden Kubikmeter nach Deutschland. Dieses Geschäft ist bis auf den türkischen Absatzmarkt, der 2023 noch etwa 23 Milliarden Kubikmeter jährlich kaufte, vollständig weggebrochen. Alle westwärts führenden Gaspipelines sind entweder physisch zerstört oder abgeschaltet, seit Jahresbeginn 2025 sind auch die ukrainischen Transitleitungen geschlossen. Nun sitzt Russland auf einer großen Menge *stranded assets* – die Pipelines können nicht kurzfristig verlegt oder umgenutzt werden, sie sind landgebunden – und neue Kapazität ist nicht in Sicht. Bis heute ist ein Konnektor, der Russlands östliche und westliche Gasfelder verbindet, nicht gebaut; es ist daher nicht möglich, die Gasflüsse einfach nach Osten umzuleiten. Es gibt zwar ostwärts führende Gaspipelines wie die *Power of Siberia*, die China 2023 mit 23 Milliarden Kubikmetern Erdgas belieferte. Aber dieses Volumen ersetzt das frühere Westgeschäft nicht. Novatek, der letzte russische Gaskonzern in Privatbesitz, bedient mit seinem arktischen Flüssiggas noch die europäischen Altverträge, war jedoch stets auf nunmehr sanktionierte Westtechnologie angewiesen, entsprechend wird sich das Exportvolumen auch hier vermindern.[60]

Es zeigt sich, wie schnell ein Markt sich anpassen, wie schnell das Glück sich wenden kann. Während Russland in der Energiekrise von 2022 kurzfristig von den extrem gestiegenen Gaspreisen profitierte, hat sich das Marktumfeld inzwischen wieder normalisiert. Bereits Ende 2023 lag der Gaspreis an der europäischen TTF-Börse wieder auf Vorkriegsniveau, und den einmaligen Gewinn zehrt nun ein langfristiger und struktureller Verlust wieder auf. Gazprom, das größte russische Gasunternehmen, meldete für das Geschäftsjahr 2023 einen Verlust von fast sieben Milliarden US-Dollar – den ersten Verlust der Firmengeschichte überhaupt –, die Aktie sank ins Bodenlose, und 2025 wird der Konzern fast 40 Prozent seines Personals entlassen.[61]

Doch nicht nur die sinkenden Einnahmen, auch die wachsenden Aufwendungen für den Krieg und dessen Begleiterscheinungen belasten die Staatsfinanzen. Erstmals gab Russland 2024 mehr als 30 Prozent seines Staatsbudgets für Rüstung und Verteidigung aus – der größte Einzelposten, noch vor den Sozialausgaben. Dazu kommen die klassifizierten (geheim gehaltenen) Staatsausgaben, die de facto ein Nebenbudget bilden. Vor dem Krieg war das russische Budget entweder ausgeglichen oder knapp defizitär. Mit den fossilen Mindereinnahmen und kriegsbedingten Mehrausgaben wird es jedoch in ein strukturelles Defizit rutschen – jedenfalls solange die westlichen Sanktionen bleiben und der Krieg andauert. Von den internationalen Kapitalmärkten ist Russland abgeschnitten, sodass dieses Staatsdefizit nicht durch internationale Neuverschuldung gedeckt werden kann. Und das ist bemerkenswert: Russland ist heute wirtschaftlich stärker isoliert, als die Sowjetunion es je war. Sie konnte in den 1920er Jahren umfassend auf britische und amerikanische Technologie zugreifen, um ihre Industrialisierung voranzutreiben. Bei aller ideologischen Gegnerschaft zum Westen war sie stets in den Welthandel eingebunden, lieferte Rohstoffe und Agrargüter, importierte westliche Technik und nahm westliche Kredite auf. Selbst die Russlandkrise von 1998 wurde durch westliche Hilfskredite eingedämmt. Heute aber bleibt Putin nur noch die Innenfinanzierung.

Um das Defizit zu decken, kann er Umschichtungen im Staatshaushalt vornehmen – allerdings nicht nach Belieben. Kleinere Budgets lassen sich sicherlich kürzen, aber bei den großen Posten ist sein Spielraum begrenzt. Das russische Staatsbudget war schon 2021 fast doppelt so groß wie 2012, weil Putin sowohl die Sozialausgaben als auch die Subventionen zugunsten der Regionen stark gesteigert hat. Zwischen 1997 und 2013 haben sich die Staatsausgaben für Renten und Sozialleistungen vervielfacht, wenngleich gegenüber einem sehr niedrigen Ausgangsniveau.[62] Will Putin den sozialen Frieden im Land bewahren und die zentrifugalen Tendenzen des Imperiums kontrollieren, kann er an diesen Ausgaben kaum etwas verändern. Die Subventionen zugunsten der Regionen müssen weitergezahlt werden, um die Provinz ruhig zu halten. Und wie in Westeuropa auch ist das russische Sozialsystem hochdefizitär und auf staatliche Zuschüsse angewiesen. Die letzte Rentenreform von 2018, die das Renteneintrittsalter für Frauen von 55 auf 60 Jahre und für Männer von 60 auf 65 Jahre anheben wollte, stieß auf massive gesellschaftliche Proteste – was nicht überrascht, denn die russische Bevölkerung hat eine statistische Lebenserwartung von durchschnittlich 70 Jahren.[63] Obwohl das überarbeitete Gesetz nun eine schrittweise Erhöhung des Renteneintrittsalters über einen längeren Zeitraum vorsieht, wird Putin wohl eher abwarten, bis die derzeitigen Alterskohorten ableben, anstatt neue Unzufriedenheit zu riskieren.

Und noch hat er Geldmittel zur Verfügung, um das Defizit zu decken. Derzeit greift Russland in seinen Nationalen Wohlfahrtsfonds, um die kriegsbedingten Mehrausgaben zu kompensieren. Ursprünglich angelegt, um Einnahmeausfälle bei sinkenden Ölpreisen abzufedern, dient er nun als Schattenbudget. Im Dezember 2021 war der Fonds mit etwa 180 Milliarden US-Dollar gut gefüllt, bis Juni 2023 schrumpfte das Volumen auf 150 Milliarden US-Dollar, und Ende 2024 stand seine flüssige Reserve, bei einem Gesamtbestand von rund 117 Milliarden US-Dollar, bei noch 31 Milliarden US-Dollar. Mit jedem Kriegstag wird dieser Fonds weiter aufgezehrt – mit jedem weiteren Kriegstag nähert er sich dem Nullpunkt.[64]

Danach könnte Russland noch auf diejenigen Zentralbankreserven zugreifen, die nicht von westlichen Sanktionen blockiert sind. Die russische Zentralbank hielt 2023 eine Goldreserve von etwa 2.300 Tonnen, die bei einem Goldpreis von etwa 2.700 US-Dollar pro Feinunze rund 220 Milliarden US-Dollar wert ist – unter der Annahme, dass die gesamte Reserve im Inland gehalten wird und tatsächlich fungibel ist.[65] Der Verkauf russischen Goldes ist allerdings in der ganzen westlichen Welt sanktioniert, sodass ein Handel über die Londoner Metallbörse ausscheidet und höchstens direkte Tauschgeschäfte (*barter*) mit östlichen Ländern möglich sind – wahrscheinlich gegen entsprechende Preisnachlässe. Mit diesen Reserven sind Staatsdefizit und Aufrüstung durchaus noch finanzierbar – kurzfristig hat Russland genügend finanzielle Reserven, um den Krieg weiterzuführen. Aber sobald sie restlos durchgebrannt sind, bleibt nur die monetäre Staatsfinanzierung. Der Staat könnte beispielsweise die von ihm kontrollierten Rohstoffunternehmen zwingen, seine Anleihen zu kaufen. Diese könnten wiederum bei der Zentralbank hinterlegt werden, um Kredite zu erhalten. Aber dieser Übergang zur monetären Staatsfinanzierung würde die bereits heute deutlich sichtbare Inflation noch weiter anheizen. Denn die Staatsnachfrage nach Rüstungsgütern führt zu einem enormen Arbeitskräftebedarf, gleichzeitig jedoch verschlingt die Front die verfügbaren Menschen.

Nie war menschliche Arbeitskraft in Russland so knapp wie heute. Unmittelbar nach der Invasion verließen schätzungsweise eine halbe Million vor allem junge, hochqualifizierte Menschen das Land. Eine zweite Welle folgte nach der Mobilisierung im September 2022, und eine weitere halbe Million sind mittlerweile an der Front gefallen oder verwundet worden. Doch wer von dort gar nicht mehr oder arbeitsunfähig zurückkehrt, fehlt nicht nur in der Zivilwirtschaft, sondern auch in der Rüstungsindustrie. Bereits im Herbst 2024 waren 2,7 Millionen Stellen in allen Sektoren der Volkswirtschaft unbesetzt, obwohl dringend Personal gesucht wurde. Entsprechend steigen die Löhne, da die verbleibende Arbeitskraft auf dem Markt knapper wird. Gleichzeitig vermindert die Migration von Arbeitskräften in den Rüstungssektor die zivile Produktion, während die hohen Löhne die Konsumnachfrage anheizen. Entsprechend steigen die Preise der Konsumgüter, und die Inflationsrate zieht an, sodass der Rubel abwertet. Im Vergleich zu Mai 2017 hat sich sein Wert gegenüber dem US-Dollar fast halbiert, und gegenüber dem Euro ebenfalls. Gleiches gilt für den chinesischen Yuan – je mehr Russland künftig seine Konsumgüter direkt aus China bezieht, desto ungünstiger wird das Austauschverhältnis, was die Inflation weiter antreibt.[66]

Mit seiner Kriegsökonomie betreibt Russland letztlich keynesianische Wirtschaftspolitik: Durch steigende Staatsausgaben werden Löhne und Konsumnachfrage angekurbelt, was das nominale BIP steigen lässt. Viele Medien lobten Putin 2023 aufgrund dieses Effekts als Gewinner, ohne zu verstehen, dass weder die Produktivität der Volkswirtschaft noch das Güterangebot des privaten Sektors gewachsen waren. Das scheinbare Wachstum entpuppt sich als reiner Preiseffekt. In einer Kriegsökonomie verliert das nominale BIP jede Aussagekraft als Indikator für reales Wachstum: Die Löhne steigen nicht, weil die Arbeitskräfte produktiver geworden sind oder die Wirtschaft technologisch effizienter produziert, sondern weil es immer weniger Menschen gibt, die arbeiten können. Und diese Lohninflation kann nicht eingedämmt werden, solange der Krieg weiterhin seine demografischen Opfer fordert. Neue Rubel können jederzeit gedruckt werden, neue Menschen jedoch nicht.

Diese demografische Katastrophe stellt die Zentralbank vor ein nahezu unlösbares Dilemma: Entweder toleriert sie die hohe Inflation und lässt damit zu, dass sich Renten und private Ersparnisse entwerten. Oder sie hebt die Zinsen an, um die Inflation einzudämmen. Tatsächlich hat sie die Zinssätze kontinuierlich erhöht, von 7,5 Prozent im Januar 2022 auf 21 Prozent im November 2024 – das höchste Niveau der letzten 25 Jahre –, ohne dass die Inflation merklich sank. Bankkredite werden somit prohibitiv teuer, sodass eine Rezession droht, denn die Zinszahlungen zehren die Gewinne der privaten Unternehmen auf – auch und gerade in der Rüstungsindustrie und den Rohstoffunternehmen der Oligarchen. Senkt die Zentralbank jedoch die Zinsen wieder, um die Unternehmen zu entlasten, heizt sie die Inflation erneut an. Nach der Invasion hatte die Zentralbank durch entschlossene Zinserhöhungen und Kapitalverkehrskontrollen die sofort einsetzende Rubelabwertung zumindest temporär eingedämmt. Doch bereits im Juli 2023 stand sie erneut vor demselben Problem: Die rein monetäre Inflation kann sie kontrollieren, die durch die Kriegswirtschaft ausgelöste Inflationstendenz jedoch nicht.

Hinzu kommt eine Zeitbombe im Bankensektor: In den vergangenen Jahren hatte der russische Staat zinsverbilligte Hypotheken für Privateigentümer und Kleinunternehmer ermöglicht – dank dieser subventionierten Darlehen waren Immobilien und Investitionen zu günstigen Zinssätzen finanzierbar. Als die Regierung dieses Programm 2024 auslaufen ließ, setzte ein letzter Run auf die Fördermittel ein, und russische Banken erzielten hohe Gewinne – was wiederum westliche Medien spekulieren ließ, die Wirtschaft würde wachsen und russische Banken seien profitabel. Aber es handelt sich nur um den immergleichen keynesianischen Trick: Staatsausgaben, die private Nachfrage simulieren, erzeugen nicht Wachstum, sondern Inflation. Nun müssen die Banken jedoch für ihre eigene Refinanzierung deutlich mehr bezahlen, als sie an diesen Hypotheken verdienen, und diese Risiken stehen ungesichert in ihren Bilanzen. Das Gleiche gilt für verbilligte Bankkredite, die Rüstungsunternehmen auf staatliche Weisung hin erhielten. Auch dieser kreditfinanzierte Schattenhaushalt ist letztlich als monetäre Staatsfinanzierung zu werten, da dieses subventionierte Kreditvolumen die Geldmenge erhöht. Auch hier müsste die Zentralbank die Zinsen aggressiv anheben, um die so entstehende Inflation zu dämpfen, wodurch jedoch erneut die Kostenbasis der Unternehmen steigt.[67]

Vor dem Krieg war eine gewisse Rubelabwertung vorteilhaft, da sie fallende Ölpreise dämpfen konnte: Russland nahm in diesem Fall zwar weniger US-Dollar ein, gleichzeitig führte die Abwertung jedoch dazu, dass es mehr Rubel pro Dollar bekam und so seine laufenden Kosten, die in Rubel anfallen, dennoch decken konnte. Doch heute führt die Abwertungstendenz vor allem zu einem unkontrollierbarem Inflationsdruck, der die Wirtschaft zunehmend belastet. Die russische Bevölkerung beobachtet den Rubelkurs an den Wechselstuben und interpretiert ihn als eine Art Fieberkurve der Volkswirtschaft. Die Zentralbank versucht daher, den Kurs unter der psychologisch wichtigen Marke von 100 Rubel pro US-Dollar zu halten, was sie jedoch nur durch den Verkauf ihrer Devisenreserven, durch Kursmanipulationen und Einschränkung des Kapitalverkehrs erreicht.

Viel schwerer als dieser monetäre Effekt wiegt jedoch der technologische Abstieg der Volkswirtschaft. Vor dem Krieg war Russland stark von westlicher Technologie abhängig. Jährlich importierte es Maschinen und Bauteile im Wert von etwa 20 Milliarden US-Dollar, von denen zwei Drittel aus der EU und den USA stammten. Putin strebte zwar an, diese Importe durch lokale Produktion zu ersetzen, war aber vor dem Krieg weitgehend erfolglos: Russische Unternehmen bevorzugten unverändert den direkten Import westlicher Komponenten oder bestenfalls einen lokalen Zusammenbau vorgefertigter Module.[68] Mit den westlichen Sanktionen sind diese Importwege nun versperrt. Natürlich findet Russland dienstbare Gehilfen, um benötigte Technologie ins Land zu schmuggeln. Aber die Kosten für die heimlichen Transportwege, die

Firmenvehikel, die Zahlungen an Staaten wie Kirgistan und Armenien, die sich als Schmuggelkorridore zur Verfügung stellen, steigern die Produktionskosten und wirken daher inflationstreibend. Maschinen können zwar geschmuggelt werden, deren Wartung und Reparatur wird aber aufgrund fehlenden Fachwissens und fehlender Ersatzteile zunehmend problematisch. Ist eine Maschine defekt, benötigt sie Ersatzteile oder umfassende Wartungsarbeiten, fehlt das technologische Wissen oder der schnelle Ersatz, um sie produktiv zu halten.[69]

Sobald die derzeitige Maschinengeneration ihr Lebensende erreicht hat, wird Russland entweder auf minderwertige inländische Produkte oder auf chinesische Maschinen ausweichen müssen – ein Szenario, das allerdings nur funktioniert, solange die USA keine Sekundärsanktionen gegen chinesische Hersteller verhängen. Bereits heute ist diese technologische Degradation zu beobachten: Bestehende westliche Systeme werden ausgeschlachtet, chinesische Substitute importiert, mitunter liefert auch der internationale Graumarkt gebrauchte Ersatzteile.[70]

Durch seine selbstgewählte Isolation nimmt Russland nur noch unvollkommen am technologischen Austausch und der internationalen Forschung und Entwicklung teil – mit chinesischen Forschern kann man noch sprechen, mit westlichen nicht mehr. Vor dem Krieg besaß Russland ein seinem Entwicklungsstand entsprechendes Innovationspotenzial, aber im globalen Innovationsindex erzielte es nicht einmal die halbe Punktzahl von Ländern wie der Schweiz, den USA, Schweden oder Singapur.[71] Und es ist schwer vorstellbar, dass China in Russland investiert, um Zukunftstechnologien wie künstliche Intelligenz oder Quantencomputer zu entwickeln – diese Fähigkeiten baut es derzeit selbst aus.

Ein weiteres großes Defizit betrifft die Dekarbonisierung. Trotz ambitionierter, bereits 2017 verkündeter Pläne erzeugt Russland heute weniger als ein Prozent seiner Primärenergie

aus nachhaltigen Quellen. An internationalen Abkommen zur
CO_2-Reduktion wird es nicht teilnehmen, da es weiterhin auf
den Absatz seines Öls angewiesen und daher weder an globaler Dekarbonisierung noch an Elektromobilität interessiert ist.
Russland wird daher mangels Alternativen auch weiterhin so
viel Öl und Gas wie möglich exportieren, jedoch ohne nennenswerte Veredelung oder Wertschöpfungstiefe – die Schattenflotte wird primär Rohöl befördern, das außerhalb Russlands raffiniert und dann in die westliche Welt reexportiert
wird; nur so lassen sich die Sanktionen auf Ölprodukte umgehen. Da Putin und seine Entourage bereits heute alle Rohstoffunternehmen kontrollieren, ist es letztlich gleichgültig, ob sie
eines Tages in einem großen staatskapitalistischen Konglomerat verschmolzen oder de jure eigenständig bleiben.

Mangels westlicher Traktoren und Agrartechnologie werden auch die Agrarexporte zurückgehen, sodass die Landwirtschaft vermehrt auf nationale Autarkie ausgerichtet wird. Und
die Industrie wird auf einfache, selbständige Produktionsmethoden umschalten und dabei kapitalintensive durch arbeitsintensive Verfahren ersetzen. Arbeitslos wird man daher keinesfalls sein, ganz im Gegenteil: Je mehr Fachkräfte abwandern
oder von der Front nicht zurückkehren, desto mehr wird Putin
auch die weibliche Bevölkerung zum (Zwangs-)Arbeitseinsatz
aufbieten müssen. Noch verbietet es das russische Arbeitsgesetz, weibliche Arbeitnehmer in der Rüstungsindustrie und gesundheitsgefährdenden Berufen einzusetzen, noch gibt es kein
Gesetz über die Zwangsarbeit – beides lässt sich ändern.

Zusammenbrechen wird die russische Wirtschaft jedoch
keineswegs, ganz im Gegenteil: Der technologische Rückschritt wirkt stabilisierend, genau wie auch der Rückzug in
die Isolation. Die russische Volkswirtschaft wird sich vermutlich auf einem niedrigeren technologischen Niveau neu konfigurieren, so wie sich auch die iranische Wirtschaft an das

internationale Sanktionsregime angepasst hat. Es bildet sich sozusagen eine Kalaschnikow-Ökonomie: simpel, aber effektiv, schwerfällig, aber robust. Russland wird dann Güter und Dienstleistungen produzieren, die auf dem Weltmarkt nicht mehr wettbewerbsfähig sind, aber die heimische Nachfrage befriedigen können. Infolgedessen wird sich Russland zunehmend von der Weltwirtschaft entkoppeln, dadurch aber auch weniger anfällig für Konjunkturschwankungen sein – abgesehen vom Ölpreis.

Auch für die Oligarchen könnte es dann attraktiv sein, ihre Auslandsvermögen wieder nach Russland zurückzutransferieren. In den Nullerjahren, als die russische Wirtschaft boomte, hatten sie umfassende Vermögenswerte ins Ausland verbracht und so dem Zugriff Putins entzogen – er tolerierte diese Kapitalflucht, solange sie nicht exzessiv war und die Produktionsanlagen in Russland blieben. Nun aber wirkt der Krieg für sie wie eine hohe Vermögenssteuer, weil ihre westlichen Auslandsvermögen aufgrund der Sanktionen kaum noch profitabel zu investieren sind und ihre persönliche Handlungsfreiheit stark begrenzt ist. Je mehr sie in der westlichen Welt sanktioniert werden, desto größer ist die Gefahr, dass ihre dortigen Vermögen konfisziert oder mit hohen Strafsteuern belegt werden, um den ukrainischen Wiederaufbau zu finanzieren. Sie hätten zwar die Möglichkeit, ihre Gelder in die Golfstaaten oder nach Hongkong zu verlagern, aber die Optionen, sie außerhalb der westlichen Welt profitabel und vor allem mit starken Eigentumsgarantien anzulegen, bleiben beschränkt. Putin könnte die Oligarchen daher überreden, ihr Vermögen nach Russland zurückzubringen, um sich weitere finanzielle Reserven zu sichern und die Oligarchen, die einst gefährliche Konkurrenten waren, in bequeme Rentiers zu verwandeln.

Diese rückständige Stabilität hat allerdings ihren Preis, den vor allem die Zivilbevölkerung tragen wird. Sie wird den privaten Wohlstand, der in den letzten 25 Jahren durch die Teilnahme am globalen Handel und die Integration in die globale Technologielandschaft erzielt wurde, weitgehend wieder einbüßen. Während westliche Produkte für die breite Bevölkerung unerschwinglich sein werden, wird sie mit einer hohen Inflation bei stagnierendem Wachstum kämpfen müssen (*Stagflation*). Mit steigenden Lebenshaltungskosten und einer fortschreitenden Entwertung der privaten Ersparnisse und Sozialleistungen wird der private Wohlstand größtenteils verfallen. Es herrscht dann zwar Vollbeschäftigung, aber jede Lohnsteigerung wird von der hohen Inflation gleich wieder aufgefressen. Schon heute müssen viele Rentner nebenher arbeiten, schon heute liegt die verdeckte Armut vermutlich höher, weil die offizielle Statistik die Lebenswirklichkeit nur bedingt abbildet.

Dieser Inflationssteuereffekt ist schon heute zu beobachten. Anfang 2025 kostete ein halbes Pfund Butter in einem russischen Supermarkt bereits über 250 Rubel – die durchschnittliche Monatsrente lag 2024 bei nicht ganz 21.000 Rubel, also bei wohlgemerkt etwa 200 US-Dollar. Selbst wenn sie nominell steigen sollte, wird man dafür nur noch hochsubventionierte Grundnahrungsmittel kaufen können. Auch die Treibstoffsubventionen, die in Russland bisher noch mäßig ausfallen, werden auf iranische Größenordnungen steigen müssen. Die Zentralbank wird wahrscheinlich gezwungen sein, die (erst 2006 eingeführte) Konvertibilität des Rubels aufzugeben und stattdessen staatlich festgelegte Wechselkurse zu bestimmen – wie es heute schon beim iranischen Riyal der Fall ist. Daneben wird sich, wie schon zu sowjetischen Zeiten, ein blühender Schwarzmarkt entfalten, auf dem die wirklichen Wertverhältnisse zu erfahren sind. Somit differenziert sich die Bevölkerung in eine kleine Klasse protegierter Apparatschiks, die in Staatsfunktionen bei hoher Korruption überleben und problemlos geschmuggelte Westware erhalten können, und eine große Zivilbevölkerung, die zwar in Vollbeschäftigung, aber nahe der Armutsgrenze lebt. Sowjetromantik lässt grüßen.[72]

Erlöser

Von wegen *postheroische Gesellschaft*: Wer nun glaubt, dass das russische Volk diesen Verfall seiner Lebensqualität nicht hinnehmen, dass es sich bald erheben und das putinistische Regime hinwegfegen wird, hat Russland nicht wirklich verstanden. Solche romantisch-gutgläubigen Hoffnungen erinnern an das erste Flugblatt der *Weißen Rose*, wonach ein eigentlich anständiges Kulturvolk temporär von einer dämonischen Clique unterdrückt sei, sich dieser aber bald erwehren würde.[73]

Aber genauso, wie das deutsche Volk den Nationalsozialismus überwiegend mitgetragen oder zumindest passiv akzeptiert hat, so begegnet das russische Volk nach 25 Jahren staatlich-medialer Indoktrination dem Krieg teils unterstützend, teils völlig passiv und fatalistisch. Wer Russland verlassen wollte und wirtschaftlich dazu imstande war, hat es getan, spätestens nach der Mobilisierung im September 2022. Wer geblieben oder wieder zurückgekehrt ist, fand sich mangels besserer Alternativen mit dem Regime ab. Gerade weil Putin die Außengrenzen offen hält, muss er keinen Volksaufstand befürchten. Und solange die Sozialleistungen auf dem jetzigen Niveau verbleiben, solange er Grundnahrungsmittel und Treibstoffe subventionieren kann, wird sich das russische Volk den neuen Realitäten nach altvertrautem, schon zu sowjetischen Zeiten eingeübtem Muster anpassen: Man wird indifferent gegenüber allem, richtet sich selbstgenügsam ein, ohne offen zu opponieren, nimmt hin, was doch nicht zu ändern ist. Der damals weitverbreitete Spruch *Wir haben immer noch den Gemüsegarten* (у нас ещё есть огород) ist heute erneut zu hören. Mag der Plattenbau auch außen schmutzig und innen marode sein, die Rente kaum zum Leben reichen – die eigene Wohnung ist sauber und liebevoll eingerichtet, man bewirtet Besucher mit Piroggen und Tee.[74]

Putin war zu Beginn seiner Präsidentschaft vor allem deshalb beliebt, weil er zusammen mit den liberalen Technokraten die Wirtschaft stabilisieren und das ökonomische Chaos der 1990er Jahre überwinden konnte. Als der chinesische Boom die Ölpreise auf ein dauerhaft hohes Niveau klettern ließ – der Preis pro Barrel *West Texas Intermediate* (WTI) stieg zwischen 2000 und 2007 von etwa 30 auf über 100 US-Dollar –, erzielte Russland erstmals große Einnahmenüberschüsse. Damit finanzierte Putin sowohl den Wiederaufbau der Armee als auch neue Sozialleistungen. In nur einem Jahrzehnt halbierten sich die Armuts- und Arbeitslosenquote, die Renten stiegen, die Inflationsrate sank, und die Wirtschaft wuchs.

Je mehr sich die russische Wirtschaft zu einer Kriegsökonomie wandelt und diese inflationär finanziert wird, desto mehr wird dieser Wohlstand wieder verlorengehen. Aber Putins repressives Regime braucht keine Wirtschaftspolitik mehr zu betreiben, die den privaten Wohlstand fördert. Wurde das Volk früher im Austausch gegen wirtschaftlichen Wohlstand politisch teilnahmslos gemacht, muss es sich nun im Verzicht zugunsten höherer Staatsinteressen üben. Ganz ähnlich wie im Nationalsozialismus werden die Folgen der Kriegswirtschaft und alle persönlichen Opfer – bis hin zum eigenen Tod – als notwendige Hingabe für den Überlebenskampf des Staates umgedeutet.

Mit der Entscheidung, die missglückte *Spezialoperation* nicht abzubrechen, sondern zu einem großen Krieg auszuweiten, hat Putin diesen Spurwechsel unumkehrbar gemacht. Lange hatte er die ultranationalen und liberalen Milieus gegeneinander ausgespielt, Streitigkeiten innerhalb und zwischen diesen Fraktionen als gütiger Großvater (дедушка) geschlichtet. Nun aber priorisiert er das tradierte russische Staatsdenken: Der Staat ist nicht etwa, wie im westlich-liberalen Denken, ein gegenüber dem Einzelnen verantwortliches Konstrukt, sondern ein ihm übergeordneter Akteur mit eigenen Sicherheitsinteressen. Individueller Verzicht ist somit legitim und nichts weiter als ein notwendiges Opfer für die staatliche Selbstbehauptung: Das Volk hat Wohlstand, Freiheit und selbst das Leben hinzugeben, wenn der Staat es verlangt (государственность).[75]

Dieses Prinzip ist die ideologische Grundlage der heute herrschenden, aus den Angehörigen von Geheimdienst- und Staatssicherheitsorganen zusammengesetzten Oligarchie (Siloviki, von силовик, *Person der Kraft*). Als die Sowjetunion sich 1991 auflöste, verschwand die Kommunistische Partei zwar nicht als politische Kraft, aber sie war nicht länger die straffe Kontrolleurin aller gesellschaftlichen und privaten Lebensbereiche und aller staatlichen Strukturen. Nun gab es keine peniblen Parteikommissare mehr, die Militär und Geheimdienste überwachten und jeden Befehl bestätigen mussten. Die ultranational denkenden Milieus in diesen staatlichen Sicherheitsorganen konnten frei handeln, und sie hielten an ihrer Weltanschauung fest. Weder die moderne Staatsrechtslehre noch Gorbatschows reformsozialistisches Gedankengut haben diese entschlossenen Tschekisten je erreicht, ihr Gedankengut ist unverändert imperial.

Obwohl – oder gerade weil – viele Siloviki in den prekären 1990er Jahren die Staatsverwaltung verlassen und sich mit Gelegenheitsarbeiten durchschlagen mussten, konnten sie sich mit der organisierten Kriminalität verbinden und langsam wieder Schlüsselposten besetzen. Putins früher Aufstieg in St. Petersburg ist dafür symptomatisch, und mit der Ernennung von Jewgeni Primakow zum russischen Ministerpräsidenten steigt schon 1996 wieder ein KGB-Offizier in die höchsten Staatsämter auf.[76]

Mit Putins Amtsantritt beginnen die Siloviki, sowohl die Wirtschaft als auch die Staatsverwaltung umfassend zu durchdringen. Heute haben sie sich den russischen Staat quasi angeeignet: Die politischen Institutionen sind zur bloßen Kulisse degradiert, und sie kontrollieren die Rohstoffunternehmen wie auch die Rüstungsindustrie. Die totalitären sowjetischen Kontrollstrukturen wurden durch ein System persönlicher Loyalitätsbeziehungen ersetzt: Wo sich das Politbüro auf einen monolithischen, abstrakten Apparat stützen konnte, der unabhängig von Einzelpersonen funktionierte, beruht das heutige politische System auf der persönlichen Loyalität zu Putin und seiner Entourage. Der nationale Sicherheitsrat – die Föderationsverfassung fordert lediglich, dass es ihn geben soll, bestimmt inhaltlich aber nichts weiter – ist daher kein neues Politbüro, in dem kollektiv und rational verhandelt wird, sondern eine (mitunter öffentlich inszenierte) Ersatz-Exekutive, die bereits informell getroffene Entscheide absegnet und umsetzt. Auch wenn sie dem Sicherheitsrat formal nicht angehört, ist auch die oberste Hierarchie der orthodoxen Kirche in dieses System eingebunden.[77]

Putin ist die sichtbarste Person dieser Oligarchie, aber sein Russland ist keine Einmanndiktatur; der russisch-ukrainische Krieg ist eben nicht nur *Putins Krieg*. Er ist zwar ein ideologisch gefestigter Tschekist, der tief in der Tradition russisch-imperialer Ideen verwurzelt ist, doch viele andere teilen solche biographischen Merkmale, diese Ideen leben nicht nur in ihm. Gerade weil die Siloviki als Kollektiv agieren, ist der russisch-ukrainische Krieg kein persönliches Projekt.[78]

Daher verbietet sich zunächst jegliche Kreml-Astrologie; es ist letztlich unbedeutend, wie lange Putin noch herrscht, ob er friedlich oder gewaltsam ablebt. Egal, welcher Silovik ihm nachfolgt: Die nächste Generation steht schon bereit. Solange Russland sich in seiner imperialen Ideenwelt verortet, seine erneute Expansion als Korrektiv einer vermeintlich aggressiven westlichen Weltdominanz versteht, wird sich nichts ändern. Sowenig die Sowjetunion sich auflöste oder die Partei zerbrach, als Stalin, Breschnew oder Andropow im Amt starben, sowenig wird der russische Ultranationalismus mit Putin enden. Solange die imperiale Idee in Russland lebt, ist es gleichgültig, wer sie vertritt, denn Ideen sind unsterblich, sie finden in jeder historischen Epoche stets neue Träger. In Deutschland hat nicht einmal der kumulative Schockmoment einer totalen Niederlage, flächendeckender Besatzung und ideologischer Umerziehung das faschistische Gedankengut ausgerottet. Hitlers persönliches Scheitern entwertet die Idee nicht, gerade heute scheint sie wieder populär zu werden.

Es ist daher wenig zielführend, Putin zu dämonisieren oder ihn gar mit Hitler gleichzusetzen, obwohl – oder gerade weil – sich die biographischen Leitmotive verblüffend ähneln. Beide überwinden ihre kleinbürgerlich-prekären, durch Kriegsereignisse erschütterten Herkunftsmilieus, steigen in die höchsten Staatsämter auf und werden dabei reich – Hitler durch die Tantiemen seiner Schriften, Putin durch Handelslizenzen und Rohstoffbeteiligungen. Stets bleibt dabei die asketische Fassade gewahrt, die heimliche Liebschaft verborgen. Beide inszenieren sich öffentlich als Symbol männlicher Stärke, und beide haben einen unbedingten Willen zur Macht, in dem sich listige Taktik und rücksichtslose Brutalität vereinen.[79]

Und beide wirken schon zu Lebzeiten seltsam anachronistisch. Technologie schätzen sie, sofern sie die militärische Schlagkraft steigern oder Propaganda effizient verbreiten kann, sobald sie jedoch den Herrschaftsanspruch bedroht, wird zensiert. Beide führen die gesellschaftlichen und kulturellen Veränderungen ihrer Epoche auf eine jüdische beziehungsweise westlich-liberale Weltverschwörung zurück und setzen deren vermeintlicher Dekadenz und Zügellosigkeit ein kitschig-reaktionäres Familien- und Gesellschaftsbild entgegen. In diesem rückwärtsgewandten Impuls sehen sie sich selbst als reinigende Rächer, als Anführer einer schicksalhaft berufenen, höherwertigen und daher zur globalen Expansion berechtigten Zivilisation, die diese Verirrungen beseitigt.[80]

Dennoch hofft so mancher auch nach drei Jahren Krieg, dass Russlands Transformation noch irgendwie rückgängig zu machen sei, dass das Regime zwar radikal, aber nur von kurzer Dauer sei. Putin erscheint in diesem Denken als böser Zauberer: Er habe Russland temporär verhext, aber sobald seine dunkle Macht gebrochen sei, könne es sich endlich demokratisieren und auf den rechten Pfad zurückkehren. Solche Umkehrhoffnungen gehen davon aus, dass eine russische Niederlage reinigend und heilend wirken und notwendige Veränderungen anstoßen werde: Danach müsse Russland die Irrungen seiner Wege einsehen, dann könne man wieder *miteinander reden* und Russland *helfen* – idealerweise durch einen im westlichen Exil aufgebauten *Reformer* –, seine einst so hoffnungsvoll begonnene demokratische Transformation *fortzusetzen*. Diese Hoffnung ist nachvollziehbar, aber fehlgeleitet.

Machtwechsel in der russischen Geschichte kamen stets von Gegeneliten, diese aber hat Putin zur Auswanderung gezwungen, ins Straflager gesteckt oder schlichtweg umbringen lassen; die wirtschaftsliberalen Politiker der Nullerjahre hat das Regime kooptiert oder kaltgestellt. Die Zeiten, als die Jabloko-Partei progressive Positionen vertrat, sind lange vorbei. Der von westlichen Medien zu einer antiputinistischen Lichtgestalt hochgeschriebene Alexei Navalny stilisierte sich in den Wahlen von 2013 als der bessere Putin: genauso national und entschlossen wie er, aber frei von Korruption. Er beklagte zwar nach der Invasion von 2022 Putins imperialen Autoritarismus, aber vor allem deshalb, weil er Russlands internationale

Geltung dadurch vermindert sah, die Kriegsverbrechen in der Ukraine thematisierte er weniger.

Er steht damit in der Tradition (scheinbar) liberaler Denker und Dissidenten, die zwar autokratische und totalitäre Herrschaftsstrukturen, nicht aber den imperialen Gedanken kritisieren. Für Alexander Solschenizyn war die Ukraine kein Staat, er argumentierte kaum anders als Putin: Sie sei historisch russisches Gebiet, ihre Grenzen von Lenin gezogen, ihre Unabhängigkeitserklärung ein Irrtum, Russland dürfe seine Staatsbürger keinesfalls aufgeben, zumal deren Sprache diskriminiert werde. Und Joseph Brodsky trägt 1992 ein Schmähgedicht voll imperialem Gedankengut vor, in dem er der Ukraine jede Eigenstaatlichkeit abspricht.[81]

Navalny entschloss sich vielleicht, nach Russland zurückzukehren, weil man persönliche Opfer bringen muss, um in Russland als ernsthafter Dissident zu gelten. Verfolgung, Verbannung und Straflager begründen eine *street credibility*, ohne die sich die Macht nicht fordern lässt. Aus dem sicheren Exil heraus ist kein Aktivistennetzwerk zu führen; Michail Chodorkowski oder Garri Kasparow finden zwar international Gehör, nicht aber in Russland. Schon im Zarenreich sahen es manche Dissidenten als Auszeichnung an, wenn sie nach Sibirien verbannt wurden, mitunter trafen sie sich in der Provinz wieder. Im März 1917 wagte es die provisorische Regierung nicht, Lenin zu verhaften, als die deutsche Oberste Heeresleitung ihn nach Russland einschleuste; zu schwach war das Staatswesen, zu stark Lenins Anhängerschaft im Volk. Aber in Putins Russland gibt es keine lokalen Anhängerbasen mehr und auch keine ehrenvolle Verbannung: Heute verschwinden Dissidenten einfach im Straflager, wo sie alsbald tragisch erkranken und versterben. Navalny endete so, und jedem Ersatzerlöser würde es heute wohl ähnlich ergehen.

Und auch abgesehen von solchen Erlöserfiguren, muss ein

autokratisches Regime nicht zwangsläufig Zugeständnisse machen, wenn es einen Krieg verliert. Mussolini hielt sich bis 1943 an der Macht, obwohl 1940 sein Überfall auf Griechenland scheiterte, und seine Invasion in Ägypten ebenso. Hirohito blieb Kaiser trotz der bedingungslosen Kapitulation Japans, da er als unverzichtbar für die innenpolitische Stabilisierung galt. Saddam Hussein hielt sich trotz seiner Niederlage im Zweiten Golfkrieg bis 2003 an der Macht, trotz internationaler Isolation und Wirtschaftssanktionen. Jelzins Niederlage im ersten Tschetschenienkrieg kostete ihn viel öffentliches Ansehen, dennoch gewann er 1996 die Wiederwahl, weil er von den Oligarchen und Medienunternehmern weiterhin unterstützt wurde und eine gespaltene Opposition keine Alternative anbieten konnte.

Mao Zedong intervenierte 1950 letztlich erfolglos im Koreakrieg. Hunderttausende chinesischer Soldaten starben, darunter sein eigener Sohn, es kam zu Nahrungsmittelknappheit in China. Dennoch festigte die Aktion sein Regime, weil er sie propagandistisch als Abwehr der *imperialistischen, raumfremden* USA von Chinas mandschurischer Grenze darstellte. Auch Putin könnte ein solches Narrativ anbieten: Es sei ja ohnehin ein Stellvertreterkrieg der USA gewesen, gegen die ganze NATO habe man nicht gewinnen können, sie aber erfolgreich von der russischen Grenze ferngehalten und Mütterchen Russland vor der Zerschlagung gerettet, und eines Tages werde man sich zurückholen, was schon immer russisch gewesen sei. Es spielt keine Rolle, ob diese Geschichte wirklich geglaubt wird, denn er kontrolliert die gesamte Medienlandschaft, und wer widerspricht: Straflager.

Zwar hat sich Russland nach militärischen Niederlagen immer wieder im Innern reformiert, aber seine imperiale Ideenwelt hat es nie aufgegeben. Der Dekabristenaufstand richtet sich 1825 gegen innere Missstände, nicht aber gegen die Expansionspolitik.

Von minimalen politischen Mitspracherechten abgesehen, bleibt die zaristische Macht im 19. Jahrhundert absolut. Alexander II. verliert 1856 den Krimkrieg, woraufhin er in den 1860er und 1870er Jahren umfassende Staatsreformen einleitet – aber nicht, weil die Niederlage ihn innerlich geläutert hat, sondern weil er sie als Prestigeverlust empfindet und versteht, dass er mehr materielle und personelle Ressourcen, eine bessere Logistik und eine straffe Zentralverwaltung braucht, um künftige Kriege zu gewinnen. Seine scheinbar liberalen Reformen dienten tatsächlich dazu, die Wirtschaftskraft und die militärische Schlagkraft des Staates zu steigern. Nicht zuletzt führt er 1874 die allgemeine Wehrpflicht in Russland ein, und er ist es, der sich schon 1859 und 1860 chinesische Provinzen einverleibt und 1865 die Eroberung Turkestans beginnt, das er sich in einem 20-jährigen Feldzug fast vollständig aneignet.[82] Nikolaus II. wird nach der verlorenen Schlacht von Mukden 1905 gezwungen, das Oktobermanifest zu erlassen und darin neue innere Freiheiten zuzugestehen sowie erstmals ein Parlament (*Staatsduma*) zuzulassen. Dennoch glaubte er unverrückbar an eine zivilisatorische und religiöse Aufgabe des russischen Imperiums und fasste den Ersten Weltkrieg anfänglich als Chance einer patriotischen, allrussischen Erneuerungsbewegung auf.

Alle diese Erlösungshoffnungen sagen letztlich mehr über den Westen als über Russland aus. Sie spiegeln die enttäuschten Hoffnungen der 1990er Jahre, aber auch eine teleologische Geschichtsauffassung. Man hatte davon geträumt, Russland prowestlich *transformieren* zu können, vom Weltfrieden, selbst vom Ende der Geschichte gesprochen – symbolisiert durch McDonald's auf dem Roten Platz. In der positivistischen Weltsicht des *Washington Consensus* erscheint der *postsowjetische* Bürger unfertig und entwicklungsbedürftig; habe er aber einmal seine ideologischen Verirrungen abgeworfen, könne man ihm ritterlich aufhelfen, ihn sanft umerziehen, bis er sich für Menschenrechte und Marktwirtschaft begeistert.[83]

Bekanntlich ist die Hoffnung das Letzte, was stirbt. Die deutsche Republik hat 100 Jahre – von 1849 bis 1949 – und drei Versuche gebraucht, bis sie sich dauerhaft etablieren konnte, sie musste hierfür Monarchien und Diktaturen überwinden, und erst der Zweite Weltkrieg hat den autoritären Abgrund aufgezeigt und damit die demokratische Idee legitimiert. In Russland jedoch hat sich die Demokratisierung der 1990er Jahre als eine chaotische, von Hyperinflation und inneren Unruhen begleitete Zeit der Demütigung ins kollektive Gedächtnis eingebrannt. Die Wunden dieser Jahre – wie die dramatischen Rückschläge bei der Währungsreform von 1992 und der Finanzkrise von 1998, die die privaten Ersparnisse der Bürger vernichteten – haben tiefe Spuren hinterlassen, die noch lange nicht verheilt sind. Nicht zuletzt konnte Putin diese Frustration nutzen, um sich als großer Erneuerer zu positionieren.[84]

Ernüchtert stellt man heute fest, dass die Hoffnung auf das Ende der Geschichte *selbst* der welthistorische Irrtum war: Was, wenn Russland noch nie etwas auf liberale Glücksverheißungen gab, sondern eine nationalistische, militarisierte Autokratie in orthodoxem Gewand sein *will* – das nach Nikolaus I. für Russland natürliche und auch einzig geeignete Regierungssystem? Wenn es die westliche Kultur als dekadent, ihre Staatsrechtslehre als blutleere Juristerei empfindet und nicht das Recht, sondern die totalitäre Macht als Legitimationsquelle begreift? Wenn es Europa lediglich als eine moralisch und politisch verirrte Provinz betrachtet, die so liebevoll wie streng auf den rechten Pfad zurückgeführt werden muss, wenn der Westen nicht die Lösung, sondern das Problem ist? Viele Ultranationalisten imaginieren Russland heute als Gegenwelt, heilig, rein und unverdorben, deren überlegene Kultur erneut geopolitisch dominieren, zumindest aber die westliche Kultur zurückdrängen soll. Nie war ihr Einfluss auf die russische Politik größer als heute.[85]

Puschkin hat diese fundamentale Zerrissenheit zwischen Ost und West in seinem *Eugen Onegin* personifiziert: Dieser ist wohlhabend, aber dennoch unzufrieden und zynisch-distanziert, hin- und hergerissen zwischen europäischer Kultur und russischer Tradition, zwischen Pracht und Luxus der St. Petersburger Bälle und dem einfachen Landleben. Dostojewski forderte, sich auf die eigene Kultur zu besinnen, sich primär östlich zu denken und zu orientieren: *In Europa waren wir Hausdiener und Sklaven, aber in Asien erscheinen wir als Herren. In Europa waren wir Tataren, in Asien aber sind wir Europäer.*[86] Und Nikolai Danilewski hält den *germanisch-romanischen* und den *slawischen Kulturtyp* für grundsätzlich unvereinbar, ein Kampf beider Archetypen sei unausweichlich. Für ihn ist Peter I. gescheitert: Er habe der slawischen Welt ein westliches Korsett überstülpen wollen, das könne gar nicht funktionieren.

Peter I. sah das selbstverständlich anders. Er empfindet sein Reich vor 1721 als verspätete, technologisch unterlegene, entwicklungsbedürftige Nation und sich selbst als Monarchen zweiter Klasse. Wenn er die westliche Schifffahrts- und Bautechnik studiert, das nach ihm benannte St. Petersburg gründet und europäisches Zeremoniell am dortigen Hof einführt, dann nicht deshalb, weil ihn die westliche Staatsorganisation innerlich überzeugt, sondern weil er sein gerade proklamiertes Imperium wirtschaftlich und institutionell stärken will. Sein Sohn, der Zarewitsch Alexei, sah es genau umgekehrt: Ihm erschien die westliche Kultur als dekadent, verwirrend und gefährlich für das, was er als Russlands wahre Identität und traditionelle Lebensweise betrachtete, er strebte einen östlich-orthodoxen Staat an. Diese Überzeugungen bezahlte er mit dem Leben. Weil er in eine Verschwörung gegen Peter verwickelt war, ließ dieser ihn inhaftieren, er starb 1718 im Gefängnis unter ungeklärten Umständen. Heute lacht er aus dem Grab heraus, denn der Krieg hat Russland endgültig in dem östlich orientierten, mythischen Überzeugungen folgenden Denken verortet, das Peter überwinden wollte.[87]

Mit diesem Spurwechsel hat das putinistische Russland alle Brücken hinter sich abgebrochen. Was nur drei Tage dauern sollte, hat sich zum neuen Normal, zum unverzichtbaren Stabilisator entwickelt. Entsprechend hat sich auch die Rhetorik gewandelt: Seit Ende 2023 spricht Russland nun auch offiziell von Krieg, während es vorher streng verboten war, die *Spezialoperation* so zu benennen.[88]

Der Entscheid ist kaum noch rückgängig zu machen. Die Kriegswirtschaft kann nicht mehr angehalten werden, sie ist der einzige Wachstumstreiber, alle Wirtschaftspolitik ist auf sie zentriert. Selbst ein militärischer Rückschlag würde daran nichts mehr ändern. Russland würde den Krieg pausieren oder abbrechen, sich konsolidieren und bei Gelegenheit erneut angreifen – insbesondere dort, wo westliche Waffenlieferungen nur schwer hingelangen. Nach dem Krieg ist somit vor dem Krieg: Der geostrategische Raum mag sich verschieben, doch die imperialen Ambitionen bleiben unverändert. Auch wenn nicht mehr gekämpft wird, der russisch-ukrainische Krieg in einem unklaren Zwischenzustand enden sollte – es wird produziert und aufgerüstet. Die Inflation steigt, was aber erträglicher scheint als eine Rezession. Und innenpolitisch sorgt der Krieg für eine dystopische Stabilisierung des Imperiums: Das Regime bestimmt nun, was wahr ist, es kontrolliert die nationale Erinnerung genauso wie die politische Zukunft. Die Bruchstellen sind nicht geheilt, aber kontrolliert und beruhigt – solange der Krieg dauert.

Und das bedeutet: Er darf niemals enden. So dystopisch und teuer diese autoritäre Wende auch ist, sosehr sie den privaten Wohlstand vernichtet, so stabilisierend wirkt sie auf die imperiale Mechanik. Wenn im Krieg akzeptiert ist, was im Frieden wirtschaftlich wie politisch zum unlösbaren Strukturproblem wird, wenn der Kriegszustand die innere Herrschaft besser und umfassender festigt als jeder Frieden, dann ist er der ideale Daseinszustand: *Krieg ist Frieden*. Russland stabilisiert sich nun gewissermaßen durch permanentes Vorwärtsstolpern: Und daher muss es in Bewegung bleiben, um nicht zu fallen.

Das imperiale Denken zeigt sich nun vollends unverstellt: Niemand ist mehr sicher, jeder Staat kann jederzeit untergehen, wenn das Imperium es so will. In dieser Logik negativen Unternehmertums ist es nicht mehr nötig, gemeinsam etwas aufzubauen, Wettbewerbsvorteile zu entwickeln und internationalen Handel zu treiben – man kann auch einfach den Nachbarn unterwerfen und sich dessen Ressourcen aneignen. Das neue Geschäftsmodell lautet somit: permanenter Krieg. Auch, aber nicht nur gegen die westliche Welt. Ganz Eurasien steht wieder zur Disposition.

EURASIEN

Spezialoperationen

Von wegen *friedliche Koexistenz*: Eurasien ist dynamischer, aber auch unsicherer geworden. Wer vor 1991 dem russischen Imperium angehörte, kann nicht länger davon ausgehen, dass die damals wiedererlangte Souveränität künftig noch respektiert werden wird – selbst wenn der eigene Staat älter ist als das Imperium. Schon lange bevor Moskau gegründet wurde, regierten die georgischen Könige im Kaukasus, doch ihre Herrschaft war immer wieder von benachbarten Großreichen bedroht. Georgien wurde häufig besetzt und byzantinisch, persisch und osmanisch beherrscht. Mit dem Vertrag von Georgiewsk (1783) wenden sich die Georgier an das russische Zarenreich, das die fremden Herren zwar vertreibt, aber das Machtvakuum seinerseits nutzt, um Georgien ab 1801 schrittweise zu annektieren.[89] Sowohl im Zarenreich als auch in der Sowjetunion unterlag Georgien einer umfassenden Umsiedlungspolitik. Die muslimischen Abchasen, ein kaukasisches Volk mit einer eigenen, von Russland unabhängigen Kultur und Geschichte, wurden zwischen 1864 und 1878 zur Auswanderung gezwungen, die verbleibende Minderheit durch russische und georgische Neusiedler marginalisiert, während die russische Sprache und die zaristische Verwaltung eingeführt wurden. Gleiches geschieht in Südossetien. Bis heute sind die ethnischen und kulturellen Verhältnisse in Georgien komplex. Unter dem Georgier Stalin – der mit richtigem Namen *Ioseb Besarionis dze Jughashvili* hieß, russisch erst in der Schule lernte und es zeitlebens nur mit starkem Akzent sprach – wird die georgische Kultur zwar gefördert, aber auch repressiv kontrolliert, zudem lässt er muslimische Minderheiten deportieren. Dennoch wird in Tiflis 1956 *gegen* die Entstalinisierung demonstriert.[90]

Georgien weigert sich im April 1991, Gorbatschows *neuen Unionsvertrag* zu unterzeichnen, der den sowjetischen Unionsvertrag von 1922 ersetzen soll, und erklärt sich stattdessen zur souveränen Nation. Innerhalb der georgischen Sowjetrepublik waren die Abchasische und die Adscharische Autonome Sozialistische Sowjetrepublik eingerichtet worden, um die ethnischen Spannungen zu kontrollieren – da diese jedoch nie dauerhaft gelöst wurden, brechen sie nach der Unabhängigkeit erneut auf und destabilisieren die junge Nation. Ein Staatsstreich beendet 1992 die autoritäre Willkürherrschaft des ersten Präsidenten Gamsachurdia, der jedoch bereits 1993 wieder rebelliert. Sein Nachfolger, der ehemalige sowjetische Außenminister Schewardnadse, ersucht Russland um militärische Hilfe. Im Gegenzug stimmt Georgien der Stationierung russischer Truppen auf dem eigenen Staatsgebiet zu und tritt der GUS bei. Die pragmatische Allianz beendet zwar den Bürgerkrieg, aber Russland nutzt seine Präsenz, um die georgische Souveränität zu untergraben. Es installiert 1992 in Südossetien und Abchasien durch russische Truppen gestützte Marionettenregime, sodass Georgien die Kontrolle über ein Fünftel seines Staatsgebiets sowie die Hälfte seiner Küstenlinie verliert; bis heute hat es sie nicht zurückgewonnen.

Damit ist der Grundkonflikt angelegt, der bis heute das russisch-georgische Verhältnis bestimmt. Der georgische Nationalismus strebt nach einer souveränen Nation, fordert die vollständige Kontrolle über das eigene Staatsgebiet und orientiert sich außen- und wirtschaftspolitisch nach Westen. Russland hingegen sieht Georgien als Teil seines *nahen Auslands* und will daher ein souveränes und außenpolitisch eigenständiges Georgien verhindern. Infolgedessen destabilisiert es das Land sowohl politisch als auch gewaltsam, sobald Georgien gegen russische Interessen handelt oder versucht, die russische Militärpräsenz zu beenden.

Dies zeigt sich insbesondere in der wirtschaftspolitischen Dimension, da Georgien multilaterale Wirtschaftsbeziehungen anstrebt, um einer einseitigen Abhängigkeit von Russland zu entkommen. Bereits 1993 unterzeichnete Georgien einen bilateralen Investitionsvertrag mit Deutschland, 1996 folgte ein Kooperationsvertrag mit der Europäischen Gemeinschaft, der 2014 in ein umfassendes Assoziations- und Investitionsabkommen mit der EU überführt wurde. 1997 gründete Georgien zusammen mit der Ukraine, der Republik Moldau und Aserbaidschan die regionale Wirtschaftsorganisation *GUAM*. Zudem verschaffte ihm seine Rolle als Transitland für aserbaidschanische Energieexporte stabile Einnahmen.[91]

Als Georgien 2006 vier russische *Diplomaten* wegen Spionageverdachts auswies, reagierte Russland mit harten Gegenmaßnahmen: Tausenden georgischen Staatsbürgern wurde das Aufenthaltsrecht entzogen, der Staat verhängte Importverbote für georgische Agrarprodukte, und Gazprom erhöhte massiv die Gaspreise. Doch der Druck hatte die gegenteilige Wirkung: Georgien ersetzte russisches durch aserbaidschanisches Gas. Auch im Tourismus zeigt sich Russlands Einfluss: Solange die georgische Regierung prorussische Positionen vertritt, fallen Reisebeschränkungen weg – andernfalls werden sie wieder eingeführt.[92] Russland machte damit bereits vor seiner ultranationalistischen Wende deutlich, dass es Georgien nicht als souveränen Staat, sondern unverändert als abhängiges Gebiet betrachtet, das immer dann *diszipliniert* werden muss, wenn es sich weigert, russischen Interessen zu folgen oder versucht, seine volle Souveränität und territoriale Integrität wiederherzustellen.

Der 2013 abgelöste Präsident Saakaschwili wollte das staatliche Gewaltmonopol stärken, und es gelang ihm, das de facto unabhängige Adscharien und unzugängliche Regionen wie die Pankisi-Schlucht wieder unter staatliche Kontrolle zu bringen, und eine verstärkte Polizeipräsenz bekämpfte erfolgreich das organisierte Verbrechen. Die zunehmend selbstbewusste Orientierung wurde auch bewusst symbolisch inszeniert. So weihte Saakaschwili 2007 zusammen mit dem polnischen Staatspräsidenten Kaczyński in Tiflis eine Statue des Prometheus ein, um an den antikommunistischen Widerstand der polnischen und georgischen Offiziere sowie deren Beteiligung am polnisch-sowjetischen Krieg (1919–1921) zu erinnern. Nachdem Georgien sich bereits 1999 aus dem russisch dominierten, als Gegenmodell zur NATO entworfenen Verteidigungsbündnis OVKS (*Organisation des Vertrags über die Kollektive Sicherheit*, eigentlich Организация Договора о коллективной безопасности) zurückgezogen hatte, strebte es nun offen eine NATO-Mitgliedschaft an, die auch heute von der Zivilbevölkerung mehrheitlich gewünscht wird.[93]

Als Deutschland und Frankreich sich 2008 auf dem NATO-Gipfel in Bukarest dagegen aussprachen, Georgien einen *membership action plan*, also einen verbindlichen Prozess für den NATO-Beitritt zu gewähren, versagten sie Georgien damit auch die Unterstützung gegen eine russische Intervention. Als Georgien versuchte, die Kontrolle über das russisch besetzte Südossetien und Abchasien zurückzugewinnen und die Souveränität über sein gesamtes Staatsgebiet wiederherzustellen, brachen im August 2008 schwere Kämpfe aus. Russland trat offiziell in den Konflikt ein, bombardierte Gori und bedrohte Tiflis. Ein von Frankreich und der EU vermitteltes Waffenstillstandsabkommen brachte zwar eine Waffenruhe, doch Russland setzte es nie um: Es behielt seine militärische Präsenz in Abchasien und Südossetien bei, und Russland erkannte beide Regionen als unabhängig an. Zudem errichtete es dort permanente Militärbasen, von denen aus es Georgien jederzeit erneut destabilisieren kann.

Georgien kündigte infolge des Krieges seine Mitgliedschaft in der GUS. Ohne Perspektive auf einen NATO-Beitritt setzt es in den letzten Regierungsjahren Saakaschwilis vermehrt auf innere Reformen, die eine Integration in die EU vorbereiten sollen.

Putin kam es daher gelegen, dass die von Bidsina Iwanischwili gegründete und finanzierte Partei *Georgischer Traum* 2012 die Parlaments- und 2013 die Präsidentschaftswahlen gewann. Iwanischwili, der in den 1990er Jahren in Russland zum Milliardär aufstieg, gilt trotz fehlendem formellen Regierungsamt als die graue Eminenz der georgischen Politik.[94] Die national orientierte Außenpolitik wich einem pragmatischen Vorgehen, das pro forma die außen- und sicherheitspolitische Ausrichtung nach Westen aufrechterhielt, mit der EU an institutionellen Verbesserungen arbeitete, gleichzeitig aber nach guten Handelsbeziehungen mit Russland strebte und die Rückgewinnung der besetzten Territorien aufgab.

Wirtschaftlich wuchs Georgien im letzten Jahrzehnt erheblich. Das Land überstand sowohl die Pandemie als auch die russische Invasion in der Ukraine relativ glimpflich, abgesehen von einer anhaltend hohen Arbeitslosigkeit und zeitweise starker Inflation.[95] Die Regierungspolitik wird jedoch zunehmend autoritär und prorussisch. Seitdem ein Abgeordneter der russischen Staatsduma vom Sitz des georgischen Parlamentspräsidenten aus eine Rede über die russisch-georgische Freundschaft hielt, kommt es immer wieder zu massiven zivilgesellschaftlichen Protesten gegen den Georgischen Traum, Putin, Iwanischwili und die zunehmend prorussische Politik. Sie flammten erneut auf, als 2024 das *Gesetz über ausländische Agenten* nach russischem Vorbild verabschiedet wurde; es dient der autoritären Kontrolle zivilgesellschaftlicher Institutionen.

Dieser Konflikt erscheint unlösbar, da er eine weltanschauliche Grundsatzentscheidung erfordert, die nur gewaltsam durchsetzbar ist. Die georgische Zivilgesellschaft strebt eine freie, demokratische Gesellschaft an, die auf Rechtsstaatlichkeit basiert, die territoriale Integrität des Landes sichert und sich wirtschaftlich sowie militärisch nach Westen orientiert. Russland – und damit jede prorussische Regierung – verfolgt exakt entgegengesetzte Ziele und ist bereit, militärisch einzugreifen, um jegliche Entwicklung in diese Richtung sofort zu verhindern. Schon vor dem russisch-ukrainischen Krieg standen sich die georgische Zivilgesellschaft und die prorussische Politik der herrschenden Eliten weitgehend unversöhnlich gegenüber. Auch ein zeitweiliger ökonomischer Aufschwung konnte diesen grundlegenden Konflikt nicht überdecken, zumal die georgische Wirtschaft unter einer hohen Arbeitslosigkeit leidet und die Wertschöpfung sich auf wenige Schlüsselsektoren konzentriert.

Seit der Invasion von 2022 kann sich Georgien nicht länger darauf verlassen, dass Russland seine innere Entwicklung nur beobachtet und temporär interveniert. Der zaristische Impuls, den Kaukasus als russischen Hinterhof zu betrachten und widerspenstige Völker gewaltsam zu unterwerfen, könnte sich wiederholen. Russland könnte durchaus auch in Georgien eine *Spezialoperation* beginnen, denn noch ist dessen EU-Assoziationsabkommen in Kraft, noch ist das im März 2022 eingereichte EU-Beitrittsgesuch nicht zurückgezogen, noch ist der 2017 als Verfassungsziel verankerte NATO-Beitritt erwünscht – ganz ähnlich wie in der Ukraine vor Kriegsbeginn. In jedem Fall schafft Russland bereits heute Fakten. Da die ukrainische Seekriegführung die russische Schwarzmeerflotte erheblich unter Druck setzt, erweitert Russland derzeit seinen Marinestützpunkt in Otschamtschire an der abchasischen Küste, vermutlich mit dem Ziel, dort einen dauerhaften Militärhafen zu errichten. Georgien wird daher seine abchasischen Gebiete wohl nie wieder friedlich unter Kontrolle bringen können.[96]

Aber je mehr Russland seine Kontrolle über die georgische Politik und das georgische Staatsgebiet festigt, desto weniger lohnt es sich, passiv zu bleiben. Denn unabhängig davon, wie der russisch-ukrainische Krieg endet, ist die georgische Souveränität heute in akuter Gefahr.

Nach den Neuwahlen im Oktober 2024, bei denen – vermutlich durch Wahlfälschungen – der *Georgische Traum* wieder eine Mehrheit gewann, weigerte sich die bisherige Präsidentin Surabischwili abzutreten, und die Öffentlichkeit protestierte lautstark gegen die Wahlergebnisse. Ein 2017 durch eine Verfassungsänderung etabliertes Sondergremium wählte daraufhin einen Gegenpräsidenten. Der ebenfalls dem *Georgischen Traum* angehörende Ministerpräsident Kobachidse will nun bis 2028 alle Beitrittsgespräche mit der EU ruhen lassen. Der gesellschaftliche Konflikt verschärft sich.

Entweder resigniert die Zivilgesellschaft gegenüber einer immer stärker werdenden prorussischen Politik, die irgendwann – ähnlich wie in der Ukraine unter Präsident Janukowytsch – das Ende jeder Westorientierung erzwingen und das Assoziationsabkommen mit der EU kündigen wird. Die nach 2013 verfolgte Appeasement-Politik könnte Georgien dann zu einem russischen Satellitenstaat transformieren: Solange die NATO sich dem Beitrittsgesuch verweigert, gibt es keine Sicherheitsgarantie gegenüber Russland. Aber je mehr Georgien deshalb russische Interessen bedient, desto unwahrscheinlicher wird es, dass es seine Westorientierung jemals realisieren kann. Dieser Prozess könnte schließlich eine prorussische Marionettenregierung installieren – es ist ohnehin fraglich, inwiefern das nicht schon geschehen ist –, die den georgischen Staat zwar pro forma erhält, aber nur als russischen Satellitenstaat. In diesem Szenario müsste Russland nicht einmal militärisch eingreifen, da ihm das Land von ganz allein zufällt. Sollte Russland militärisch in der Ukraine triumphieren, wird Georgien kaum noch eine vollständige russische Kontrolle verhindern können.

Es sei denn, die Zivilgesellschaft entscheidet sich, sich dem russischen Einfluss weiterhin zu widersetzen. Sollte Russland erneut gewaltsam eingreifen, könnte sie einen nationalen Unabhängigkeitskrieg nach ukrainischem Vorbild beginnen, dem wahrscheinlich ein Bürgerkrieg gegen die prorussischen politischen Eliten vorausgehen würde. Die symbolische Kraft eines erfolgreichen ukrainischen Widerstands würde die georgische Zivilgesellschaft zwar dazu ermutigen, aber ein militärischer Sieg der Ukraine hat nicht zwingend auch positive Folgen für Georgien – nach einer russischen Niederlage wäre es das nächste, leichter erreichbare Ziel. Und falls die Ukraine die Krim zurückerobern oder glaubwürdig drohen kann, die russische Schwarzmeerflotte zu vernichten, müsste sich diese in die nächstgelegene Basis zurückziehen. Das könnte Novorossiisk sein, aber auch die abchasische Küste – damit rückt Russland noch näher an Georgien heran, das russischen Seeoperationen vor seiner Küste wenig entgegenzusetzen hätte.

Anders als die Ukraine wäre Georgien jedoch kaum in der Lage, einen längeren Unabhängigkeitskrieg zu führen. Die georgische Armee könnte einer umfassenden russischen Invasion, die von den russischen Militärbasen auf abchasischem und südossetischem Boden ausgeht, nichts entgegensetzen – selbst wenn sie ihre Ressourcen und Truppen aufstockt. Trotz der massiven Verluste im russisch-ukrainischen Krieg wird Russland noch immer genug militärische Kapazitäten für einen kurzen, aber entschiedenen Krieg in der Region besitzen, insbesondere wenn es schnell wieder aufrüstet.[97] Eine signifikante Stärkung der georgischen Armee scheint angesichts der gegenwärtigen wirtschaftlichen Lage jedoch unwahrscheinlich, vor allem solange der *Georgische Traum* an der Macht bleibt. Ein NATO-Beitritt ist ausgeschlossen, solange Russland seine

Marionettenregime auf georgischem Staatsgebiet aufrechterhält – und genau deshalb wird es diese auch weiterhin unterstützen und militärisch kontrollieren. Die schon in der Ukraine eingesetzte Taktik der *Separatistenrepubliken* wiederholt sich.

Die USA oder die NATO könnten zwar einen militärischen Angriff Russlands gegen die georgische Souveränität mit Waffenhilfen unterstützen. Dafür wäre aber die Kooperation der Türkei zwingend erforderlich – sie müsste die Meerengen für militärische Operationen im Schwarzen Meer freigeben oder ihre Mittelmeerhäfen und Landkorridore für den Transit nach Georgien zur Verfügung stellen. Sie könnte durchaus kooperieren, und zwar nicht nur, um Russland daran zu hindern, wichtige Öl- und Erdgasleitungen zu kontrollieren: Sowohl die Baku-Tbilisi-Ceyhan(BTC)-Pipeline als auch die South Caucasus Pipeline (SCP) führen von Aserbaidschan aus durch Georgien in die Türkei. Vor allem muss sie vermeiden, erneut direkt an ein expansives Russland zu grenzen. Die Türkei könnte daher zur regionalen Schutzmacht werden; aus ihrer Sicht wäre ein starkes Georgien ein dankbarer Pufferstaat gegen russische Einflussversuche.

Strukturell ähnlich, wenngleich mit anderen Lösungsmöglichkeiten, ist die Lage in der Republik Moldau (das umgangssprachliche *Moldawien* ist weit verbreitet, aber staatsrechtlich ungenau). Auch hier sind die historischen Verhältnisse das Ergebnis komplexer ethnischer und staatsrechtlicher Entwicklungen. Die heutige Republik Moldau entstand aus dem historischen Bessarabien – dem Gebiet zwischen den Flüssen Pruth/Prut und Nistru/Dnjestr. Nach dem russisch-türkischen Krieg (1806–1812) fiel Bessarabien an das russische Kaiserreich, das schon vorher die Gebiete östlich des Nistru/Dnjestr – daher der Name *Transnistrien* – erobert und an sein ukrainisch besiedeltes Gouvernement Cherson angegliedert hatte. Nach 1812 kolonisierte Russland auch das westliche Bessarabien und siedelte Neubauern dort an. Zwischen 1918 und 1944 wechselt die Kontrolle über das Gebiet mehrfach zwischen Rumänien und der Sowjetunion, bis diese es sich schließlich als *Moldauische Sozialistische Sowjetrepublik* (SSR) einverleibt. Mit der stalinistischen Industriepolitik wandern russische und ukrainische Arbeiter nach Transnistrien und in die bessarabischen Städte, während die ländlichen Gebiete überwiegend rumänischsprachig blieben, sodass sich komplexe ethnische Verhältnisse bildeten.

Innerhalb der Sowjetunion war die Moldauische Sowjetrepublik relativ wohlhabend, doch als diese sich auflöst und die Transferzahlungen aus Moskau ausbleiben, verfällt auch der Wohlstand, und sowjetische Verwaltungsgrenzen werden zu Staatsgrenzen. Das überwiegend russischsprachige Transnistrien findet sich plötzlich in einem überwiegend rumänischsprachigen Staat wieder, der sich 1991 als Republik Moldau für souverän erklärt. 1992 begannen von russischen Truppen unterstützte transnistrische Separatisten einen kurzen Krieg gegen die moldauische Regierung. Der Konflikt endete noch im selben Jahr, erzeugte aber einen diffusen, fragilen Schwebezustand, der bis heute andauert.

Heute lebt etwa ein Fünftel der moldauischen Bevölkerung in Transnistrien, das als Lehrbuchbeispiel eines völkerrechtswidrig errichteten Klientelstaats gilt. Er hat seine eigene Marionettenregierung, Währung und Streitkräfte, die lokalen Eliten bewegen sich dort in einem quasi rechtsfreien Raum, moldauische und internationale Normen sind kaum durchsetzbar. Optisch wirkt er wie eine Zeitkapsel der sowjetischen Ära, wirtschaftlich ist er von russischen Transferzahlungen sowie subventionierten Energieexporten abhängig. Und er verfügt über eigene, von Russland alimentierte militärische Mittel: Die transnistrische Armee umfasst etwa 10.000 Soldaten und ist damit mindestens so groß wie die regulären Streitkräfte der Republik Moldau.

Dazu kommen etwa 500 russische Soldaten, die im Rahmen der 1992 zwischen Moldau und Russland vereinbaren Friedensmission in Transnistrien stationiert sind, sowie weitere Truppen, die ohne völkerrechtlich legitimes Mandat das ex-sowjetische Waffen- und Munitionslager von Kolbasna bewachen und eine irreguläre, verdeckte Militärpräsenz unterhalten.[98] Bereits 1999 forderte die OSZE Russland auf, diese irregulären Truppen abzuziehen, da ihre Präsenz nicht durch das Waffenstillstandsabkommen von 1992 legitimiert ist – sie sind immer noch dort.[99] Russland benutzt das transnistrische Regime ganz ähnlich wie die auf ukrainischem Staatsgebiet errichteten Klientelstaaten *Volksrepublik Lugansk* und *Volksrepublik Donezk*: Es unterminiert die moldauische Souveränität, destabilisiert die staatlichen Institutionen der Republik und übt einen informellen Einfluss auf deren Politik aus – genauso wie im georgischen Fall –, wenn diese gegen russische Interessen handelt.[100]

Artikel 11 der moldauischen Verfassung erklärt den Staat seit 1992 als neutral – der NATO beitreten will die Republik nicht, wohl aber der EU. Sie hofft dabei, dass eine wirtschaftliche Westintegration das Land auch institutionell stabilisiert. 2014 ersetzte das Land den Kooperationsvertrag mit der EU durch ein Assoziierungsabkommen. 2022 beantragte es die EU-Mitgliedschaft und plant, dieses Ziel auch verfassungsrechtlich zu verankern. Der russisch-ukrainische Krieg hat diese Entschlossenheit weiter gestärkt, da Russland seit der Invasion aktiv versucht, die proeuropäische Ausrichtung der Republik zu destabilisieren. Es organisiert Demonstrationen und beeinflusst Wahlen – bisher jedoch ohne Erfolg, bei den Präsidentschaftswahlen im November 2024 setzten sich erneut prowestliche Kräfte durch.

Anders als in Georgien wollen die politischen Eliten ihre wirtschaftliche Abhängigkeit von russischer Energie überwinden – der moldauische Strom wird nicht zuletzt in transnistrischen Gaskraftwerken erzeugt, die russisches, durch die ukrainischen Transitleitungen importiertes Erdgas verfeuern. Seit 2023 kann Moldau rumänisches Gas importieren, wodurch Russland seine Lieferungen nicht länger als politisches Druckmittel einsetzen kann. Zudem hat sich das Land enger an das rumänische Stromnetz angeschlossen und bis zum russischen Angriff auf die ukrainische Energieinfrastruktur auch Strom aus der Ukraine bezogen. Die moldauische Bevölkerung positioniert sich jedoch politisch weniger einheitlich. Zwischen proeuropäischen und prorussischen Kräften bestehen nach wie vor große gesellschaftliche Spannungen, insbesondere in der autonomen Region Gagausien, wo eine deutliche Mehrheit die Westbindung ablehnt.[101] Dennoch bleibt der EU-Beitritt ein zentrales Ziel.

Aber der Republik Moldau fehlt es immer noch an einem Geschäftsmodell, das einen nachhaltigen Wirtschaftsaufschwung einleiten könnte. Das Land bleibt strukturell verarmt und industriell rückständig, trotz einer reichen und internationalen Kulturgeschichte verfallen Handel und Infrastruktur.

Etwa 25 Prozent der rund 2,6 Millionen Moldauer sind aufgrund der hohen Arbeitslosigkeit in Russland als Gastarbeiter tätig. Hinzu kommen spektakuläre Korruptionsfälle und institutionelle Unprofessionalität, die oft mit dem Einfluss von Oligarchen beiderseits des Dnjestr verknüpft ist. 2014 verschwand eine Milliarde US-Dollar von den Konten der drei größten Privatbanken; die Zentralbankreserven mussten aufgebraucht werden, um sie zu retten. Als Drahtzieher des Betrugs gilt der in Abwesenheit verurteilte Oligarch Ilan Shor, der mit seiner prorussischen Partei auch die Proteste von 2022 und 2023 finanzierte.[102]

Die Zukunft Moldaus hängt mehr als die Georgiens vom Ausgang des russisch-ukrainischen Krieges ab. Sollte Russland die Ukraine unterwerfen, könnte es einen Landkorridor nach Transnistrien schaffen und hierüber ungehindert Truppen verlegen. Die Republik Moldau würde dann ihre Souveränität einbüßen und zum (formell neutralen) russischen Satellitenstaat herabsinken. Sofern die Ukraine sich jedoch gegen Russland durchsetzt, wäre die Republik nicht nur durch einen hochgerüsteten und abwehrbereiten Staat gesichert, der sich erfolgreich gegen die russische Invasion gewehrt hat. Auch das transnistrische Regime wäre in einer unhaltbaren Lage. Denn die Ukraine kann nach dem Krieg keine russischen Marionettenregime an ihrer Grenze tolerieren – sie wären ein steter Quell erneuter Destabilisierungsversuche. In dieser Situation wäre eine gemeinsame moldauisch-ukrainische Operation denkbar, die die Selbstauflösung der transnistrischen Verwaltungsstrukturen erzwingt, die russischen *Friedenstruppen* zum Abzug bewegt und so die kompromittierte Souveränität der Republik wiederherstellt.

Auf diese fragile Hoffnung, dass ein ukrainischer Sieg auch das transnistrische Problem beseitigt, muss sich die Republik Moldau heute stützen. Denn in letzter Zeit häufen sich die russischen Drohungen; sowohl Außenminister Lawrow als auch dessen Stellvertreter Galuzin haben bereits angedeutet, dass der prowestliche Kurs der Republik Moldau ihre eigene Sicherheit gefährden könnte – und damit auf eine mögliche *Spezialoperation* angespielt. Militärisch könnte sich das Land kaum dagegen wehren: Die etwa 6.000 unterfinanzierten, mit technologisch veraltetem Material ausgestatteten Kombattanten könnten einer russischen Armee, die gerade die Ukraine unterworfen hat, wenig entgegensetzen.[103]

Selbst wenn die Republik Moldau ihre transnistrischen Gebiete wieder vollständig kontrollieren sollte, wird sie noch lange mit den Lasten der Vergangenheit zu kämpfen haben. Sie erbt eine bisher von Russland alimentierte und daher prorussisch eingestellte Bevölkerung. Viele in Transnistrien wohnhafte Staatsangehörige haben mittlerweile – von Russland aktiv gefördert – russische Pässe angenommen.[104] Soll sie sie zwangsweise repatriieren? Und sollen russische Staatsbürger, die nach 1992 eingewandert sind, als nationale Minderheit toleriert oder ausgewiesen werden? Und auch unabhängig von der Nationalitätenfrage hat Transnistrien ökonomisch wenig zu bieten – finanzielle Beihilfen der EU und der internationalen Staatengemeinschaft bleiben vorerst die einzige Perspektive.

Auch die zentralasiatischen Staaten werden es schwer finden, noch ruhig zu schlafen. Russisch ist zwar immer noch die *lingua franca* Zentralasiens, aber man wird sich wieder des eigenen kulturellen Erbes bewusst: Nationale Traditionen werden wiederbelebt, lokale Sprachen gefördert, das kyrillische durch das lateinische Alphabet ersetzt. Schon drohen russische Propagandisten, man möge sich nicht allzu sehr auf sein kulturelles Erbe besinnen, schließlich habe Russland die zentralasiatischen Völker *zivilisiert* und ihre Lebensart *modernisiert*, man solle ihm dafür dankbar sein.[105] Angesichts der brutalen Unterwerfung dürfte sich die Dankbarkeit jedoch in Grenzen halten: Russland erobert im Turkestan-Feldzug die zentralasiatischen Emirate und Khanate, kolonisiert die teils nomadisch lebenden Völker und eignet sich die Ressourcen und Rohstoffe ihrer Siedlungsgebiete an.[106] Die Kolonisation folgt dem tradierten Muster: Russische Neusiedler werden in den eroberten Raum verbracht, wo sie Grund und Boden beanspruchen und bestellen. Als sich 1916 der eurasische Aufstand gegen die kulturelle Unterdrückung, politische Marginalisierung und wirtschaftliche Benachteiligung erhebt – ausgelöst durch die Zwangsrekrutierung nomadischer Männer für die Hilfsbrigaden der zaristischen Armee, entgegen früherer Zusagen –, wird er brutal niedergeschlagen.[107]

Die sowjetische Agrarpolitik transformiert fast ganz Usbekistan zu einer riesigen, von den Zuflüssen des Aralsees bewässerten Baumwollplantage – dass der See daraufhin langsam, aber stetig austrocknet, wird billigend akzeptiert; bis heute hat er sich kaum erholt. Sowjetische Ingenieure nutzen die kasachischen Ressourcen, um die Industrialisierung und die atomare Bewaffnung der UdSSR voranzutreiben. Kasachstan ist nicht nur ein wichtiger Uranlieferant, auch sein Naturraum wird rücksichtslos für Atomwaffentests genutzt; allein auf dem Gelände von Semipalatinsk fanden zwischen 1949 und 1989 insgesamt 456 Nuklearexplosionen statt, die die Umgebung weitreichend kontaminierten.[108]

Als kolonisiertes Land hat Kasachstan leidvoll erfahren, was russische Oberherrschaft bedeutet. Bereits die Zaren beginnen den Raum zu russifizieren, indem sie russische Arbeiter und Bauern dort ansiedeln.[109] Stalinistische Funktionäre deportieren in den 1930er Jahren ganze Völker dorthin, reagieren repressiv auf die kasachische Hungersnot, und aus turksprachigen machen sie russisch klingende Nachnamen, indem sie einfach die Suffixe *-ow(a)*, *-ew(a)* oder *-jew(a)* anhängen – manch westlicher Beobachter glaubt bis heute, dass es sich bei den zentralasiatischen Ethnien um Russen handele. Und auch die Sprache wird verdrängt: Bis heute beherrscht ein Großteil der ethnischen Kasachen ihre eigene Muttersprache kaum, Russisch ist Amts- und Verkehrssprache.

Die ursprünglich in arabischen Lettern geschriebenen Turksprachen – die kasachische Minderheit in China schreibt bis heute so – werden allmählich auf ein kyrillisches Schriftbild umgestellt. Dasselbe geschieht mit der tadschikischen Sprache, die zum Neupersischen gehört und früher ebenfalls in arabischer Schrift geschrieben wurde. Als Mustafa Kemal Pascha (*Atatürk*) 1928 verordnete, Türkisch künftig in lateinischen Buchstaben zu schreiben, begannen auch Turkmenistan und Usbekistan, dieses Schriftsystem anzunehmen. Beide wurden jedoch infolge der unionsweiten Russifizierungspolitik ab 1936 gezwungen, zum kyrillischen Alphabet zurückzukehren. In den letzten Jahrzehnten erfolgte die Wiederbelebung der lateinischen Schrift, und beide Systeme werden heute gleichberechtigt verwendet, wenngleich regional unterschiedlich stark.[110]

Die sowjetische Industrialisierung in Kasachstan führte ab 1930 zum Aufbau vorwiegend russisch besiedelter Industriestädte wie Karaganda und Temirtau, und mit dem beginnenden Raumfahrtprogramm in Baikonur zogen weitere ethnische Russen zu. In den sowjetischen Zensusdaten von 1959 und 1970 finden sich die Kasachen als Minderheit im eigenen Land wieder. Erst ab 1991 beginnen die mittlerweile sechs Millionen Russen wieder abzuwandern, weil das sowjetische Wirtschaftssystem kollabiert. Eine Minderheit von rund drei Millionen (15 Prozent der Gesamtbevölkerung Kasachstans) ist bis heute geblieben, sie siedelt überwiegend im nördlichen Landesteil, den russische Ultranationalisten mitunter *Südsibirien* nennen.[111]

Aber nicht nur in Kasachstan verändern sich die politischen und gesellschaftlichen Verhältnisse. Im Laufe des Jahres 1991 erklären sich alle zentralasiatischen Sowjetrepubliken zu souveränen Staaten und treten aus der Sowjetunion aus. Damit werden sowjetische Verwaltungsbezirke über Nacht zu Nationalstaatsgrenzen, es entstehen zahlreiche Exklaven und komplizierte Grenzverläufe, entlang derer sich lange unterdrückte Konflikte zwischen den Ethnien gewaltsam entladen. Im tadschikischen Bürgerkrieg (1992–1997) wenden sich ethnische Nationalisten wie auch politische Islamisten gewaltsam gegen die bislang herrschenden sowjetischen Verwaltungseliten, die alsbald das Land verlassen.[112]

Zwar sind die bizarren Diktatoren der postsowjetischen Zeit mittlerweile durch autoritäre, aber rational und pragmatisch agierende Herrscher abgelöst worden – mit Ausnahme des tadschikischen Präsidenten Rahmon(ow), der seit 1997 ununterbrochen regiert. Nur in Kirgistan gab es zeitweise zumindest Ansätze einer inneren Demokratisierung.[113] Aber noch immer herrschen in ganz Zentralasien sowjetisch sozialisierte Eliten, und noch sieht Russland die Region unverändert als seine geostrategische *Einflusssphäre*, in die es seine militärische Macht projiziert. 1992 setzte Jelzin Tadschikistan unter erheblichen politischen Druck, einen Staatsvertrag über militärische Zusammenarbeit zu unterzeichnen, der die russische Militärbasis in Gorny legitimierte und so Russlands Einfluss in der Region sicherte. 2003 folgte ein ähnliches bilaterales Abkommen mit Kirgistan, mit dem Russland eine militärische Basis in Kant eröffnete. Auch übte Russland Druck auf die kirgisische Politik aus, da es die Präsenz der US-Streitkräfte im nahegelegenen Flughafen Manas (2001–2014) als Bedrohung betrachtete. Die Basis besteht jedoch bis heute, obwohl die Amerikaner vollständig abgezogen sind. Ebenso kauft Kirgistan russische Rüstungsgüter und lässt seine Kombattanten in russischen Einrichtungen ausbilden.

Keinem zentralasiatischen Staat ist es heute möglich, sich plötzlich oder gar gewaltsam aus dieser engen Bindung zu lösen. Sie könnten sich militärisch kaum gegen eine russische *Spezialoperation* verteidigen. Die NATO hat die zentralasiatischen Staaten zwar 1994 in ihre *Partnership for Peace* aufgenommen – Tadschikistan trat erst 2002 bei –, verfügt aber über keine nennenswerte militärische Präsenz in der Region. Die zentralasiatischen Armeen sind deutlich schwächer als die russische, auch wenn diese nach dem russisch-ukrainischen Krieg stark dezimiert sein wird. Russland liefert bis heute nahezu alle kasachischen Waffensysteme und bildet dessen Streitkräfte aus. Dazu kommt die ungünstige geographische Lage. Die russisch-kasachische Grenze, mit über 7.000 Kilometern die zweitlängste Landgrenze der Erde, zieht sich durch weite Steppen und Wüsten, die nur schwer zu überwachen oder flächendeckend zu verteidigen sind. Und die turkmenische Hauptstadt Aşgabat liegt am Fuße des Kopet-Dag-Gebirges und somit unmittelbar an der iranischen Grenze.

Schließlich fehlt den zentralasiatischen Staaten ein direkter Meereszugang, sodass sie nur indirekt am Welthandel partizipieren und sich nur schwer von ihrer einseitigen volkswirtschaftlichen Ausrichtung auf Russland lösen können. Bereits 2003 hatten sie zusammen mit Tadschikistan und Russland die *eurasische Wirtschaftsgemeinschaft* gegründet, und 2008 unterzeichneten Belarus, Kasachstan und Russland den Eurasiatischen Investitionsvertrag, Kirgistan trat später bei. Kasachstan und Kirgistan sind Gründungsmitglieder der 2014 von Russland gegründeten und seither dominierten Eurasischen Wirtschaftsunion (Евразийский экономический союз).

Kirgistan und Tadschikistan sind gebirgig, schwer zugänglich und verarmt. Das russische BIP pro Kopf lag 2023 zur Kaufkraftparität bei 40.106 US-Dollar. Das ist zwar wenig im Vergleich zu den G7-Staaten, von der Schweiz oder Luxemburg ganz zu schweigen, aber immer noch mehr als das Sechsfache dessen, was Kirgistan (6.558 US-Dollar) im gleichen Jahr erzielte, und mehr als das Achtfache der tadschikischen Leistung (4.638 US-Dollar).[114] Und selbst dieses geringe BIP beruht zu jeweils über 25 Prozent auf den Transferzahlungen ihrer Arbeitsmigranten, die in Russland in der Baubranche sowie in Service- und Niedriglohnberufen arbeiten und ihre Einkommen in die Heimat überweisen. Auch als Kleinwarenhändler und Taxifahrer sind sie im russischen Alltag unübersehbar. Etwa 1,5 Millionen Tadschiken verdingen sich in Russland, bei einer Gesamtbevölkerung von 9,5 Millionen, in Kirgistan ist das Verhältnis noch extremer: Das Land zählt nur 6,8 Millionen Einwohner, von denen eine Million in Russland tätig ist.

Für Kirgisen gestaltet sich die Migration etwas einfacher, da sie aufgrund der Mitgliedschaft Kirgistans in der Eurasischen Wirtschaftsunion kein russisches Arbeitsvisum benötigen. Dennoch werden alle zentralasiatischen Ethnien im russischen Alltag rassistisch diskriminiert und ausgegrenzt.

Vor dem russisch-ukrainischen Krieg erschien es unwahrscheinlich, dass dieses Geschäftsmodell sich jemals ändern würde. Nun aber hat der Krieg andere Rahmenbedingungen geschaffen: Verbunden mit der Drohung, ihnen die gerade erworbene russische Staatsbürgerschaft oder den Aufenthaltstitel zu entziehen, werden sie zum Bau von Geländesperren, mitunter auch als entbehrliches Fleisch für Sturmangriffe an die Front geschickt. Gleichzeitig steigert die Rubelinflation ihre Lebenshaltungskosten in Russland, und sie entwertet die Transfereinkommen. Allein zwischen 2023 und 2024 hat der Rubel gegenüber dem kirgisischen Som 22 Prozent an Wert verloren, zum usbekischen Som 18 Prozent, und zum kasachischen Tenge 25 Prozent. Es ist daher wenig überraschend, dass viele Migranten, wie schon in früheren Wirtschaftskrisen, entweder in ihre Heimat zurückkehren oder in andere Länder auswandern, was den Arbeitskräftemangel in Russland weiter verschärft.[115]

Gleichzeitig hat sich ein neues Geschäftsmodell etabliert, das vor allem für die wirtschaftlichen Eliten attraktiv ist. Seit dem Staatsbesuch Putins im November 2023 ist der russisch-kirgisische Warenhandel um ein Vielfaches gewachsen, wobei es sich überwiegend um westlich sanktionierte Güter handeln dürfte, die via China importiert werden – denn fast zeitgleich haben sich die chinesischen Exporte nach Zentralasien massiv ausgeweitet. Auch Tadschikistan könnte – mit dem Iran als Transitroute – ein ähnliches Modell entwickeln, doch seit den Terroranschlägen in Krasnogorsk im März 2024 blickt Russland misstrauisch auf diese Region.[116]

Beide Länder haben durchaus andere Optionen. Ihre Arbeitsmigration ist zwar auf Russland ausgerichtet, nicht aber ihr Warenhandel. Nur drei Prozent der tadschikischen und neun Prozent der kirgisischen Exporte gehen direkt nach Russland. Beide Länder sind zudem bedeutende Exporteure von Gold und Nichteisenmetallen. Ihre gebirgige, weitgehend unberührte Landschaft macht sie zu idealen touristischen Zielen und attraktiv für die großindustrielle Wasserkraftnutzung. Sie könnten den hieraus produzierten Strom in das energiehungrige China exportieren – was jedoch Kapital, Technologie und vermutlich auch eine Umorientierung der bisher auf Russland ausgerichteten politischen und wirtschaftlichen Eliten erfordern würde.

Das turkmenische BIP pro Kopf war 2023 mit 23.406 US-Dollar mehr als doppelt so groß wie das usbekische von 9.904 US-Dollar, allerdings hat Usbekistan fast sechsmal so viele Einwohner. Obwohl dessen einheimische Stromproduktion, die zu 80 Prozent auf Erdgas basiert, die Nachfrage einer schnell wachsenden Industrie derzeit nicht decken kann, profitiert Usbekistan von seiner geographischen Lage: Turkmenistan besitzt die weltweit viertgrößten Gasreserven, und es kann sie nach ganz Zentralasien exportieren. Auch der Bau einer direkten Pipeline nach China mit einer Kapazität von 30 Milliarden Kubikmetern wurde bereits vereinbart.

Diese nachbarschaftliche Lieferbeziehung ist bemerkenswert, weil Usbekistan lange einen isolationistischen Kurs verfolgt hat, nun aber eine weltoffene Wirtschaftspolitik fährt und ausländische Investitionen anziehen sowie konstruktive nachbarliche Beziehungen aufbauen will. Präsident Karim(ow) distanzierte sich von Russland und trat 2012 aus der OVKS aus. Der heutige Präsident Mirziyoy(ew) ließ erstmals 2018 wieder gemeinsame Militärübungen zu. Um rüstungspolitisch weniger abhängig von russischen Waffensystemen zu sein, hat

Usbekistan begonnen, chinesische Luftverteidigungssysteme zu testen und militärisch mit China zu kooperieren, um Drogenhandel und Terrorismus zu bekämpfen.

Als Binnenstaat ohne Zugang zum Kaspischen Meer muss Usbekistan sich weniger vor einer *Spezialoperation* fürchten als Turkmenistan, das im Kaspischen Meer mit den russischen und iranischen Flotillen konfrontiert ist und daher eine eigene maritime Präsenz unterhält. Nach seiner Unabhängigkeit hatte Turkmenistan zunächst pragmatisch mit Russland kooperiert und russische Truppen auf seinem Staatsgebiet geduldet, nicht zuletzt um sich gegen importierten Terrorismus aus Afghanistan zu schützen. Mit seiner 1995 auch international anerkannten Neutralitätspolitik war das allerdings kaum vereinbar; 1999 zog Russland schließlich seine Truppen ab. Vielleicht führte diese Episode dazu, dass der *Türkmenbashi* 1998 eine militärische Zusammenarbeit mit den USA sondierte. Die neue Herrscherdynastie Berdymuhamed(ow) – Vater Gurbanguly übergab seinem Sohn Serdar 2022 das Präsidentenamt – pflegt ein ausbalanciertes Verhältnis zu Russland, man nimmt zwar als Gast an der russischen Siegestagsparade teil, lotet aber auch eine verstärkte militärische Zusammenarbeit mit der Türkei aus.[117]

Solche *multivektoriellen* Strategien, die angesichts der latenten Bedrohung durch mächtige, direkt angrenzende Staaten den allseitigen Ausgleich suchen, sind typisch für diese Region, sie verbinden selbstbewusste Nationalpolitik mit pragmatischem Entgegenkommen. Und sie sind überlebenswichtig: Offen mit Russland zu brechen heißt, das Risiko einer *Spezialoperation* einzugehen. Die kasachische Politik beherrscht diesen vorsichtigen Ausgleich meisterhaft, denn Kasachstan hat als wohlhabendster Staat Zentralasiens viel zu verlieren. Es zählt heute zu den weltweit führenden Uranproduzenten und verfügt zudem über beträchtliche Vorkommen an Öl, Gas und

Metallen. Westliche Energiekonzerne haben umfangreich in Kasachstan investiert, es exportiert seine fossilen Brennstoffe nach Europa wie nach China, was sich 2023 in einem BIP pro Kopf von 35.557 US-Dollar niederschlug, nur etwa elf Prozent unter dem russischen, obwohl Kasachstan nur 20 Millionen Einwohner zählt.

Sollte Russland seinen Angriffskrieg in der Ukraine verlieren oder abbrechen, könnte es sich – wie im georgischen Fall – vermehrt den zentralasiatischen Ländern zuwenden, wo weniger Widerstand zu erwarten und westliche Unterstützung logistisch schwer zu organisieren ist. Kasachstan setzt daher seit der russischen Invasion von 2022 immer wieder kleine, aber wirksame Akzente, um nach allen Seiten offen zu bleiben, ohne Russland direkt zu brüskieren. Der Präsident spricht auf einer internationalen Konferenz durchgängig russisch, erlaubt sich aber, die russische Regierungsdelegation auf Kasachisch zu begrüßen. Er macht Putin auf dem St. Petersburger Wirtschaftsforum öffentlich klar, dass er die sogenannten *Separatistenrepubliken* im Donbass niemals anerkennen werde, lobt anschließend aber ausführlich die russische Wirtschaftspolitik. Er treibt konsequent die Einführung der lateinischen Schrift voran, mit dem Ziel, die Umstellung bis 2031 abzuschließen. Die kasachische Hauptstadt erhält ihren alten Namen Astana zurück, unter Nursultan Nasarbay(ew) eingesetzte Schlüsselfiguren werden entlassen. Dennoch betont er stets die Einheit des Landes, um ethnischen Konflikten mit der russischen Minderheit zuvorzukommen. Gleichzeitig warnt er eindringlich davor, russische Pässe anzunehmen, um Russland keinen Vorwand zu geben, seine *besorgten Bürger schützen* zu müssen. Die europäische Öffentlichkeit ist sich dieser klugen, ausgleichenden und sich vorsichtig vortastenden Politik selten bewusst, nicht zuletzt, weil Klamaukfilme wie *Borat* ein völlig verzerrtes Landesbild vermittelt haben.[118]

Dennoch gärt es in der Zivilgesellschaft. Noch immer sind die politischen und wirtschaftlichen Eliten sowjetisch geprägt und eng mit Russland verflochten. Extreme Ungleichheit kennzeichnet die soziopolitische Landschaft, in der wenige Personen über die Hälfte aller privaten Vermögen kontrollieren. Ihnen gegenüber steht eine junge, teils arbeitslose, aber zunehmend selbstbewusste Zivilbevölkerung, die sich zunehmend auf ihr kulturelles Erbe besinnt. Junge Kasachen entdecken ihre Muttersprache neu.[119] Dennoch verbleiben starke russophile Strömungen, die teils durch die russische Medienpräsenz vermittelt werden, teils der nostalgischen Sehnsucht nach den früheren sowjetischen Realitäten entspringen, als man die Mehrheit stellte, gut verdiente, politisch das Sagen hatte.[120]

Russland bleibt eine potenzielle Bedrohung, vor allem wenn es den russisch-ukrainischen Krieg verlieren und sich danach leichteren Zielen in Zentralasien zuwenden sollte. Im Januar 2022 ersuchte der kasachische Präsident Tokay(ev) die OVKS, gewaltsame Unruhen zu unterdrücken, die sich an steigenden Treibstoffpreisen entzündet hatten. Dabei intervenierten auch russische Fallschirmjäger in der Hauptstadt, über 200 Menschen wurden getötet. Er konnte zwar nicht ahnen, dass Russland bereits vier Wochen später die Ukraine überfallen würde. Aber warum sollte es gegenüber Kasachstan nicht gleichermaßen vorgehen, vor allem wenn es das Völkerrecht nicht länger achtet? Kasachstans europäische Ölexporte fließen zu über 80 Prozent durch die russisch kontrollierte CPC-Pipeline. Es überrascht daher nicht, dass seit Kriegsbeginn – natürlich rein zufällig – immer wieder *technische Probleme* und *Umweltrisiken* auftauchen, die den Transit tagelang unterbrechen.[121]

Kasachstan könnte sich enger an China anlehnen, um sich gegenüber Russland abzusichern. Bereits seit 2006 versorgt die transkasachische Pipeline China direkt mit Öl, seit 2009 liefert die CAG-Pipeline auch Gas. Im Rahmen der *Shanghai Cooperation Organization* wie auch im Kontext von bilateralen Abkommen hat China bereits implizite Garantieerklärungen für den kasachischen Staat abgegeben.[122] Und auch anderweitig benötigt Kasachstan neue Partner, da es genau wie Russland eine Petrodollarökonomie ist und mit einer fortschreitenden Dekarbonisierung der Weltwirtschaft ein neues Geschäftsmodell benötigt. Als Zentrum des eurasischen Kontinents könnte Kasachstan zur globalen Verkehrsdrehscheibe werden, die China und Europa über Land verbindet und gleichzeitig die zentralasiatischen Staaten integriert, ohne Russland zu durchqueren. Bereits heute finanziert China neue Eisenbahnstrecken in der Region. Schon 2015 fuhr erstmals ein Zug von China via Kasachstan, Aserbaidschan und Georgien nach Europa. China ist schon seit längerem in Gesprächen mit den zentralasiatischen Staaten, um Eisenbahnverbindungen im zentralasiatischen Raum, die Russland südlich umgehen, voranzutreiben und die Staaten untereinander sowie mit China zu verbinden. Aber noch müssen die Züge an der dschungarischen Pforte, wo China an Kasachstan grenzt, auf die russische Breitspur umgesetzt werden. Und noch ist die Transportkapazität des zentralasiatischen Korridors verschwindend gering, vor allem im Vergleich zum globalen Seeverkehr. Im ganzen Jahr 2023 wurden über den Korridor lediglich rund 2,8 Millionen Tonnen Fracht zwischen China und Europa transportiert, also weniger als das tägliche Volumen des Suezkanals.[123] Aber sowohl China als auch die Türkei haben ein Interesse daran, den zentralasiatischen Korridor auszubauen, und zwar nicht nur für den Schienentransport. Die Anrainer des Kaspischen Meeres könnten ihre fossilen Brennstoffe auch direkt in die Türkei exportieren und Russland dabei südlich umgehen. Und so eröffnen sich insbesondere der Türkei ganz neue Möglichkeiten.

Müdara

Von wegen *kranker Mann am Bosporus*: Die Türkei hat den russisch-ukrainischen Krieg genutzt, um ihre regionale Position zu stärken. Aus dem einst zerfallenden Osmanischen Reich ist wieder eine selbstbewusste, militärisch mächtige Nation geworden, die die eurasische Politik mitprägen wird. Bereits im Mittelalter unterhielt das Osmanische Reich kulturelle und diplomatische Beziehungen mit den usbekischen Khanaten, und auch heute bietet sich die Türkei den turksprachigen zentralasiatischen Staaten als kulturell eng verwandter Helfer an. Mit der 2009 gegründeten, vom türkischen Präsidenten Erdoğan geförderten *Organization of Turkic States* hat sie die pantürkischen Ideen des nationalistischen Flügels der Jungtürken wiederbelebt, allerdings eher im Sinne einer pragmatischen, wirtschaftlichen und geopolitischen Kooperation.[124]

Diese strebt einen umfassenden militärischen, wirtschaftlichen und kulturellen Austausch sowie die diplomatische Zusammenarbeit aller turksprachigen Staaten an. Kasachstan, Kirgistan und Usbekistan sind bereits Mitglieder, während Turkmenistan beobachtend abwartet. Deren zuvor eher passive Haltung wich mit dem russischen Überfall auf die Ukraine einem jähen Interesse, sich stärker an protürkische Positionen anzulehnen. Das überrascht kaum: Je mehr die zentralasiatischen Staaten Russland und den Iran als latente Bedrohung wahrnehmen und sich ihrer eigenen kolonialen Vergangenheit bewusst werden, desto stärker könnten sie auf die Türkei als Bündnispartner und Garantiemacht setzen.

Sollte Russland eine weitere *Spezialoperation* im zentralasiatischen Raum versuchen, könnte ein türkisch-aserbaidschanisch-turkmenisch garantierter Korridor alle zur Abwehr erforderlichen Waffen und zivilen Hilfsgüter durchleiten – Russland müsste dann einen offenen Seekrieg im Kaspischen

Meer riskieren, um diesen Transfer zu unterbinden. Auch präventiv könnte die Türkei die zentralasiatischen Staaten aufrüsten und ihren nicht mehr in Russland erwerbstätigen Arbeitsmigranten neue Beschäftigungsmöglichkeiten und einen Arbeitsmarkt bieten, in dem sie nicht länger rassistisch diskriminiert werden. Sobald Turkmenistan seine enormen Gasreserven südlich an Russland vorbei in die Türkei exportieren kann, wird ihre geopolitische Rolle stark aufgewertet und sie zum zentralen Ventil zwischen Europa und Asien (*südlicher Gaskorridor*). Mit der transanatolischen Pipeline, die seit 2018 in Betrieb ist und aserbaidschanisches Gas via Georgien in die Türkei leitet, ist das zentrale Element dieses Transportkorridors bereits gebaut. Über die transbalkanische und transadriatische Pipeline kann die Türkei den europäischen Gasmarkt direkt beliefern. Und kasachisches Öl könnte statt durch die russisch kontrollierte CPC-Pipeline via Aserbaidschan und die BTC-Pipeline in den türkischen Ölhafen Ceyhan und von dort aus nach Europa geleitet werden – vorausgesetzt, der transkaspische Tankerverkehr zwischen Aktau und Baku wird entsprechend ausgebaut.

Auch wenn die Medien es mitunter so darstellen, ist die Türkei keineswegs prorussisch orientiert. Allein zwischen 1568 und 1878 führten das russische und das osmanische Imperium elf mehrjährige Kriege miteinander, in denen Russland immer mehr ursprünglich osmanisch beherrschte Gebiete erobern konnte. Schließlich trat die Türkei 1952 auch deshalb der NATO bei, weil sie damals direkt an die Sowjetunion grenzte, Stalin territoriale Ansprüche auf türkisches Gebiet erhob und die Kontrolle über den Bosporus und die Dardanellen forderte.[125] Das Schwarze Meer wird also nicht etwa im russisch-türkischen Einvernehmen regiert – ganz im Gegenteil muss die Türkei die russische Marine argwöhnisch beobachten, um die Kontrolle über die Meerengen zu sichern. Sie wendet daher – nach anfänglichem Zögern – seit Kriegsbeginn die Konvention von Montreux an, sodass Russland keine Verbände der baltischen oder der Nordflotte in seine Schwarzmeerhäfen verlegen kann, was die türkische, indirekt auch die ukrainische Position stärkt.[126]

Genauso wenig ist die Türkei jedoch prowestlich eingestellt, obwohl ihre geostrategische Lage als Scharnier zwischen Europa und Asien sie zu einem wertvollen NATO-Mitglied macht. Die *Airbase Incirlik* koordiniert militärische Logistik und Transporte in der gesamten vorderasiatischen Region. In Izmir befindet sich das *Allied Land Command (LANDCOM)*, das die Landstreitkräfte der gesamten NATO koordiniert und interoperabel hält. In dieser Rolle ist sie für Russland unangreifbar, jede Bedrohung oder innere Destabilisierung würde umgehend eine militärische Antwort der gesamten NATO provozieren. Und weil Russland darauf angewiesen ist, sein Öl ab Novorossiisk zu exportieren – kein anderer russischer Hafen liegt so nahe am Suezkanal –, kann es sich keine Provokationen gegenüber der Türkei erlauben.

Im Ersten Weltkrieg fördert das britische Empire aktiv die arabische Revolte, insbesondere die Aufstände der Scherifen von Mekka, um das Osmanische Reich von seinen vorderasiatischen Flanken her zu destabilisieren. Der hierfür maßgeblich verantwortliche Militärberater wird als *Lawrence von Arabien* weltberühmt, nicht zuletzt, weil er mit arabischen Truppen die Wüste durchquert, um die Seefestung Akaba aus dem Hinterland statt vom Roten Meer aus anzugreifen. Nach der osmanischen Niederlage werden Palästina, Transjordanien und Mesopotamien zu britisch kontrollierten Mandatsgebieten. Der 1920 unterzeichnete, aber nie ratifizierte Vertrag von Sèvres stellte die territoriale Integrität der aus dem kollabierten Osmanischen Reich entstandenen Türkei infrage. Erst mit dem Vertrag von Lausanne (1923) kann die Türkei bessere Konditionen aushandeln und sich mit den von Mustafa Kemal Pascha (*Atatürk*) eingeleiteten politischen und militärischen Reformen innerlich konsolidieren. Dieses historische Trauma wirkt bis heute in einem weitverbreiteten Misstrauen gegen alle ausländischen Mächte nach, bis hin zu politisch instrumentalisierten Verschwörungstheorien (*Sèvres-Syndrom*). Jedenfalls zieht es die Türkei seither vor, nationalistisch und unabhängig zu agieren, durchaus auch gegen westliche und US-amerikanische Interessen. Als sie 2016 laut darüber nachdachte, das russische Luftverteidigungssystem S-400 einzukaufen, wollte sie gegenüber den NATO-Partnern demonstrieren, dass ihre Bündnistreue nicht gratis zu haben ist, dass sie sich jederzeit anders orientieren kann, wenn ihre Interessen nicht beachtet werden. Nach dem russisch-ukrainischen Krieg ist es zwar unvorstellbar geworden, dass die Türkei russische Rüstungsgüter kauft, aber sie wiederholte diese Taktik auch beim NATO-Beitritt Finnlands und Schwedens. Da die Altmitglieder gemäß Artikel 10 des Nordatlantikvertrags einstimmig beschließen müssen, einen Beitrittskandidaten aufzunehmen, ließ sich die Türkei ihre Zustimmung mit vielen politischen Zugeständnissen abkaufen. Insbesondere nutzte sie den Beitritt Schwedens, um wieder in das internationale Erneuerungsprogramm ihrer F-16-Flotte aufgenommen zu werden.

Im Nahen Osten verfolgt sie eine eigenständige Regionalpolitik, die nicht immer kompatibel mit westlichen Interessen ist. Trotz antiisraelischer Rhetorik unterhält sie gute Handelsbeziehungen sowohl mit Israel als auch dem Iran und schafft eigene militärische Pufferzonen in Nordsyrien, um kurdische Autonomiebestrebungen einzudämmen. Sie hat über drei Millionen syrische Bürgerkriegsflüchtlinge aufgenommen und in ihren Arbeitsmarkt integriert, nutzt die Flüchtlingsströme aber auch als Druckmittel, um Zugeständnisse von der europäischen Politik zu erhalten. Schließlich hat die Türkei eine moderne Rüstungsindustrie entwickelt und sich damit unabhängiger von westlichen Importen gemacht. Sie baut mittlerweile eigene Schützen- und Kampfpanzer und hat sogar den Prototypen eines Kampfflugzeugs vorgestellt. Gab die Türkei noch in den 1970er Jahren fast die Hälfte ihres Verteidigungsbudgets für Importe westlicher Waffen aus, ist dieser Anteil heute auf unter zehn Prozent gesunken. Auch in der Energiepolitik ist diese allseits opportunistische Haltung sichtbar. Die Türkei betreibt seit 2023 ein Kernkraftwerk russischer Bauart in Akkuyu, hat aber ebenso Verträge mit China und Südkorea für neue Reaktoren abgeschlossen und interessiert sich für neuere westliche Reaktortechnologien.[127] *TurkStream* und *BlueStream* sind die einzigen nach Europa führenden russischen Erdgaspipelines, die noch betriebsfähig und nicht ukrainisch kontrolliert sind, und so kann die Türkei selbstbewusst mit einem Russland verhandeln, dessen westliches Gasgeschäft zusammengebrochen ist. Schon früh verstand sie sich darauf, ihre Bezugsquellen zu diversifizieren. Zwischen 2010 und 2020 verdoppelte sie ihre Flüssiggasimporte und verdreifachte den Import von aserbaidschanischem Gas. Heute deckt Russland nur noch knapp 20 Prozent des türkischen Gasverbrauchs.

Die Türkei trägt die westlichen Sanktionen nicht mit, zu gut verdient sie bisher am Russlandgeschäft. Türkische Bauunternehmen haben vor allem in Moskau, aber auch in der Provinz große Projekte realisiert, und die Türkei ist die beliebteste internationale Feriendestination russischer Touristen. Obwohl der russische Arbeitsmarkt infolge der kriegsbedingten Ausfälle dringend auf Fachkräfte angewiesen ist, ließ sie die vor der Mobilisierung geflohenen Männer visafrei einreisen und integrierte sie schnell in ihren Arbeitsmarkt. Sie tragen nun nicht länger zum russischen, sondern zum türkischen BIP bei – und die Türkei kann jederzeit drohen, sie zurückzuschicken, wenn sie sich nicht zu benehmen wissen. Gleichzeitig unterstützt sie aber die Ukraine mit militärischen und zivilen Hilfslieferungen und positioniert sich als neutraler Vermittler, der beim Austausch von Kriegsgefangenen hilft. Der russisch-ukrainische Krieg machte 2022 die türkisch entwickelte *Bayraktar*-Drohne global bekannt – nicht zuletzt aufgrund des Liedes darüber. Ebenso garantierte die Türkei das Getreideabkommen zwischen Russland und der Ukraine und zeigte sich von russischen Drohungen unbeeindruckt.[128] Und mit dem wirtschaftlichen Abstieg Russlands wird der ukrainische Wiederaufbau auch für die türkische Bauindustrie interessant. In der Türkei leben viele Nachfahren der einst vertriebenen Krimtataren – sie könnten wortwörtlich als Brückenbauer fungieren.

Und allzu sehr darf die Türkei auch nicht ostwärts schielen. Sie ist immer noch Nettoimportland, was Energie und Nahrungsmittel angeht. Dank der hohen Rubelinflation erhält sie zwar nun eine Atempause, aber ihre internationalen Anleihen sind in Devisen begeben. Und die chaotische Geldpolitik ihres derzeitigen Herrschers hat die Lira seit 1999 stark abwerten lassen und damit auch starke inflationäre Tendenzen ausgelöst. Während Anfang 2018 100 türkische Lira noch rund 22 Euro kosteten, fiel der Kurs bis August 2024 auf nur noch knapp 2,65 Euro. Die türkische Geldpolitik ist durch Nepotismus und unberechenbare Einmischungen in die Unabhängigkeit der Zentralbank gekennzeichnet, 2021 wies Erdoğan sie sogar an, trotz starker inflationärer Tendenzen die Zinsen zu senken. Spätestens wenn diese Fisher-Geldpolitik zur nächsten hausgemachten Finanzkrise führt, wird die Türkei, wie zuletzt 2018, für westliche Hilfskredite dankbar sein.

Und türkische Banken müssen bereits heute amerikanische Sekundärsanktionen fürchten, wenn sie Russland weiterhin bei der Umgehung westlicher Sanktionen unterstützen. Der Schmuggel falsch deklarierter, sanktionierter Güter nach Russland durch die Türkei ist seit 2023 zurückgegangen, und seit

2023 stellen türkische Banken auch direkte Korrespondenz-
beziehungen ein.[129] Insgesamt hat sich die schon in der osmanischen Zeit angewendete, allseits freundliche, aber letztlich
opportunistische Politik (*müdara*) ausgezahlt. Die türkische
Haltung ist also nur scheinbar widersprüchlich, wenn sie sowohl östliche als auch westliche Interessen bedient – beide berücksichtigt sie nur insofern, als sie ihr selbst nützen.[130]

Gleiches gilt für Aserbaidschan, das sprachlich, kulturell und politisch so eng mit der Türkei verbunden ist, dass
der frühere Präsident Heidar Ali(jew) – nicht nur KGB-Offizier, sondern auch der Vater des heutigen Präsidenten Ilham
Ali(jew) – einst von *einer Nation in zwei Staaten* sprach; auch
heute wird dieser Satz gern symbolträchtig zitiert.[131] Nachdem
die Sowjetunion sich 1991 aufgelöst hatte, war das Land ökonomisch und militärisch schwach. Es distanzierte sich zwar kulturell von der sowjetischen Ära, führte umgehend wieder die
(mit einigen Sonderbuchstaben ergänzte) lateinische Schrift
ein, die es bereits vor 1940 verwendet hatte. Aserbaidschan
wurde jedoch bald von den ungelösten Nationalitätenkonflik-
ten der Sowjetzeit eingeholt. Im Ersten Bergkarabach-Krieg
(1992–1994) konnte es nicht gegen die armenische Armee bestehen und musste Gebietsverluste hinnehmen, es kam beiderseits zu Massakern, Vertreibungen und ethnischen Säuberun-
gen. Auch die postkommunistische Transformation verlief zäh,
erst mithilfe westlicher Investitionen gelang es ab den späten
1990er Jahren, eine eigene fossile Industrie aufzubauen. Mit
den rasch wachsenden Öl- und Gasexporten setzte in den Nullerjahren ein starker Wirtschaftsaufschwung ein, der auch eine
schlagkräftige neue Armee finanzierte. Nirgends ist der wirtschaftliche Erfolg dieser Transformation sichtbarer als in Baku.
Wer aus dem russisch beherrschten Dagestan einreist, glaubt
sich dort in einer anderen Welt. Und obwohl die schiitische
Tradition mehr Anhänger hat als die sunnitische, herrscht eine

bemerkenswerte religiöse Toleranz, und eine laizistische Praxis trennt Staat und Religion streng voneinander.

Allerdings ist das Land bis heute eine Petrodollarökonomie geblieben und entsprechend verwundbar. Es entsendet zwar Gastarbeiter nach Russland, aber deren Transfers sind ökonomisch weit weniger bedeutsam als in Zentralasien. Allein 50 Prozent der Staatseinnahmen, 90 Prozent der Exporte und 30 Prozent des BIP entfallen auf das Öl- und Gasgeschäft. Da die Ölproduktion kontinuierlich zurückgeht – allein zwischen 2022 und 2023 sank sie um fast acht Prozent –, muss Aserbaidschan die Gasindustrie ausbauen, um seine Einnahmen nachhaltig zu sichern. Bereits seit 2006 beliefert der Staatskonzern *SOCAR* seine türkischen und georgischen Abnehmer mit Gas über die *South Caucasus Pipeline* (SCP), sie verläuft von Baku via Tbilisi ins türkische Erzurum. Von dort aus können Gaslieferungen über die transanatolische Pipeline weiter nach Europa geleitet werden, und dieses Geschäftsmodell wird auch nach dem russisch-ukrainischen Krieg die Einnahmen nachhaltig sichern. Die Energiekrise von 2022 förderte den aserbaidschanischen Gasexport, die EU-Kommission schloss umfassende und langfristige Lieferverträge ab. So vielversprechend diese für eine diversifizierte europäische Gasversorgung auch sind, so schwierig ist es, diese Kapazität nachhaltig zu steigern. Aserbaidschan produzierte 2022 etwa 35 Milliarden Kubikmeter an handelbarem Erdgas, wovon es 22 Milliarden exportierte. Allerdings sind diese Mengen immer noch relativ klein, importierte die gesamte EU 2019 doch etwa 398 Milliarden Kubikmeter Gas. Zudem ist unklar, ob das Exportversprechen von 20 Milliarden Kubikmetern gegenüber der EU dauerhaft erfüllt werden kann, denn Aserbaidschan benötigt selbst zunehmend mehr Gas, um elektrischen Strom zu erzeugen – im Jahr 2022 fast 14 Milliarden Kubikmeter.[132]

Als gasexportierende Nation muss Aserbaidschan, genau

wie auch die Türkei, ein lebhaftes Interesse an der georgischen Souveränität haben, denn seine Öl- und Gaspipelines verlaufen via Tbilisi in die Türkei. Gleichzeitig gilt es, auch auf die eigene Sicherheit zu achten – nicht nur aufgrund der Lage zwischen Russland und dem Iran, sondern auch weil es mit der vollständigen Eroberung von Bergkarabach den russischen Einfluss im kaukasischen Raum vermindert hat.

Damit ist es nicht nur selbst zur Regionalmacht geworden, sondern hat auch Armenien laut nachdenken lassen, was von einer Allianz mit Russland eigentlich zu gewinnen ist. Schließlich hatte Aserbaidschan bereits im Bergkarabach-Krieg von 2020 israelische und türkische Technologie eingesetzt, um weiträumige Operationen mit Kampfdrohnen durchzuführen und die armenische Armee in wenigen Tagen niederzuwerfen, worauf sich Russland damals auffallend passiv verhielt. Die Mitgliedschaft in der eurasischen Wirtschaftsunion bringt wenig ein, und die russischen *Friedenstruppen* am Lachin-Korridor unternahmen nichts, um Armenien zu unterstützen oder den aserbaidschanischen Vormarsch aufzuhalten. Verärgert ließ Armenien seine Mitgliedschaft in der OVKS ruhen und trat symbolträchtig dem Römischen Statut bei – der Haftbefehl des Internationalen Strafgerichtshofs gegen Putin ist nun auch in Armenien vollstreckbar. Zudem wird die enge Bindung an Russland nun realpolitisch als strategischer Fehler angesehen. So gibt es seit 2023 gemeinsame Militärübungen mit den USA sowie Bestrebungen zu rüstungstechnischen Kooperationen mit Frankreich, Indien und Griechenland. Aber noch unterhält Russland seinen Militärstützpunkt in Gjumri, und obwohl die Vereinigten Arabischen Emirate derzeit in Armenien investieren, bleibt es wirtschaftlich von Russland abhängig – vor allem hinsichtlich seiner Energieversorgung ist Gazprom sehr dominant –, nicht zuletzt werden armenische Scheinfirmen genutzt, um sanktionierte Technologie nach Russland zu schmuggeln. Aserbaidschan könnte sich hier als bessere Alternative anbieten. Auch wenn ein Friedensvertrag beider Staaten noch in weiter Ferne zu liegen scheint, besteht eine pragmatische Kooperationsbereitschaft in wirtschaftlichen, Grenz- und Verwaltungsfragen. Armenien könnte sich per Stichleitung mit aserbaidschanischem Öl und Gas versorgen lassen, und auch als regionaler Handelspartner wäre Aserbaidschan die bessere Wahl.[133]

Denn dort kreuzten sich jahrhundertelang die Seidenstraße und der Handelsweg von der Ostsee zum Arabischen Meer, und auch heute nutzt es diese Lage durch eine allseits freundliche, aber opportunistische Politik gewinnbringend. Dennoch wird Aserbaidschan weiter aufrüsten müssen, um nach allen Seiten flexibel bleiben zu können und sowohl russische als auch iranische Ambitionen einzuhegen. Bisher lehnt der Iran den Sangesur-Korridor, der eine direkte Landbrücke durch armenisches Staatsgebiet in die Exklave Nachitschewan eröffnen würde, entschieden ab – denn dadurch würde Armenien vom Iran abgeschnitten und der Iran folglich von der Türkei und Aserbaidschan im Norden abgeriegelt werden. Und Aserbaidschan ist der Schlüssel, um Russland südlich zu umgehen: So lehnt es eine Mitgliedschaft in der russisch dominierten Eurasischen Wirtschaftsunion ab, nimmt aber an der *Trans-Caspian International Transport Route* teil, die Russland via Kasachstan, Turkmenistan und das Kaspische Meer umgeht. Auch die Eisenbahnstrecke Baku-Tbilisi-Kars verbindet die Türkei via Aserbaidschan und Kasachstan mit China, ohne dabei Russland zu durchqueren, was eine Konkurrenz zur Transsibirischen Eisenbahn darstellt. Der einzige Schwachpunkt ist der Transit des Kaspischen Meeres: Aserbaidschan betreibt dort zwar die größte Handelsflotte, wird aber von Russlands kaspischer Flotille beäugt, die den Handelsverkehr mit Zentralasien jederzeit stören könnte. Außerdem kontrolliert Aserbaidschan die direkten Transportwege zwischen Russland und dem Iran und beeinflusst damit maßgeblich die wirtschaftliche Zukunft beider Länder. Es liegt strategisch günstig im westlichen Strang des *Internationalen Nord-Süd-Korridors (INSTC)*, der für das sanktionierte Russland eine wichtige Importroute darstellt – so lassen sich Transporte durch das Schwarze Meer, das Mittelmeer und den Suezkanal vermeiden. Putin hat bereits angekündigt, das letzte fehlende Streckenstück zwischen Rascht und Astara finanzieren zu wollen.[134]

Zwar ist das Handelsvolumen zwischen Russland und dem Iran noch gering, doch der Korridor ist sowohl geographisch als auch wirtschaftlich attraktiver als der alternative Importweg über China und Kirgistan. Zudem bietet er weitaus größere logistische Kapazitäten. Die sich selbst als Aseris bezeichnenden Volksangehörigen werden in diesem Nord-Süd-Schmuggel eine entscheidende Rolle als Zwischenhändler spielen, nicht zuletzt aufgrund enger wirtschaftlicher und familiärer Beziehungen zum Iran. In den drei nördlichsten, zusammenfassend ebenfalls Aserbaidschan genannten iranischen Verwaltungsregionen leben mehr Aseris als in Aserbaidschan selbst. Heidar Ali(jew) hätte konsequenterweise von einer Nation in *drei* Staaten sprechen müssen. Es ist jedoch irreführend, zu fragen, wie sie in den Iran kommen: Sie waren schon immer dort.[135]

Revolutionswächter

Von wegen *gutnachbarliche Beziehungen*: Die russisch-persischen Kriege, in denen sich das zaristische Russland schrittweise die südkaukasischen Herrschaftsgebiete des Safawidenreichs einverleibte, haben das historische Siedlungsgebiet der Aseris zweigeteilt. Mit den Verträgen von Gulistan (1813) und Turkomenchoi (1828) kommen die südkaukasischen Völker,

darunter auch die nördlich der neuen Grenze siedelnden Aseris, unter russische Herrschaft.[136] Und damit beginnt auch
Russlands Transformation zur Petrodollarökonomie: Bereits
ab 1860 setzt im nun russisch beherrschten Baku ein Ölrausch
ein, in dessen Zug die gewaltigen kaspischen Ölfelder entwickelt werden. Dies verschafft dem Zarenreich wie auch später
der Sowjetunion umfassende Einnahmen und garantiert die
Versorgungssicherheit mit Treibstoffen.[137]

Für die Briten erlangen daher die 1908 entdeckten persischen Ölvorkommen strategische Bedeutung, da die Royal Navy seit der Jahrhundertwende allmählich die bisherige
Kohle- durch Ölfeuerung ersetzt. Damals kontrollieren die
amerikanische *Standard Oil* und die britisch-niederländische
Royal Dutch Shell fast den gesamten Weltmarkt. Großbritannien war daher an einer exklusiven Lieferbeziehung interessiert. Russland hingegen wollte seinen geopolitischen Einfluss
bis zum Arabischen Meer ausdehnen – denn wer Persien beherrscht, kann nach Afghanistan und zu den Seewegen nach
Indien vorstoßen, der Lebensader des britischen Empire. Das
wirtschaftlich und institutionell unterentwickelte Persien, das
der Schah Reza Pahlavi erst 1935 in *Iran* umbenennt, wird
damit wiederholt zum Spielball des britisch-russischen Du-
alismus auf der eurasischen Landmasse (*great game*). Beide
Mächte verständigen sich 1907 darauf, eine russische und eine
britisch kontrollierte *Interessenzone* einzurichten, die ein neutraler Puffer voneinander trennt – ohne die persische Regierung
überhaupt einzubeziehen. Bis 1951, als der iranische Premierminister Mossadegh die nationale Ölindustrie verstaatlichen
lässt, kontrolliert die britische *Anglo-Persian* (ab 1935: *Anglo-
Iranian*) *Oil Company* das Ölgeschäft, 1954 benennt sie sich in
die bis heute bestehende *British Petroleum* (BP) um.

Reza Schah regierte zwar autoritär und mit brutaler Härte,
modernisierte das Land aber technisch, wirtschaftlich und

militärisch. Besonders hervorzuheben ist die 1938 fertigge-
stellte Transiranische Eisenbahn, die erstmals den Persischen
Golf via Teheran mit dem Kaspischen Meer verbindet. Damit
wird der Iran zum wichtigsten strategischen Raum im Mittleren Osten; wer diese Eisenbahnstrecke kontrolliert, erhält
Zugang zur Südflanke der Sowjetunion. Als Reza Schah offen
mit dem Nationalsozialismus sympathisiert, wird er daher 1941
kurzerhand zur Abdankung gezwungen, britische und sowjetische Truppen besetzen (erneut) den Iran. Sein Sohn Moham-
med lässt sie gewähren, und der persische Korridor wird eine
zentrale Nachschubroute alliierter Hilfslieferungen zugunsten
der Sowjetunion. Während die Briten nach Kriegsende freiwillig wieder abziehen, versucht Stalin, prorussische Regime in
den iranischen Provinzen Kurdistan und Aserbaidschan zu installieren; als iranische Truppen sie vertreiben wollen, werden
sie von der Roten Armee zurückgeschlagen. Erst nachdem US-
Präsident Truman 1946 im UN-Sicherheitsrat mit schweren
Konsequenzen droht, stellt die Sowjetunion diese Aktivitäten
ein, unterstützt jedoch weiterhin die kommunistische Tudeh-
Partei und strebt einen prorussischen Regierungswechsel im
Iran an.[138]

Dieser bleibt zwar aus, aber Premierminister Mossadegh
lässt sich 1953 vom Parlament ein Ermächtigungsgesetz bewilligen, mit dem er den Schah politisch entmachtet. Die USA
befürchten, er würde eine kommunistische Infiltration fördern,
zudem schreibt die nationale Ölindustrie infolge der Verstaat-
lichung hohe Verluste. Daraufhin stürzen nationalistische
Kräfte mithilfe der USA seine Regierung (*Operation Ajax*) –
der Schah erhält die politische Macht zurück und verleiht einem Konsortium internationaler Ölfirmen neue Konzessionen,
die bis zur Ölkrise von 1979 bestehen bleiben (*1954 Consortium
agreement*).[139] Um diese wirtschaftlichen Interessen zu garantieren, unterstützen die USA immer stärker die fragile Macht

der Pahlavi-Dynastie, sodass manch iranischer Intellektueller sie als Marionettenregierung empfindet. Als die Sowjetunion 1979 in Afghanistan einmarschiert und der nach regionaler Hegemonie strebende Irak 1980 den Iran überfällt, verstärkt sich das Gefühl, östlich wie westlich eingekreist, bedroht und fremdbeherrscht zu sein.[140]

Das tief verwurzelte Misstrauen der Iraner gegenüber ausländischen Mächten speist sich aus dieser wiederholten Erfahrung politischer Machtlosigkeit. Zwar erkennt man den Wert ausländischen Wissens und technologischer Entwicklungen, doch misstraut man zugleich jeder internationalen Zusammenarbeit, da man stets imperialistische Hintergedanken vermutet. Der Grundreflex der iranischen Politik ist daher eine entschiedene Abwehrhaltung gegenüber allen ausländischen Einflüssen. Auch in der Revolution von 1979 zeigten sich diese nationalistischen und isolationistischen Tendenzen. Sie ist zwar antiamerikanisch in ihrer Ablehnung der westlich-materialistischen Kultur des 20. Jahrhunderts, geißelt den verschwenderischen Luxus des Schahs, thematisiert aber auch soziale Fragen mit xenophoben und nationalistischen Untertönen.[141] Erneut wird die Ölindustrie verstaatlicht, der Iran bricht die gerade erst begonnene weltwirtschaftliche Integration wieder ab und isoliert sich politisch – gerade auch gegenüber der Sowjetunion, obwohl sie die Islamische Republik umgehend anerkennt: Ihre afghanische Invasion macht den Iran erneut misstrauisch.

Erst 1989 findet ein erster Waffen- und Technologietransfer zwischen beiden Ländern statt. Die Kooperation intensiviert sich im folgenden Jahrzehnt. Der Iran kauft russische Atomtechnik und Rüstungsgüter, und beide grenzen einvernehmlich ihre ökonomischen Interessen im Kaspischen Meer ab.[142] Dennoch wirkte Russland zusammen mit westlichen Staaten mäßigend auf das iranische Atomprogramm ein. Als der Iran

2006 einen russischen Vorschlag ablehnt, Uran für seine Reaktoren nur im Ausland anreichern zu lassen, unterstützen Russland und China die westlichen Sanktionen und vermitteln somit erneut das Bild einer feindlichen, die iranische Souveränität beschneidenden Koalition.

Erst als nach zähen Verhandlungen der *Joint Comprehensive Plan of Action (JCPOA)* in Kraft tritt, nähern sich Russland, die westliche Welt und der Iran wieder zögerlich einander an: Er soll sein Atomprogramm von der Internationalen Atomenergiebehörde (*International Atomic Energy Agency, IAEA*) inspizieren lassen – wozu er als Erstunterzeichner des nuklearen Nichtverbreitungsvertrages ohnehin verpflichtet ist –, im Gegenzug werden die Sanktionen gegen seine Ölindustrie aufgehoben.[143] Allerdings kündigen die USA das Abkommen 2018, weil der Iran sein Atomprogramm dennoch heimlich vorantreibt, und führen das vorherige Sanktionsregime wieder ein. Seither sind alle iranischen Ölexporte in die westliche Welt unterbunden, wenngleich die USA während der Energiekrise 2022 gezielt wegsahen, wenn iranisches Öl auf den Weltmarkt strömte – stabile Preise waren damals wichtiger als Sanktionen.

Dennoch wurde die iranische Wirtschaft, die trotz aller Entwicklung eine Petrodollarökonomie geblieben ist, schwer getroffen; Ölexporte machen 70 Prozent der gesamten Staatseinnahmen aus. Das iranische BIP ist nach wie vor niedriger als vor der Einführung westlicher Sanktionen, und die Bevölkerung leidet unter der hohen Inflation. Westliche Technologie kann nur indirekt und illegitim ins Land geschmuggelt werden. Obwohl er mehrfach verkündet hat, unabhängig von Lebensmittelimporten zu werden, kann der Iran seine Bevölkerung von 83 Millionen Menschen nicht autark ernähren, insbesondere Weizen muss importiert werden. Nicht zuletzt hat der russisch-ukrainische Krieg auch im Iran die Lebensmittelpreise und damit die Inflation stark in die Höhe getrieben. Die iranische Volkswirtschaft ist zwar ausdifferenziert, aber technologisch rückständig, die Inflationsrate ist zweistellig, alle Treibstoffe und Grundbedürfnisse des täglichen Lebens sind hochsubventioniert, und die Frustration über die repressiven Lebensbedingungen und die Versorgungslage entlädt sich immer wieder in gewalttätigen Protesten.[144]

Diese wirtschaftliche und gesellschaftliche Lage hätte den Iran vielleicht irgendwann bewogen, an den Verhandlungstisch zurückzukehren – nun aber eröffnete ihm der russisch-ukrainische Krieg völlig neue Möglichkeiten. Er muss sich nicht länger auf die Kompromissidee des *JCPOA* einlassen, die ungehinderte Ölexporte nur gegen eine Kooperation beim Atomprogramm gestattet. Stattdessen kann er nun sein Öl nach China und Indien exportieren, die kein Sanktionsregime mittragen, und parallel sein Atomprogramm ungehindert vorantreiben. Natürlich hat diese Politik ihren Preis, denn mit dem sanktionierten Zugang zu moderner Technologie und dem Weltkapitalmarkt bleibt der Output beschränkt. Zwar verkündete das staatliche iranische Planungsbüro, ab 2024 schon 1,4 Millionen Barrel pro Tag fördern zu wollen, aber diese Menge liegt immer noch weit unterhalb der 2,8 Millionen Barrel, die der Iran unter dem *JCPOA* sanktionsfrei fördern und exportieren konnte. Dazu ist sein fossiles Exportgeschäft nun vollständig von China abhängig. Bereits heute liefert er etwa 90 Prozent seiner Ölexporte dorthin, und er hat ein Abkommen über eine 25-jährige Lieferbeziehung abgeschlossen.[145] Und auch politisch richtet er sich zunehmend an China aus. Nachdem er 18 Jahre lang nur beobachtend teilnahm, wurde er 2023 Vollmitglied der Schanghaier Organisation für Zusammenarbeit, und seit 2024 ist er Mitglied der nunmehr BRIICS abgekürzten Staatengruppe.

Das russisch-iranische Verhältnis ist jedoch keine neue *Achse des Bösen*. Zwar sind beide Staaten stark ultranational geprägt, doch der Iran hat in jeder Hinsicht die stärkere Position. Mit Russland wird er nur insofern kooperieren, als er selbst davon profitiert. Auch heute bleibt ungewiss, wie lange die russisch-iranische Allianz andauern wird; ein grundsätzliches Misstrauen bleibt bestehen.[146] Zwar hat der Iran schon im Sommer 2022 ein Investitionsabkommen mit Russland unterzeichnet, das den Energiesektor entwickeln soll, im Dezember folgte ein Freihandelsabkommen mit der Eurasischen Wirtschaftsunion. Dennoch bewegt sich der russisch-iranische Handel auf niedrigem Niveau, und der Handelsbilanzsaldo begünstigt immer noch Russland. In den asiatischen Märkten für Stahl und Bitumen konkurrieren beide Länder sogar, weil sie sich vom westlichen Welthandel isoliert haben, folglich nur noch ostwärts verkaufen können und dort entsprechend gegeneinander ausgespielt werden; auch der leicht gestiegene Handel mit Russland kompensiert diesen Mindererlös nicht.[147]

Bei seinen Ölexporten konkurriert er ebenfalls mit einem Russland, das nur noch in östlicher Richtung verkaufen kann. Und er verfolgt eigene energetische Interessen, die gelegentlich im direkten Widerspruch zu den russischen stehen. Turkmenistan ist daran interessiert, sein Gas via Aserbaidschan nach Europa zu exportieren, ohne dabei auf russisch kontrollierte Infrastrukturen angewiesen zu sein. Allerdings fehlt bisher eine direkte transkaspische Gaspipeline. Der Iran bietet sich hier seit 2022 für einen Dreieckshandel an: Turkmenistan leitet Gas in den Iran, der eine gleichwertige Menge nach Aserbaidschan sendet. Obwohl Russland an dieser Umgehung seiner Transportstrukturen nicht interessiert ist, treibt der Iran dieses Swap-Arrangement voran. Und ausgerechnet das stets russophil auftretende Ungarn hat bereits einen Gasliefervertrag mit Turkmenistan abgeschlossen, der diese Route nutzt.[148]

Er entscheidet zudem, ob und in welchem Umfang er den russischen Angriffskrieg militärisch und logistisch unterstützt.

Steht die russische Rüstungsindustrie vor Produktionsengpässen oder Ersatzteilproblemen, kann er seine eigenen Kapazitäten zur Überbrückung einsetzen – oder sich verweigern. Zudem kontrolliert er, ob und in welchem Maß sanktionierte Technologien, die über iranische Häfen und Sonderwirtschaftszonen importiert werden, die aserbaidschanische Grenze überschreiten und somit nach Russland gelangen können. Dasselbe gilt für durch iranische Häfen geschleuste russische Ölexporte. Seit 2022 hilft der Iran Russland, die westlichen Sanktionen zu umgehen – technisch und durch Zwischenhandel. Mit deaktivierten Transpondern und gefälschten Ladebriefen transportiert die iranische Schattenflotte russisches Öl nach Asien. Doch auch diese Unterstützung kann er nach Belieben gewähren, anpassen oder verweigern. Nach Jahrhunderten der Versuche, sich den Iran gefügig zu machen, ist Russland nun selbst von ihm logistisch abhängig. Und je mehr Russland den Iran mit Nukleartechnik beliefert, desto eher hat es eine neue Nuklearmacht direkt vor seiner kaukasischen Haustür, die nicht ewig an der heutigen pragmatischen Allianz festhalten wird.

Das iranische Geschäftsmodell ist damit stabil, wenngleich die Lebensrealität des Volkes repressiv und wirtschaftlich rückständig bleibt. Aber das Volk wird nicht gefragt – der Iran wird von zwei Elitengruppen beherrscht, die nicht individuellen Wohlstand, sondern staatliche Machtentfaltung priorisieren. Ganz ähnlich wie in Russland haben sie sich sämtliche volkswirtschaftlichen Ressourcen angeeignet. Über die religiösen, steuerbefreiten Stiftungen (*bonyads*) kontrolliert die theokratische Elite viele Ressourcen und Unternehmen. Auch die von ihnen geschaffene Armee der Wächter der islamischen Revolution (*Pasdaran*) agiert durchweg säkular und unternehmerisch. Ihre riesigen Firmenkonglomerate kontrollieren einen Großteil der iranischen Ölindustrie und Bauwirtschaft, und sie umgehen kreativ die westlichen Sanktionen. Mit der

paramilitärischen Miliz der Basidschi und den Quds-Brigaden
unterhalten sie nicht nur Landstreitkräfte, sie verfügen auch
über eine eigene Marine im Persischen Golf, über eigene Raketentruppen, und sie kontrollieren das iranische Atomprogramm mit.

Während die theokratische Elite die *Herrschaft der Rechtsgelehrten* beibehalten will, die Chomeini einst als ideale Regierungsform vorschwebte, streben die Revolutionswächter einen ultranationalistischen, aber letztlich säkularen Garnisonsstaat an. Auch wenn sich in den letzten 20 Jahren die Machtbalance zu ihren Gunsten verschoben hat, verbindet beide Eliten nicht nur ihr nationalistischer Abwehrreflex und das Streben nach regionaler Hegemonie, sondern auch die völlige Indifferenz gegenüber der Lebensqualität des Volkes. Die sehr niedrige Wahlbeteiligung bei den Parlaments- und Expertenratswahlen 2024 zeigt, wie teilnahmslos es der theokratischen Elite mittlerweile gegenübersteht; auch in der älteren Generation wächst die Enttäuschung, dass die Versprechungen von 1979 nicht eingelöst wurden. Aber wie auch in Russland stabilisiert dieser Rückzug in die Passivität das Regime. Und die Revolutionswächter geben sich jung, säkular, wirtschaftlich erfolgreich und als nationale Abwehrfront gegen westliche Interessen, womit sie viele Anhänger gewinnen. Noch können sich die immer wieder aufflammenden Proteste und Forderungen nach bürgerlichen Freiheiten und Grundrechten nicht gegen sie durchsetzen.

Die iranische Politik bleibt damit auch in absehbarer Zukunft ultranationalistisch. Beide Eliten setzen weiterhin alles daran, Israel zu vernichten und den Iran zur dominierenden Macht im Nahen Osten zu machen. Während es der Theokratie vor allem um die Vormachtstellung der schiitischen Tradition geht, streben die Revolutionswächter nach geopolitischem Einfluss – damit greifen beide aber lediglich Motive auf, die schon im monarchischen Iran zu finden waren. Dieser erhob bereits in den 1960er Jahren territoriale Ansprüche auf Bahrain, dessen Bevölkerung – trotz sunnitischem Herrscherhaus – überwiegend schiitisch ist. Und 1971 zwang der Iran das Emirat Ras Al-Khaimah, das heute Teil der Vereinigten Arabischen Emirate (VAE) ist, ihm die Kontrolle über die Tunb-Inseln zu überlassen.

Der Fall des Assad-Regimes in Syrien hat die iranischen Interessen im Nahen Osten schwer getroffen, da das neue, radikal-sunnitisch ausgerichtete Regime keinen schiitischen Einfluss mehr dulden wird. Die syrischen Alawiten, die bislang die Elite des Assad-Regimes bildeten und die der Iran ebenfalls der schiitischen Gemeinschaft zurechnet, werden in der neuen Regierung keinerlei Einfluss mehr haben. Damit verliert der Iran seine strategische Landbrücke zur Hisbollah im Libanon, was die Versorgung mit Raketen und militärischer Ausbildung erheblich erschwert. Gerade deshalb könnte er jedoch seine Kräfte stärker auf die Golfregion fokussieren – wenn niemand ihn daran hindert, warum sollte er nicht den ganzen Persischen Golf zu seiner *Einflusssphäre* erklären, Bahrain überfallen und annektieren, um endlich die dortigen *besorgten Bürger* zu *schützen*, und diejenigen in den direkt gegenüberliegenden VAE gleich mit? Wer sollte ihn daran hindern, wer schützt die arabischen Golfstaaten?

Auslaufmodell

Von wegen *fossiles Zeitalter*: Die arabischen Mitgliedsstaaten des Golfkooperationsrats (*Gulf Cooperation Council, GCC*) liegen in einer geopolitischen Schlüsselregion, und sie sind immer noch bedeutende Öllieferanten. Sowohl das britische Empire als auch die USA waren daher im 19. und 20. Jahrhundert stets an ihrer Stabilität interessiert, um wichtige Seewege, Handelsrouten und Rohstoffvorkommen zu schützen – aber in diesem Jahrhundert scheint das Schutzversprechen nicht mehr so eindeutig.

Lange bevor im Mittleren Osten erstmals Öl entdeckt wird, will das britische Empire seine Seewege nach Indien schützen und persische Ambitionen einhegen. Es errichtet 1839 eine Kronkolonie in Aden, nachdem es schon in den 1820er Jahren mit lokalen arabischen Herrschern am Persischen Golf umfangreiche Protektoratsverträge abgeschlossen hatte. Es folgt dabei seiner typischen Kolonialtechnik: Die Herrscher werden als souveräne Monarchen anerkannt, das Empire mischt sich innenpolitisch nicht ein, bietet aber militärischen Schutz. Dafür verzichten die Protektorate auf eine eigenständige Außenpolitik und offizielle diplomatische Beziehungen mit anderen Mächten, verpflichten sich, untereinander keine Kriege zu führen, und arbeiten britischen Wirtschaftsinteressen zu (*local rule*).

Und mit dem Vertrag von Darin (1915) erkennt das Empire den arabischen Stammesfürsten Abd al-Aziz Al-Saud (*Ibn Saud*) als souveränen Herrscher über das Sultanat von Nedschd an. Nicht zuletzt um den osmanischen Einfluss auf der arabischen Halbinsel zu schwächen, gewährt es ihm militärische Unterstützung im Austausch für politische Loyalität. Während sich Saudi-Arabien schon 1932 zum souveränen Nationalstaat erklärt, setzen die Briten ihre Protektoratspolitik am Persischen Golf fort. Sie endet erst 1968, als die Regierung inmitten einer schweren Wirtschaftskrise gezwungen ist, die militärischen und politischen Verpflichtungen außerhalb Europas zu reduzieren (*East of Suez*). Zunächst ist der Abzug der Briten nicht existenzgefährdend, denn damals verfolgt der Iran eine prowestliche Politik, und auch sonst ist der Mittlere Osten überwiegend friedlich und stabil – abgesehen vom komplexen jemenitischen Bürgerkrieg. Bis 1971 werden alle britischen Protektorate – Qatar, Bahrain, Kuwait, Oman und die *trucial states* am Persischen Golf – zu vollständig souveränen Staaten, Letztere begründen den Verband der Vereinigten Arabischen Emirate.[149]

Die USA übernehmen schließlich die Schutzaufgaben des zerfallenden Empire und bauen insbesondere Saudi-Arabien militärisch auf, damit es zusammen mit dem damals noch pro-amerikanischen Iran die Golfregion stabilisiert (*twin pillars*) – so soll das sowjetische Expansionsinteresse neutralisiert und eine verlässliche Erdölversorgung sichergestellt werden. Auch in Bahrain, Qatar, Kuwait und den VAE errichten sie, auf Einladung der jeweiligen Herrscher, eine bis heute bestehende Militärpräsenz, wobei sie teilweise schon bestehende britische Basen übernehmen. Insbesondere Bahrain ist heute ein *major non-NATO ally*, dort befindet sich das Hauptquartier der *Fifth Fleet* wie auch das U.S. Naval Forces Central Command (*CENTCOM*).

Aber während das britische Empire den Herrschern schriftlich formalisierte Schutzversprechen gab, sicherten die USA den arabischen Golfstaaten weder festen Beistand zu, noch schlossen sie Bündnisverträge mit ihnen; der amerikanische Schutz ist zwar umfassend und effektiv, aber informell.[150]

Die Lage ist heute zwiespältig, alle Golfstaaten fragen sich, wie lange die USA noch an der regionalen Stabilität interessiert sind. Seitdem Präsident Obama 2011 den Fokus der US-Sicherheitspolitik auf Asien verlegte, hat sich das saudisch-amerikanische Verhältnis zunehmend verschlechtert. Die USA blockierten Waffenlieferungen, unterstützten die saudischen Operationen im Jemen nur noch zögerlich und zogen Raketensysteme aus der Region ab.[151] Zwar haben die USA Israel sowohl im Herbst 2023, als sie mit großen Flottenverbänden den Iran von unüberlegten Aktionen abhielten, als auch im April

2024, als sie nach der Bombardierung des iranischen Konsulats im Libanon gemeinsam mit Großbritannien einen Raketenabwehrschild über Israel errichteten, entschlossen unterstützt. Militärisch wären sie auch in der Lage, Ähnliches für die Golfstaaten zu leisten – doch wären sie politisch dazu bereit? Seit Sommer 2023 haben die USA ihre Truppenpräsenz im Golf verstärkt und Schiffe entsandt, um iranische Übergriffe auf Handelsschiffe in der Straße von Hormus zu unterbinden.[152] Doch würden sie bei einem Annexionsversuch oder Raketenangriff genauso entschlossen eingreifen wie 1991 gegen den Irak? Wären sie bereit, einen Krieg mit dem Iran zu riskieren, um die Golfstaaten zu schützen?

Zu diesem sicherheitspolitischen gesellt sich auch ein wirtschaftliches Strukturproblem. Das scheint zunächst überraschend, weil die arabischen Golfstaaten vom russisch-ukrainischen Krieg – zumindest kurzfristig – profitiert haben, nicht nur im Ölgeschäft. Aber gerade die Ölpreissteigerung von 2022 hat der Welt bewusst gemacht, dass sie sich immer noch im Ölzeitalter befindet. Auch der 2023 erneut eskalierende Nahostkonflikt ließ die Ölpreise ansteigen, und Russland kooperiert intensiv mit der OPEC, um die Weltmarktpreise möglichst hoch und stabil zu halten. Saudi-Arabien, Oman und die VAE importieren zudem billiges russisches Öl für den Eigenbedarf, sodass sie ihre eigenen raffinierten Produkte gewinnbringender nach Europa verkaufen können. Auch Gasproduzenten wie Qatar profitierten davon, dass Russland 2022 seinen europäischen Kunden den Gashahn abdrehte. Sie konnten neue Lieferverträge für Jahrzehnte abschließen, teilweise wurden Schiffe auf offener See umgeleitet, weil die Käufer sich um die Flüssiggasladungen gegenseitig überboten. So konnten die Golfstaaten ihre Staatskassen füllen und erstmals wieder dringend benötigte Haushaltsüberschüsse erzielen. Aber dieser kurzfristige Geldsegen hat die wirtschaftlichen Strukturprobleme nur übertüncht, nicht gelöst, im Gegenteil verzögert er die dringend nötige wirtschaftliche und gesellschaftliche Transformation.

Das Ölzeitalter machte die Herrscher feudaler, vorindustrieller Gesellschaften zu geopolitisch bedeutsamen Entscheidern. Aber je mehr sich die Weltwirtschaft dekarbonisiert, desto weniger zukunftsfähig ist dieses Geschäftsmodell. Die Herrscher verließen sich bisher auf einem bequemen Pakt: Ihre Untertanen leben steuerfrei und bestens versorgt. Sie zahlen keine Einkommensteuer, das Gesundheitssystem ist qualitativ hochwertig und trotzdem gratis. Aus der westlichen Hemisphäre angeworbene, ebenfalls großzügig versorgte Expats und weniger pfleglich behandelte Gastarbeiter und Hausangestellte aus der östlichen Hemisphäre sorgen für einen reibungslosen Betrieb. Im Gegenzug verzichten die Staatsbürger auf politische Partizipation. Nur in Bahrain und Kuwait hat die Bevölkerung begrenzte politische Rechte, in allen anderen Staaten herrschen die Monarchen absolut, als gütig sorgende Landesväter sind sie über jede Kritik erhaben. Dieses Gesellschaftsmodell erodierte bereits vor dem russisch-ukrainischen Krieg, weil schwindende Öleinnahmen die Staatskassen belasteten und die Vollversorgung unfinanzierbar machen. 2015 sah sich Saudi-Arabien gezwungen, eine Staatsanleihe zu begeben, und 2018 führte es erstmals eine Mehrwertsteuer ein. Gemeinsam mussten die Golfstaaten das defizitäre bahrainische Staatsbudget stützen – die dortigen Ölvorkommen sind allmählich erschöpft, und damit fließen auch die Staatseinnahmen nicht mehr so reichlich. Erhöhen die Herrscher aber die Steuern oder kürzen sie die großzügige Vollversorgung, wird eine junge, teils freiwillig arbeitslose Bevölkerung den gesellschaftlichen Pakt hinterfragen.[153]

Die Ölpreise jedenfalls sind wieder auf Vorkriegsniveau, die 2022 erzielten Mehreinnahmen längst ausgegeben, die

Staatsfinanzen defizitär. Die Golfstaaten haben zwar die niedrigsten Produktionskosten aller ölfördernden Länder, aber diese steigen mit jedem versiegenden Ölfeld. Wenn sie sich nicht vom fossilen Geschäftsmodell lösen können, werden sie noch in diesem Jahrhundert nur noch über nutzlose Industrieanlagen (*stranded assets*) herrschen, weil die Förderung erschöpft oder mangels Nachfrage nicht mehr profitabel ist. Zudem sind auch die USA zum Nettoexporteur geworden; allein das texanische Permian-Becken fördert heute über fünf Millionen Barrel Rohöl pro Tag und damit halb so viel wie ganz Russland. Noch können die Golfstaaten ihre europäischen und asiatischen Kunden beliefern – allein China bezog im März 2024 rund 5,4 Millionen Barrel Rohöl pro Tag aus dem Mittleren Osten – aber je stärker sich der globale Transportsektor dekarbonisiert, desto schneller vertrocknet auch dieser Einkommensstrom.[154]

Die Golfstaaten müssen also neue Geschäftsmodelle finden, wenn sie ihren Haushalt ausgleichen und den sozialen Frieden wahren wollen. Sie haben hierzu ambitionierte Transformationspläne vorgelegt. Sie alle wollen den Anteil fossiler Energie am BIP und am Staatshaushalt verringern, verschwenderische Subventionen kürzen, erneuerbare Energien und grünen Wasserstoff fördern, petrochemische Grundstoffe und Metalle produzieren, zum globalen Verkehrs- und Handelszentrum werden, ihre Universitäten auf Weltniveau bringen, die Arbeitsmigranten durch gut ausgebildete Einheimische ersetzen, technologische Innovation und den Tourismus fördern – aber die Umsetzung bleibt zweifelhaft, auch weil sich alle diese Visionen ähneln, sodass der regionale Standortwettbewerb um Investorengelder und Technologien zum Nullsummenspiel wird.[155] Immer noch versuchen die Golfstaaten sich megalomanisch zu übertrumpfen, wer den höchsten Wolkenkratzer, die größte Wüstenstadt bauen könne, ohne jedoch zu erklären, wie diese transformativ wirken könnten. Offen bleibt auch, wie die lokale Bevölkerung die Arbeitsmigranten ersetzen soll: In manchen Staaten sind schlichtweg nicht genügend Staatsbürger dafür vorhanden. In den VAE beispielsweise machen Arbeitsmigranten fast 90 Prozent der Gesamtbevölkerung und über 90 Prozent aller Erwerbstätigen aus.[156]

Die sicherheitspolitischen und wirtschaftlichen Herausforderungen der Golfstaaten sind umfassend, der russisch-ukrainische Krieg hat sie verschärft, aber die Lösungsmöglichkeiten bleiben begrenzt. Ähnlich wie die zentralasiatischen Staaten könnten sie einen multivektoriellen Ansatz wählen, der einerseits die amerikanische Militärpräsenz aufrechterhält, andererseits aber gute nachbarschaftliche Beziehungen zum Iran pflegt und russische Interessen berücksichtigt.

Noch 2016 hatten Demonstranten die saudische Botschaft in Teheran gestürmt, nachdem Saudi-Arabien einen schiitischen Oppositionellen hingerichtet hatte. Beide Staaten beendeten ihre diplomatischen Beziehungen, auch Kuwait, Qatar, Bahrain und die VAE zogen ihre Botschafter aus dem Iran ab. Diese Eiszeit ist jedoch überwunden: Seit 2022 haben die VAE wieder Beziehungen aufgenommen, Saudi-Arabien folgte 2023 auf chinesische Vermittlung. Beide Staaten zeigen sich pragmatisch im Umgang mit den regionalen Interessen des Iran. Alle Golfstaaten stimmten in der UN-Generalversammlung für die Resolutionen ES-11/1 und ES-11/4, die den russischen Angriffskrieg verurteilen, doch keiner von ihnen unterstützt die westlichen Sanktionen. Dennoch haben die VAE und Saudi-Arabien mehrfach bei Gefangenenaustauschen vermittelt. Putin hatte 2007 Saudi-Arabien erstmals besucht und hierbei eine engere Zusammenarbeit mit der islamischen Welt angekündigt, doch der russisch-saudische Handel und die militärische Kooperation blieben trotz Gegenbesuchen des saudischen Königshauses in Moskau 2015 und 2017 marginal. Saudi-Arabien pflegt zwar auch nach Kriegsbeginn freundliche Beziehungen zu Putin, beliefert jedoch gleichzeitig die Ukraine mit zivilen Hilfsgütern.[157]

Auch Kuwait fährt – obwohl es aus eigener Erfahrung weiß, wie schnell eine feindliche Invasion Staat und Herrscherhaus hinwegfegen kann – einen vorsichtigen, ausgleichenden Kurs. Qatar – der regionale Gegenspieler der VAE – hält sich russischen Interessen gegenüber zurück, um eine Vermittlerrolle beibehalten zu können, ist aber dennoch seit März 2022 ein *major non-NATO ally* der USA. Die VAE hingegen versuchen einen schwierigen Balanceakt. Obwohl sie eine bedeutende US-Truppenpräsenz beherbergen und die schiitische Minderheit – immerhin 15 Prozent der Staatsbürger – ihre Moscheen selbst finanzieren muss, helfen die Emirate sowohl Russland als auch dem Iran, westliche Sanktionen zu umgehen. Sie bieten sich als Fluchthafen für russische Gelder an, die aus der westlichen Hemisphäre abfließen, und sie leiten westlich sanktionierte Güter und Technologien in die Sonderwirtschaftszonen der iranischen Häfen. Demonstrativ nahm der Präsident der VAE 2023 als Ehrengast am St. Petersburger Investitionsforum teil. Ob sich diese Politik langfristig auszahlt, bleibt fraglich; die USA haben 2024 begonnen, einzelne Personen und Firmen zu sanktionieren.

Dieses opportunistische Verhalten ist jedoch nur so lange möglich, wie der Iran keine offensiven Schritte unternimmt und die USA ihre starke Präsenz als regionaler Sicherheitsgarant aufrechterhalten. Doch nichts davon ist sicher. Was, wenn der Iran ähnlich wie Russland gegenüber der Ukraine vorgeht und die opportunistische Haltung als Einladung versteht, seine regionale Position auszubauen? Letztlich teilen die Golfstaaten und der Westen das gemeinsame Ziel, einen ultranationalistischen Iran einzuhegen. Sie könnten daher die von der ersten Trump-Administration vermittelten *Abrahams Accords* (erneut) unterstützen. Bahrain und die VAE normalisierten schon 2020 ihre Beziehungen zu Israel, nun könnten die übrigen Golfstaaten folgen und im Gegenzug formelle amerikanische Beistandszusagen erhalten. Entsprechende Verhandlungen der USA mit Saudi-Arabien sind bereits publik geworden. Und Bahrain hat im September 2023 ein neues Sicherheitsabkommen mit den USA geschlossen, das zwar keine formellen Sicherheitsgarantien begründet, aber offen für den Beitritt weiterer Staaten ist. Die Golfstaaten könnten natürlich versuchen, ganz ohne Schutzversprechen auszukommen, und ihren militärischen Schutz in die eigene Hand nehmen – dann aber müssten sie eine verminderte Präsenz der USA durch eigene militärische Fähigkeiten kompensieren können. Das scheint momentan zweifelhaft. Saudi-Arabien steigerte seine Rüstungsausgaben 2022 und 2023, kürzte sie 2024 aber erneut aufgrund von Haushaltsdefiziten. Wie auch die VAE strebt es an, eine eigene Rüstungsindustrie aufzubauen; beide investieren hierzu umfassend, belasten damit aber auch die schrumpfenden Staatseinnahmen.[158] Ihr Wohlstand erlaubt es ihnen zwar, Rüstungsgüter auch in größeren Mengen zu kaufen, aber ihre Armeen mussten sich bisher nicht in umfassenden Konflikten bewähren, ihre künftige Einsatz- und Leistungsfähigkeit ist unbekannt. Jedenfalls konnten sich weder Saudi-Arabien noch die VAE militärisch im Jemen gegen die iranisch unterstützen Huthis durchsetzen.

Auch die Golfstaaten müssen mit Sorge beobachten, dass der Iran sein Atomprogramm nun weitgehend ungehindert vorantreiben kann. Es wird immer wahrscheinlicher, dass er in absehbarer Zeit in den Besitz nuklearer Waffen gelangt – zudem verfügt er bereits über ballistische Raketen mit regionaler Reichweite. Die theokratischen Eliten verfolgen bislang keinen scharfen Nuklearisierungskurs, doch eine zunehmende Machtverschiebung zugunsten der Revolutionswächter könnte dies ändern. Der Computerwurm *stuxnet*, der 2010 die iranischen Uranzentrifugen beschädigte, verzögerte zwar das Atomprogramm, konnte es aber nicht stoppen – vielmehr hat er die iranischen Eliten noch entschlossener gemacht. Auch israelische Luftangriffe haben wenig bewirkt, da alle relevanten Einrichtungen inzwischen unterirdisch verlegt wurden.

Ein Fortbestehen eines nuklearen Kontroll- und Inspektionsregimes mit der IAEA erscheint zunehmend unwahrscheinlich; der Iran wird wohl keine Inspektoren mehr ins Land lassen. Sollte er tatsächlich in der Lage sein, eine Atombombe zu entwickeln, müssten die Golfstaaten sich entweder selbst nuklear bewaffnen, sich der nuklearen Teilhabe der USA unterstellen – oder eine regionalen Verteidigungskooperation gründen, über die der amerikanische Nuklearschirm ausgedehnt wird. Jede Nation mit zivilem Nuklearprogramm kann auch waffenfähiges Uran anreichern – genau deshalb überwacht die IAEA diese Aktivitäten. Die VAE produzieren seit 2020 Strom aus Kernenergie und haben mit den USA eine Vereinbarung unterzeichnet, kein waffenfähiges Uran anzureichern. Saudi-Arabien baut derzeit einen zweiten Forschungsreaktor, um künftig Kernenergie zu nutzen. Man hat bereits öffentlich erklärt, sich nuklear bewaffnen zu wollen, wenn der Iran die Atombombe bauen kann.[159] Die Nuklearisierung des Nahen Ostens ist möglich und alles andere als unwahrscheinlich; die künftige iranische Politik wird bestimmen, ob und inwiefern sie eintritt.

Wiedergeburt

Von wegen *Kunst des Krieges*: China können die inneren Probleme und regionalen Ambitionen seiner Öllieferanten gleichgültig sein. Weder hat es die militärischen Möglichkeiten noch das strategische Interesse, als Garantiemacht der Golfstaaten aufzutreten. Aber was diese fürchten, hat China bereits mehrfach erlebt: Fremde Imperien beeinflussen Politik und Handel, installieren Marionettenregime, annektieren nationales Territorium.

Mit dem Vertrag von Nanking, der 1842 den ersten Opiumkrieg beendet, zwingt Großbritannien das institutionell und militärisch schwache chinesische Kaiserreich, ihm umfassende Handelsrechte einzuräumen, zudem wird die Insel Hongkong britisch. Auch Frankreich, Preußen und Japan sichern sich Häfen, Territorien und Handelskonzessionen. Mit dem Vertrag von Aigun (1858) und der Konvention von Peking (1860) annektiert Alexander II. große Gebiete im südlichen Sibirien, am Amur und in der Mandschurei, damit erhält Russland erstmals Zugang zum Japanischen Meer. Der kleine chinesische Küstenort Haishen-wei wird zum Militärhafen Wladiwostok ausgebaut – dessen Name spricht Bände: *Beherrsche den Osten.*[160] Japan installiert 1931 den Marionettenstaat Mandschuko, bis 1945 bleibt das nordöstliche China von der japanischen Armee besetzt.

Die Periode zwischen 1842 und 1945 gilt daher in der chinesischen Staatsgeschichtsschreibung als *Zeitalter der Demütigung*. Aber auch im 20. Jahrhundert geht es weiter: 1968 verlegt die Sowjetunion massiv Truppen an die chinesische Grenze, und 1969 lieferten sich beide Staaten schwere Gefechte am Grenzfluss Ussuri; selbst der Einsatz von Atomwaffen gegeneinander wurde erwogen. Es wirkte daher unfreiwillig komisch, als China 2022 seine *grenzenlose Freundschaft* mit Russland betonte – nur die Mongolen haben die chinesischen Grenzen noch stärker verschoben als die Zaren.

Doch tatsächlich geht es China nicht um ein Bündnis mit Russland, sondern um seine eigene Zukunft. Seit seinem Amtsantritt betont Präsident Xi Jinping unermüdlich, dass er die

Wiedergeburt und die *große Erneuerung* der chinesischen Nation anstrebe; im 21. Jahrhundert soll China wieder die Weltgeltung erlangen, die es nach seiner Auffassung schon immer besaß – die hausgemachten Wirtschafts- und Hungerkrisen der maoistischen Zeit werden dabei gezielt ausgeblendet. Alle chinesische Wirtschafts- und Außenpolitik orientiert sich an diesem übergeordneten Ziel. 2022 deuteten viele Beobachter diese Rhetorik als Invasionsabsicht: So wie Russland die Ukraine überfallen habe, könnte China nun auch Taiwan erobern. Ein neues imperialistisches Zeitalter sei angebrochen, der Westen schwach und überfordert, unfähig, Taiwan zu verteidigen – so die medial kolportierte Angsterzählung.

Es stimmt zwar, dass schon die bloße Existenz Taiwans eine ständige Provokation für das Selbstverständnis der Volksrepublik China darstellt. Denn die (demokratische) Republik China wird bereits 1912 gegründet, nachdem der letzte Qing-Kaiser abgedankt hatte, ihre Nationalrevolutionäre Armee kann sich im chinesischen Bürgerkrieg aber nicht gegen die Kommunisten durchsetzen. Dennoch kontrolliert sie bis heute einen kleinen Teil des chinesischen Territoriums – sie zieht sich 1945 unter ihrem Kommandeur Chiang Kai-shek auf die Insel Taiwan zurück, die seit 1895 japanisch besetzt war. Bis heute bezeichnen sich die Streitkräfte Taiwans international als *Republic of China Armed Forces*.

Mit dem Vertrag von San Francisco (1952) gab Japan zwar alle Ansprüche auf die Insel auf, aber es blieb unklar, ob sie völkerrechtlich an die Republik China zurückübertragen wurde – was deren Legitimität unterstreichen würde. Während die Volksrepublik China erst 1949 gegründet wurde, war die Republik China bereits 1945 Gründungsmitglied der Vereinten Nationen und ständiges Mitglied des Sicherheitsrats. 1971 jedoch verlor sie mit Resolution 2758 der UN-Generalversammlung ihr Vertretungsrecht, seitdem vertritt die Volksrepublik

China die chinesische Nation bei den Vereinten Nationen. Noch bis 1978 beanspruchte Taiwan, die alleinige völkerrechtliche Vertretung Chinas zu sein – in seiner damaligen Sicht war die Republik China der einzig legitime Staat, die Volksrepublik hingegen das abtrünnige Gebiet. Jedenfalls ist die von der Volksrepublik geforderte *Wiedervereinigung* ein Propagandabegriff: Die Republik China war niemals Teil der Volksrepublik, und sie ist es auch durch Resolution 2758 nicht geworden. Und solange Taiwan sich ihr nicht unterwirft, besteht die Republik China de facto fort, und solange lässt sich der Alleinvertretungsanspruch der Volksrepublik bestreiten. Daher bricht sie die diplomatischen Beziehungen mit jedem Staat ab, der Taiwan als souverän anerkennt (*Ein-China-Politik*).

Die provokante Wirkung umfasst aber mehr als nur staatsrechtliche Fragen, denn auch die liberale Gesellschaft und die innovative Wirtschaft hinterfragen den Herrschafts- und Überlegenheitsanspruch der Kommunistischen Partei Chinas. Ähnlich wie eine unabhängige Ukraine die russisch-imperiale Ideenwelt negiert, demonstriert Taiwan, dass auch ein anderes China möglich ist: ein wirtschaftlich erfolgreiches, aber demokratisch verfasstes Land, in dem es keine allumfassende Staatslenkung, sondern vielmehr freie Wahlen gibt, dessen Staatsbürger frei reisen können, nicht in Umerziehungslager gesperrt werden, wo Meinungsfreiheit herrscht und homosexuelle Paare heiraten dürfen. Warum ist das bei uns nicht auch so, könnte sich so mancher in der Volksrepublik fragen.

Taiwan ist durchaus verletzlich gegenüber einer Invasion, denn alle großen Städte und Produktionsbetriebe liegen auf der westlichen (China zugewandten) Inselseite. Als exportorientierte Volkswirtschaft ist Taiwan auf freie Schifffahrt in der Formosastraße angewiesen, zudem muss das rohstoffarme und immer noch stark von fossilen Brennstoffen abhängige Land über 90 Prozent seiner Primärenergie importieren. Allerdings hat die Volksrepublik von einer Invasion viel mehr zu verlieren als zu gewinnen.

Zunächst ist fraglich, ob ihre Volksbefreiungsarmee eine solch umfassende amphibische Operation durchführen könnte. China hat zwar im Spratley- und Paracelarchipel einige Inseln und Riffe militärisch befestigt, und mitunter traktieren sich die chinesische und japanische Küstenwache vor den Senkaku-/ Diaoyu-Inseln mit Wasserwerfern. Aber damit kann man nicht die Formosastraße sperren, insbesondere nicht gegen große Flottenverbände der U.S. Navy, die bei drohender Invasionsabsicht dort kreuzen würden. Zwar sind die USA nicht verpflichtet, Taiwan zu verteidigen; ein entsprechendes Abkommen lief 1980 aus, als sie diplomatische Beziehungen mit der Volksrepublik aufnahmen. Aber seither legitimiert der *Taiwan Relations Act* amerikanische Waffenlieferungen, und demokratische wie auch republikanische US-Präsidenten haben Taiwan umfassend aufgerüstet.[161] Das geopolitische Interesse der USA ist dabei parteiübergreifend: Sollte China jemals in der Lage sein, das Südchinesische Meer zu sperren, wären die Philippinen, Japan und Südkorea isoliert, der Handelsverkehr dieser militärisch und wirtschaftlich bedeutsamsten amerikanischen Verbündeten in Asien könnte nur noch über den Pazifik geführt werden.

Die USA haben zudem schon 2021 klargestellt, dass sie Taiwan militärisch verteidigen würden, und auch von einer nationalistischen Trump-Administration, die China als geopolitischen Gegenspieler versteht, wäre nichts anderes zu erwarten.[162] Und die Streitkräfte Taiwans üben seit 1945 nichts anderes, als eine Invasion abzuwehren. Ein Invasionsversuch wäre daher hochriskant – was, wenn es China wie Russland ergeht und die *Spezialoperation* länger als drei Tage dauert? Mit seiner Invasion in der Ukraine hat Russland auch Taiwan vorgewarnt, Überraschungsangriffe sind nicht mehr möglich.

Und da Taiwan die Nuklearenergie zivil nutzt und technologisch fähig ist, könnte es sogar, wie Südafrika in den 1980er Jahren, heimlich atomwaffenfähig werden. Dabei liegt es so nahe an China, dass es auch ohne weitreichende Raketensysteme glaubwürdig mit einer nuklearen Abschreckung drohen kann.

Eine Invasion würde die Volksrepublik weit stärker schädigen als Taiwan, denn beide sind wirtschaftlich eng miteinander verflochten. Beide haben intensiv in der jeweils anderen Wirtschaft investiert, und ihr Außenhandel ergänzt sich wechselseitig, insbesondere in der Mikroelektronik: China liefert einfache Chips nach Taiwan, das im Gegenzug hochentwickelte Chips zurücksendet.[163] Einer Invasionsabsicht müsste daher eine umfassende Entflechtung dieser Handelsbeziehungen vorausgehen, sodass sie lange im Voraus in der Handelsbilanz erkennbar wäre. Taiwan ist jedoch nicht nur für China ein bedeutender Technologielieferant, sondern auch ein unverzichtbarer Baustein der global arbeitsteiligen Wirtschaft. Über 50 Prozent der weltweiten Chip-Produktion stammen aus Taiwan, und im Hightechsektor ist die taiwanesische Mikroelektronik weltweit führend. Ein bewaffneter Konflikt würde daher sofort eine für alle Beteiligten verlustreiche Weltrezession auslösen. Der damit verbundene Inflations- und Produktionsschock würde den westlich-chinesischen Handel einbrechen lassen, was China als exportorientierte Volkswirtschaft mindestens genauso stark trifft wie die westliche Hemisphäre.

Denn der territoriale Besitz der Insel Taiwan nützt der Volksrepublik wenig, wenn darüber die Produktion zum Erliegen kommt. Die taiwanesische Wertschöpfung ist wissens- und innovationsgetrieben und damit unabhängig vom geographischen Kontext. Bei einer drohenden Invasion würden technische Experten und Facharbeiter umgehend in die USA und in andere Länder abwandern, um dort neue Produktionsstandorte zu errichten. Bereits heute betreibt Taiwan ein umfassendes *friendshoring*, insbesondere in Nigeria, um seine Produktionsstandorte global zu diversifizieren. Nach einer Invasion stünde die Volksrepublik, ähnlich wie Russland heute im Donbass, mit zwar gewaltsam eroberten, aber menschenleeren Fabrikhallen da.

Die Kommunistische Partei Chinas hat aus Gorbatschows gescheiterten Reformversuchen vor allem eines gelernt: Sie darf niemals die eiserne Kontrolle über die gesellschaftlichen und wirtschaftlichen Strukturen lockern. Doch dieser repressive Ansatz wird zunehmend unvereinbar mit den zeitgenössischen wirtschaftlichen Problemen: schrumpfendes Wachstum, marode Staatsbetriebe, intransparente Immobilienmärkte, eine alternde Bevölkerung und dennoch steigende Jugendarbeitslosigkeit. Was, wenn die junge Generation nicht mehr mitspielt, nicht mehr bereit ist, *Bitterkeit zu essen*, wie Präsident Xi es fordert, wenn sie den gesellschaftlichen Pakt, der wirtschaftlichen Wohlstand gegen politische Loyalität verspricht, nicht länger mitträgt? Inmitten dieser inneren Krise sind Krieg und Rezession das Letzte, was China braucht.

Die medialen Angsterzählungen beruhen letztlich auf einem zu kurzen historischen Gedächtnis. Jede zeithistorische Phase hat ihre eigene Formosastraßen-Krise, keine davon ist eskaliert – jedenfalls solange die USA die Ambitionen der Volksrepublik militärisch abschreckten.[164] Schon 1954 hatten sie ihre *Seventh Fleet* entsandt, um eine Invasion zu verhindern, und auch die Krisen von 1958, 1995 und 2020 gingen mit viel Säbelrasseln, aber nicht mit einem Krieg einher.

Die Angst vor einer Invasion beruht aber auch auf einem unvollständigen Verständnis des chinesischen Denkens. Die Volksrepublik ist nicht darauf angewiesen, riskante Angriffskriege zu führen, um sich geopolitisch durchzusetzen – ganz im Gegenteil ist sie dann am erfolgreichsten, wenn sie die Welt sanft und geduldig, aber unerbittlich durchdringt. Der zeithistorische Kontext verliert an Bedeutung, wenn man in Jahrhunderten denkt. Wo Putin noch zu Lebzeiten erfolgreich sein will, plant Xi über mehrere Generationen hinweg. China investiert beharrlich und weltweit in Häfen, Verkehrsinfrastrukturen und Industriebetriebe. Was noch vor 20 Jahren als verlängerte Werkbank der Welt galt, entwickelt heute technologische Innovationen und künstliche Intelligenz, chinesische Produkte sind international wettbewerbsfähig geworden. Während die USA bestimmte Technologien bereits nicht mehr nach China liefern, erkennt Europa zunehmend, wie sehr es versäumt hat, seine kritischen Infrastrukturen zu schützen.

Und mit dieser langfristigen Perspektive könnte die *grenzenlose Freundschaft* ganz anders enden als gedacht, denn bekanntlich hört beim Geld die Freundschaft auf. Vielleicht betonte der chinesische EU-Botschafter daher schon im April 2023, die angebliche Freundschaft sei *nichts als Rhetorik*.[165] Und tatsächlich ist sie heute schon recht asymmetrisch; Putin ist viel stärker von China abhängig als umgekehrt.

Russland sieht sich gezwungen, sein Öl ostwärts zu verkaufen, nachdem seine westlichen Absatzmärkte weggebrochen sind. Dabei ist Russland stark auf China angewiesen, während China aus einer Vielzahl von Lieferanten wählen kann. Russland muss sich nun in einem anhaltenden Preiswettbewerb mit den Golfstaaten und dem Iran behaupten, ohne dass es über nennenswerte Verhandlungsmacht oder Erpressungspotenzial verfügt. Auch im Gasgeschäft hat Russland seine westlichen Märkte verloren und muss nun auf China als Abnehmer setzen. Aber ein schon lange geplanter Konnektor, der die west- und ostsibirischen Gasfelder miteinander verbinden soll, ist immer noch nicht gebaut, sodass das Potenzial hierfür begrenzt bleibt. Ohne chinesisches Kapital und technologische Unterstützung wird dieses Projekt wohl kaum vorankommen. China zeigt auch auffallend wenig Interesse an der seit Jahren diskutierten Pipeline *Power of Siberia* 2, die China jährlich mit 50 Milliarden Kubikmeter Erdgas – also etwa der Menge von *Nord Stream 1* – beliefern soll.[166] Putin schlug hierfür das alte Geschäftsmodell vor, das bereits bei den europäischen Gaspipelines Anwendung fand: Der Käufer liefert die Rohre und Kapital, Russland bezahlt mit Gas. Doch China hält sich mit Gaskäufen auffallend zurück und zeigt wenig Interesse an sibirischen Projekten. Ab 2026 werden umfangreiche Flüssiggaskontingente auf den Weltmarkt strömen, dann kann China aus einer Vielzahl von Lieferanten auswählen und seine Versorgung flexibel gestalten. Anstatt heute exklusive Lieferverträge auf Jahrzehnte hinaus abzuschließen, kann China abwarten, bis Russland ökonomisch so unter Druck gerät, dass es zu chinesisch diktierten Konditionen liefern muss.

Westliche Technologieexporte nach Russland sind umfassend sanktioniert, aber Russland benötigt sie dennoch, insbesondere in der Öl- und Gasindustrie. Es ist daher darauf angewiesen, dass China auch weiterhin erlaubt, Lieferungen russischer Scheinfirmen, die offiziell in Kirgistan oder Armenien wirtschaften, in seinen Häfen anzulanden. China kontrolliert, ob und inwiefern es sich darauf einlassen will. Der Umkehrschluss gilt hingegen nicht: China befindet sich in vielen Technologiebereichen bereits auf einem höheren Niveau als Russland, es ist weder auf russische Technologie noch auf russische Häfen angewiesen. Aber die USA bedrohen chinesische Firmen mit Sekundärsanktionen, wenn sie zu sorglos gegen die westlichen Sanktionen verstoßen oder kritische Komponenten liefern – ganz zu schweigen von Militärtechnologie. Das Gleiche gilt für eine direkte Unterstützung russischer Rüstungstechnologie: China liefert zwar Nitrobaumwolle und ungepanzerte Geländefahrzeuge, aber keine Waffensysteme nach Russland.[167]

Seit 2022 hat sich China zum wichtigsten Handelspartner Russlands entwickelt, wobei rund 20 Prozent der russischen Exporte nach China gehen und Russland 35 Prozent seiner Importe aus China bezieht – es umgeht zwar kreativ westliche Sanktionen, wird gleichzeitig aber immer abhängiger von China. Im Automobilmarkt haben chinesische Marken die westlichen fast vollständig verdrängt. Doch während Russland zunehmend auf die chinesische Konsumgüterindustrie angewiesen ist, spielt der russische Markt für China lediglich eine untergeordnete Rolle. Etwa 15 Prozent aller chinesischen Exporte gingen 2023 in die USA, fast zehn Prozent nach Japan und Südkorea, aber nur 3,4 Prozent nach Russland. Daher orientiert sich die chinesische Handelspolitik an den globalen Zusammenhängen und nicht am russischen Regionalmarkt. Russland ist vom globalen Zahlungssystem abgeschnitten, doch China entscheidet, inwieweit es Ersatzlösungen anbieten will. Bereits kurz nach dem Beginn des Krieges wollte Russland die nicht mehr funktionierenden westlichen Kreditkarten durch das chinesische Zahlungssystem *Union Pay* ersetzen. Doch China zeigte wenig Interesse an dieser Lösung, da chinesische Banken fürchten müssen, im Weltfinanzsystem mit Sekundärsanktionen belegt zu werden, wenn sie sich Russland als Zahlstelle zur Verfügung stellen, um Sanktionen zu umgehen. Die westlichen Finanzströme sind unverzichtbar für den Außenhandel, und China hat keine Möglichkeit, sich davon abzukoppeln – am chinesischen Zahlungssystem CIPS nehmen gerade einmal 75 Banken teil, der Großteil davon in Zentralasien, am globalen SWIFT hingegen über 11.000 Geldhäuser weltweit. Daher werden chinesische Banken nicht ihr westliches Geschäft riskieren, um russische Finanzinstitute zu unterstützen.[168]

Russland lässt sich von Nordkorea mit Artilleriemunition und entbehrlichen Soldaten beliefern – allerdings kann China diese Beziehung durch diplomatischen und wirtschaftlichen Druck auf Nordkorea moderieren. Denn je stärker und unabhängiger diese Diktatur agieren kann, desto wahrscheinlicher wird eine erneute Eskalation des bis heute lediglich eingefrorenen Koreakriegs – dabei hat China kein Interesse daran, dass amerikanische Truppen, die Südkorea präventiv unterstützen würden, wieder an seiner Grenze stehen. China wird daher den Fluss nordkoreanischer Mittel genau überwachen.

Schließlich hatte Russland vor 2014 die Entwicklung der Nordostpassage vorangetrieben, die die Karasee mit der Beringstraße verbindet; Putin pries sie bereits als Alternative zum Suezkanal. Doch im Vergleich zu dessen Volumina bleiben die Transportmengen verschwindend gering, und daran ist Putin selbst schuld: Seitdem er 2014 die Krim besetzen ließ, hat kaum noch ein westliches Schiff diese Route befahren. Langfristig könnte China durchaus an der Nordpostpassage interessiert sein, um möglichen Blockaden im Südchinesischen Meer ausweichen und ungehindert die Nordsee erreichen zu können – für China ist die Arktis ein neues strategisches Interessengebiet, schon heute bauen chinesische Firmen grönländische Metall- und Mineralvorkommen ab, und es gibt Pläne, Island als logistische Drehscheibe zu nutzen.[169]
Aber für einen kontinuierlichen Handelsverkehr ist die Passage zu wenig ausgebaut, es fehlt an grundlegenden logistischen und maritimen Infrastrukturen, vor allem an der sibirischen Nordküste. Chinesisches Kapital und chinesische Handelsschifffahrt werden erforderlich sein, um sie zu entwickeln. Bereits vor dem Krieg war Russland dazu nicht in der Lage. Wie auch in Afrika würde China solche Infrastrukturen jedoch mit den eigenen Arbeitskräften und eigener Technik bauen. Dieser Präsenz könnte dann alsbald ein lokaler politischer Einfluss bei den sibirischen Völkern folgen. Sollte sich das russische Imperium in ferner Zukunft tatsächlich dekolonisieren,

könnte China die Gründung sibirischer Pufferstaaten unterstützen und sich so auch attraktive Rohstoffquellen sichern.

Im 19. Jahrhundert war sich Dostojewski noch sicher, dass die Russen in Asien wie Europäer auftreten könnten; er sah Asien nur als primitives, rückständiges Gebiet. Aber China ist längst nicht mehr rückständig, und bei all seinen inneren Problemen ist es keineswegs so schwach wie damals, als es die Einflussnahme europäischer Mächte dulden musste. Vielleicht kehrt sich schon bald die Dynamik um. Es mag noch 100 Jahre dauern, aber aus chinesischer Sicht ist die Korrektur des *Zeitalters der Demütigung* bereits eingeleitet. Und vielleicht ergibt sich daraus noch die größte historische Ironie des Krieges: Ein sich heute noch stark wähnendes Imperium verwandelt sich schleichend in einen chinesischen Vasallenstaat. Grenzenlose Freundschaft, nur ganz anders als gedacht.

Deutschlandfrage

Von wegen *Wandel durch Annäherung*: Auch Deutschland ist verwandelt worden. Heute scheint es unfassbar, dass vor nicht einmal 25 Jahren ein imperial denkender Tschekist als *lupenreiner Demokrat* gefeiert wurde, dass ein demokratisches Parlament ihm stehende Ovationen spendete. Nur wenige hatten damals das Rückgrat, aufzustehen und zu gehen, um gegen die bereits damals erkennbaren autoritären Tendenzen zu protestieren. Aber der kollektive Rausch war stärker, man applaudierte Putin ebenso wie sich selbst, und bis heute hält sich dieser Mythos: Endlich habe sich die Ostpolitik ausgezahlt, sie habe den Kalten Krieg beendet, die deutsche Einheit ermöglicht, die Teilung Europas überwunden.

Nun sei auch Russland innerlich gesundet, habe seine ideologischen Verirrungen mitsamt den planwirtschaftlichen Fesseln abgeworfen, jetzt könne man ihm die Hand reichen, es demokratisieren, wohlhabend und zufrieden machen. Aus *Wandel durch Annäherung* wird daher alsbald *Wandel durch Handel*: Russland wird umgehend in die Londoner und Pariser Clubs aufgenommen, die damalige EG schließt 1994 eine strategische Partnerschaft mit ihm, deren ständiger Rat bis 2012 tagt. Ab 1997 finden regelmäßige Treffen einer deutsch-französisch-russischen *Troika* statt. Russland darf auch dem Club der großen Industrienationen betreten – aus den G7 wird bis 2022 die G8. Die Türen standen weit offen, und unter all dem lauten Jubel unterwanderten prorussische Netzwerke leise, aber unaufhörlich Politik und Wirtschaft, steuerten schon bald ein milliardenschweres, hochprofitables Rohstoffgeschäft. Und ehemalige Stasi-Agenten amtierten als Geschäftsführer kapitalistischer Aktiengesellschaften, ohne das im Mindesten als ironisch zu empfinden.[170]

Entsetzt beginnt man heute zu begreifen, neben *wem* man noch vor 15 Jahren die russische Siegestagsparade bewunderte, mit *wem* man noch vor zehn Jahren eine *Verantwortungsgemeinschaft* beschwor, *wessen* Geschäfte man förderte. Man schaudert. Zögerlich und unwillig beginnt man, die Trümmerlandschaft aufzuräumen, aber das große *mea culpa* ist ausgeblieben. Wenige haben öffentlich eingeräumt, dass der russophile Blick das Urteilsvermögen trübte. Die rauschenden Feste sind vorbei, nun herrscht Katzenjammer. Schlagartig hat die Invasion von 2022 so manche Karriere beendet. Einst hochgelobte Schriften, Lehrbücher, Lebenswerke entpuppen sich nun als Selbsttäuschungen, als Phantasiefabrikate, die von einer vielleicht kleinteilig-regionalen, jedenfalls aber wissenschaftlichen und landeskundlichen Expertise öffentlich entlarvt und entwertet werden.

Aber nicht nur Karrieren, auch Glaubenssätze sind zerbrochen. Wer bisher stets *Nie wieder!* rief, dessen Weltbild wankt.

Wer durch eine russophile Haltung einst versuchte, tätige Reue
zu leisten, weil er es unerträglich fand, von nationalsozialistischen Tätern und Mitläufern abzustammen, findet sich nun in
einer verkehrten Welt wieder: 1941 wurde die Sowjetunion von
der Wehrmacht angegriffen, nun aber überfällt das moderne
Russland seinen Nachbarn, der deutsche Waffensysteme einsetzt, um sich zu wehren.

So mancher fühlt sich dann, larmoyant familiäre Traumata
anführend, als das eigentliche Kriegsopfer: Obwohl man selbst
nie Krieg erlebt hat, in Frieden, Freiheit und bürgerlichem Wohlstand aufgewachsen ist, fühlt man sich berufen, den tatsächlich
um sein Überleben kämpfenden Staat moralisch zu belehren.
Dabei ist das Aufrechterhalten der eigenen Lebenserzählung,
die Stimmigkeit der emotionalen Überzeugungen wichtiger als
die faktische Realität. Denn warum sonst wird so hartnäckig
übersehen, dass die eigenen Vorfahren gerade auch Ukrainer
und Belorussen auf sowjetischem Territorium ermordet haben,
dass über eine Million ukrainischer Rotarmisten im Kampf gegen den Nationalsozialismus fielen? Warum wird ignoriert, dass
sowjetische Truppen, ganz wie im Hitler-Stalin-Pakt vereinbart,
schon 1939 Polen überfielen, es bis zur Grenze der deutschen
Interessensphäre besetzten und gemeinsam mit der Wehrmacht
eine Siegesparade in Warschau abhielten – müsste es nicht auf-
fallen, dass alle sowjetischen Kriegsdenkmäler diese Episode
ausblenden, dass sie stets die Jahreszahlen 1941–1945 tragen?
Warum ist es vielen so unvorstellbar, dass Russland die Ukraine
überfallen hat, obwohl es doch selbst durch jahrhundertelange
imperiale Eroberungskriege entstanden ist?

Man hat aber nicht nur an weltanschaulicher, sondern auch
an existenzieller Sicherheit eingebüßt. Zum zweiten Mal erlebt
eine umfassende Verlusterfahrung, wer zwischen 1945 und
1970 in der DDR geboren wurde und im Staatsdienst aufsteigen wollte. Mit dem gnädig als *deutsche Einheit* verbrämten

Beitritt zum Bundesgebiet gingen ihre politischen, (geheim)polizeilichen, diplomatischen und Verwaltungsorgane ersatzlos unter. Wenigen ihrer Angehörigen gelang es, sich in ein westdeutsches Amt, die Bundeswehr oder die Politik zu retten, viele wurden arbeitslos und mussten prekär leben, umschulen oder auswandern.[171] Mit der zunehmend russlandfreundlichen Politik der Nullerjahre konnten diese traumatisierten Eliten sich wieder in politischen und wirtschaftlichen Netzwerken etablieren, ihre Sprachkenntnisse und Verbindungen gewinnbringend einsetzen – nicht nur im Gasgeschäft. Nun aber sind die Pipelines gesprengt, der investigative Journalismus interessiert sich für die alten Verbindungen, erneut steht man perspektivlos da.

Auch wer Russland nur als Tourist bereist hat, muss unbequem feststellen, dass Klischeefiguren wie *Ivan Rebroff* nur die eigene Sehnsucht nach einem geheimnisvollen, wildromantischen Märchenreich kommerziell ausgebeutet haben, dass man die auf organisierten Touren eifrig fotografierten *Türme aus rotem Gold* mit der russischen Lebenswirklichkeit verwechselt hat.[172] Die schön bemalten Fassaden und prachtvollen Kathedralen, die luxuriösen Lebensmittelgeschäfte im ehemaligen Fürstenpalais, die sauberen Straßen in modern erscheinenden Innenstädten können nicht länger täuschen: Nun sind russische Soldaten zu sehen, die Toilettenschüsseln plündern, weil es in ihrem Heimatdorf weder Kanalisation noch sanitäre Anlagen gibt. Und statt Balalaika am Baikalsee zeigt das Fernsehen nun russische Raketen, die in ukrainische Wohnhäuser, auf Spielplätzen einschlagen.

Krieg ist nicht länger etwas abstrakt-medial Entferntes, sondern wieder in der eigenen Lebenswelt möglich. Nun grillt es sich nicht mehr so gemütlich, man fühlt, wie die Einschläge der mühsam ersparten Doppelhaushälfte näher kommen, und das altvertraute Sicherheitsgefühl weicht einem diffusen Unbehagen.

Obwohl Putin dem Überschreiten angeblicher *roter Linien* niemals Taten folgen ließ, erschreckt sein atomares Säbelrasseln nicht nur die einstmals Friedensbewegten.[173] Bei den Älteren kriechen die längst überwunden geglaubten Vernichtungsängste der 1980er Jahre wieder hervor, während die Jüngeren erstmals solche durchleben müssen. Sie erzeugen eine still nagende Sorge, die sich zwar verdrängen, aber nicht vergessen lässt: Man wähnt sich hilflos, imaginiert eine apokalyptische, aus obskurer Ferne entfesselte, alles verglühende Sprengkraft.

Von diesen Auslöschungsängsten ist es nicht weit zu einer so ärgerlich wie autoritär vorgetragenen Täter-Opfer-Umkehr: Was fällt denen ein, sich zu wehren und uns mit ihrem Krieg die Lebensfreude zu nehmen, können sie nicht einfach ein paar Gebiete abtreten und Ruhe geben? Und vermeintliche Pazifisten stimmen ein: Die Ukraine könne nicht gewinnen, jede Waffenhilfe verlängere nur unnötig das Leid. Mitunter verkleiden sie sich auch als Humanisten: *Das Sterben* müsse endlich aufhören, *macht Frieden!* Zähneknirschend gibt man zu, dass Russland angegriffen habe, aber es habe sich eben auch der aggressiven *NATO-Osterweiterung* erwehren müssen, leider seien Genschers Garantien ja nie schriftlich fixiert worden! Sei denn die Ukraine nicht mitschuldig, habe der Krieg nicht eine *Vorgeschichte*, was erlaube sie sich eigentlich, Russlands *gerechtfertigte Sicherheitsinteressen* zu ignorieren? So wird der russische Angriffskrieg zum Stellvertreterkrieg umgedeutet: Wieder einmal seien die imperialistischen USA dabei, das arme Russland zu *demütigen.*

Diese von der russischen Staatspropaganda eifrig verbreiteten Behauptungen sind längst widerlegt: Genscher konnte weder 1989 noch 1990 etwas zusichern, da sowohl die Sowjetunion als auch der Warschauer Pakt damals noch bestanden und ein NATO-Beitritt seiner Mitglieder völlig undenkbar war. Und auch die übrigen Behauptungen erweisen sich sämtlich als Täter-Opfer-Umkehr.[174] Aber es geht hierbei nicht um fehlendes historisches Wissen, sondern vielmehr um die Geisteshaltung, die ihnen zugrunde liegt: Das überfallene Opfer soll die Waffen strecken, *macht Frieden* – sonst machen wir ihn für euch. Thomas Mann hatte bereits 1941 den autoritären Unterton solcher Aufforderungen entlarvt: *Den Widerstand Englands, den Beistand, den Amerika ihm leiht, brandmarken eure Führer als »Kriegsverlängerung«. Sie verlangen »Frieden«. Sie, die vom Blute des eigenen Volkes und anderer Völker triefen, wagen es, dieses Wort in den Mund zu nehmen. Friede – damit meinen sie: Unterwerfung, die Legalisierung ihrer Verbrechen, die Hinnahme des menschlich Unerträglichen.*[175]

Dieses autoritäre Denken hat eine lange Tradition. Deutschland und Russland erscheinen darin als legitime Ordnungsmächte, die das *Riesenchaos* des osteuropäischen Raumes bändigen, dessen stets aufmüpfige Völker sie mit gütiger, aber strenger Hand disziplinieren und auf ihren welthistorisch untergeordneten Rang zurückverweisen. Als regionalen *Großmächten* kommt es ihnen dabei wie selbstverständlich zu, über Menschen und Territorien zu verfügen, wobei sie ihre jeweiligen Ansprüche einvernehmlich abgrenzen. Die polnischen Teilungen des 18. Jahrhunderts wie auch der Hitler-Stalin-Pakt setzen diese Vorstellungen gewaltsam um, aber noch in den 1970er Jahren ist Ostpolitik primär Russlandpolitik: Über Gaslieferungen und Reiseabkommen wird zuerst, wenn nicht gar ausschließlich mit der Sowjetunion verhandelt, das restliche Osteuropa ordnet sich entsprechend ein. Bis vor kurzem klang dieses Denken – freilich pazifistisch verbrämt – im Begriff einer deutsch-russischen *Verantwortungsgemeinschaft* nach: Was diesen paranoiden Osteuropäern eigentlich einfalle, die zunächst als *rein wirtschaftlich* heruntergespielten, dann nachträglich aber doch zum europäischen Friedensbeitrag umgedeuteten *Nord Stream*-Pipelines zu kritisieren?[176]

Diese autoritäre Auffassung internationaler Beziehungen zeigt sich auch heute in dem unpersönlichen Plural *Wir müssen verhandeln*. Ihm fehlt nicht nur das Objekt – es bleibt unklar, worüber und mit wem verhandelt werden soll. Auffällig ist vor allem, dass das diffuse *Wir* jenseits der Kriegsparteien verortet ist: Die deutsche Gesellschaft, die europäischen Institutionen, ein unpersönlich-kollektiver Westen verhandelt mit Russland über die ukrainische Zukunft. Das angegriffene Opfer wird hingegen nicht als souveräner Staat gesehen, ihm wird keine Selbstbestimmung zugesprochen. Wer heute echten Landeskennern vorwirft, sie hätten ein verzerrtes Russlandbild, ist in Wirklichkeit selbst seiner mangelnden Faktenkenntnis erlegen, sieht die Ukraine als unklare, quasi geschichtslose Verfügungsmasse und spricht ihr daher Nation wie Staatlichkeit rundheraus ab. Und wem die Ukraine *klitzeklein* erscheint – sie ist der größte Flächenstaat Europas, fast doppelt so groß wie Deutschland –, ist nicht etwa der Mercator-Projektion, sondern magischem Denken verfallen: Die gedankliche Herabwürdigung der Ukraine geht einher mit einer Überhöhung Russlands als unbesiegbares Zauberreich unendlicher Ressourcen und tödlichen Potenzials.[177]

Gegen eine Atommacht könne man nicht gewinnen, wolle man etwa *auf der Rasierklinge reiten*, den Dritten Weltkrieg auslösen? Und auch ansonsten seien die russischen Reserven unendlich, Putin habe quasi *die Logistikbasis hinter sich*, könnte unbegrenzt Material nachschieben! Überhaupt sei Russland die bessere Lebenswelt: Zu Hause sei alles *woke*, man müsse mit Gendersternchen schreiben, dort aber herrschten noch echte *family values*, da würden Frauen, die diesen Namen noch verdienten, kinderreich zugunsten einer ethnisch homogenen Volksgemeinschaft gebären, die in einem starken, wirtschaftlich autarken Staat selbstbestimmt lebe. Frustriert und enttäuscht darüber, wie die pluralistische Gesellschaft die

eigenen reaktionären und autoritären Frauen- und Familien-
bilder, die latente Homo- und Xenophobie als hoffnungslos
rückwärtsgewandt belächelt, sieht man seine Ideen in Russland verwirklicht.

Russland erscheint vor allem dort als heimelige Gegenwelt, wo man sich stets unterlegen und unfair behandelt glaubt,
überall Fäden ziehende Finsterlinge vermutet: Verborgene
Eliten lenkten die Welt, impften die Menschheit mit Nanoson-
den, man selbst aber sei nicht im Krieg mit Russland, dieser sei
ohnehin nur ein weiterer Stellvertreterkrieg der USA. *Gebüh-
renzwangsfernsehen* und *Lügenpresse* verbreiteten ohnehin nur,
was die Ukraine hören wolle. Und so schwenken impfkritische
Schwurbler, reichsbürgerlich Verwirrte und rechtsradikale Re-
visionisten gleichermaßen die russische Fahne. Aber auch zu
linksradikalen Positionen schließt sich das Hufeisen: Deutschland sei amerikanisch besetzt, alles sei sozial ungleich und
kaltherzig, Putin dagegen der Anwalt des kleinen Mannes, ein
Streiter für eine gerechtere Weltordnung, der die plutokrati-
schen Amerikaner auf Abstand halte. Die Übergänge zu antise-
mitischen Klischeevorstellungen sind dabei fließend – Goebbels' *goldene Internationale* lässt grüßen.

Aber Atommächte sind schon oft militärisch besiegt worden:
Russland 1996 im ersten Tschetschenienkrieg, Frankreich 1962
in Algerien, die USA 1973 in Vietnam. Afghanistan demütigte
sogar zwei Atommächte hintereinander – erst scheiterte 1989
die sowjetische Invasion, dann wurden die USA 2021 zum Abzug gezwungen. Und auch sonst entspricht keine dieser Phan-
tasievorstellungen den wirklichen russischen Lebensverhältnis-
sen. Es stimmt zwar, dass Putin ein reaktionäres Familienbild
propagiert, Orden an gebärfreudige Heldenmütter verleiht,
häusliche Gewalt hingegen zur Ordnungswidrigkeit verharm-
lost. Aber das heutige Russland ist genauso wenig eine ethnisch
homogene Volksgemeinschaft, wie es die Sowjetunion war.

Und es lebt sich dort vielleicht autark, aber nicht besonders angenehm. Die durchschnittliche Lebenserwartung in Russland beträgt derzeit 70 Jahre, sie ist somit geringer als in El Salvador, Marokko oder den Kapverdischen Inseln, und zwar nicht nur aufgrund des weitverbreiteten Alkoholismus. Etwa ein Prozent der Bevölkerung ist HIV-positiv, die Neuansteckungsrate ist etwa achtmal höher als in Europa – aber Behandlung und Prävention gibt es kaum, das Thema ist gesellschaftlich tabu.[178]

Wer Putin für den ehrlichen Anwalt des kleinen Mannes hält, sollte bedenken, dass Russland geradezu ein Lehrbuchbeispiel für die Herrschaft undurchsichtiger Eliten ist, die sämtliche politischen Institutionen durchdrungen und sich alle staatlichen Produktivmittel und Ressourcen angeeignet haben. Wer nur die touristisch aufbereiteten Innenstädte von Moskau und St. Petersburg gesehen hat, dem fehlt der Blick für die Armut in der Provinz – von den Lebensbedingungen in Industriestädten wie Norilsk, Magnitogorsk oder Tscheljabinsk ganz zu schweigen. Die Einkommensungleichheit in Russland ist ähnlich hoch wie in den USA, aber amerikanische Arbeitnehmer sind mit einem monatlichen Medianeinkommen von 4.500 US-Dollar in Russland reiche Leute.[179] In den ärmsten Regionen Russlands liegt das durchschnittliche Monatseinkommen bei etwa 200 US-Dollar, wer 600 US-Dollar monatlich verdient, gilt bereits als Mittelschicht, und selbst in den rohstoffreichen, relativ wohlhabenden Regionen liegen die durchschnittlichen Spitzeneinkommen bei 1.400 US-Dollar monatlich – die offizielle Armutsgrenze in Russland liegt bei etwas über 100 US-Dollar pro Monat, in den USA beträgt sie etwa 1.500 US-Dollar für einen Dreipersonenhaushalt.[180]

Aber es geht bei dieser verzerrten Wahrnehmung, dieser völligen Gegensätzlichkeit von realen und imaginierten Verhältnissen nicht um Landeskunde. Vielmehr dient Russland als

Projektionsfläche der eigenen autoritären Sehnsüchte. In der gedanklichen Überhöhung Russlands sublimiert sich ein dünn maskierter Antiamerikanismus, eine ärgerliche Ablehnung der sprachlichen, kulturellen und militärischen Dominanz der angelsächsischen Welt, die 1945 die deutschen Großmachtphantasien in die Schranken wies, das deutsche Volk umerzogen und entnazifiziert (oder es zumindest versucht) hat. Man könnte es Rapallo-Reflex nennen: Deutschland und Russland, in Leid und Ausgrenzung vereint, verbünden sich gegen das perfide Albion und dessen amerikanischen Ableger, bekämpfen die kaltherzige, merkantile Weltherrschaft der Angelsachsen mit reinster Romantik. Die (als oberflächlich, ungebildet, dekadent und arrogant empfundenen) Amerikaner seien *keineswegs eine Musterdemokratie*, ja eine *raumfremde Hegemonialmacht*, während die Russen (kultiviert, mystisch, leidend, aber dennoch melancholisch-liebevoll!) die *natürlichen Partner* seien, wirtschaftlich wie soziokulturell. Und in diesem romantisch-irrlichternden Phantasieren zeigt sich das Erbe der bis heute nicht überwundenen deutschen Diktaturen – der nationalsozialistischen genauso wie der realsozialistischen.

Dabei fällt ein seltsames Doppeldenk auf: Amerikanisches Flüssiggas ist imperiale Unterdrückung, *Nord Stream* hingegen ein deutsch-russisches Friedensprojekt. Die Resolution 687 des UN-Sicherheitsrats ermächtigte die Staatengemeinschaft, alle erforderlichen Maßnahmen zu treffen – einschließlich der Anwendung militärischer Gewalt –, um das 1990 vom Irak überfallene und besetzte Kuwait wieder als souveränen Staat herzustellen. Eine internationale Koalition unter US-amerikanischer Führung setzte sie durch. Dennoch bildete man Menschenketten auf dem Schulhof, verwechselte Aggressor und Verteidiger. Das heutige ultranationalistische Russland droht wöchentlich mit *roten Linien* und deutet nukleare Schläge an, sollten dieselben überschritten werden – dennoch wird auf der Friedensdemo die russische Flagge geschwenkt. Wenn US-Präsident Trump rhetorisch droht, Grönland zu besetzen, schreit die Welt empört auf – aber Russland wird wie selbstverständlich ganz Eurasien zugesprochen, man verliert kein Wort über die russischen Militärbasen in Georgien und Tadschikistan – müsste man nicht den Abzug der *raumfremden* Russen fordern, die Souveränitätsverletzungen anprangern?

Ebenso fällt auf, dass man zwar Russland, nicht aber die USA als gigantisch imaginiert – obwohl sie doch ebenfalls ein großer Flächenstaat mit reichhaltigen natürlichen Ressourcen, weiten Landschaften und starkem ökonomischen Potenzial sind, obwohl ihre Einwohner wohlhabender und langlebiger als die Russen sind und die Volkswirtschaft technologisch viel höher entwickelt ist. Aber es geht nicht um Fakten, sondern darum, den verhassten Hegemon, die ungeliebte Westbindung geistig abzuwerten. Abu Ghraib und Guantanamo werden angeprangert, aber die Massendemonstrationen gegen die Kriegsverbrechen von Butscha und Izyum bleiben aus. Und die zermalmten Zivilisten in den Trümmern von Mariupol werden großzügig übersehen.

Und innenpolitisch geht es um den immergleichen reaktionären Traum: klare Verhältnisse, Volksgemeinschaft statt Demokratie, und *gesundes Volksempfinden* statt blutleerer Juristerei. Von rechts ersehnt man den starken Mann, der endlich wieder durchregiert – Arbeit nur für Deutsche, es könne ja nicht angehen, dass Flüchtlinge alles bezahlt bekämen –, und von links preist man das vermeintliche Kuschelkollektiv: Das mit der Freiheit funktioniere ohnehin nicht, damals lebte man besser, und das mit der Stasi war doch nur Räuber und Gendarm.[181]

Als ausgewiesener Deutschlandkenner spielt Putin virtuos auf dieser Gefühlsklaviatur, und seine Propaganda bedient gezielt alle diese Milieus. Jedes davon wirkt für sich allein genommen nostalgisch, larmoyant, verschroben – aber letztlich harmlos. Wehe aber, wenn es einer politischen Bewegung gelingt, sie zu verbinden und mehrheitsfähig zu machen. Die russische Propaganda betont unaufhörlich, dass die ukrainische Regierung nationalsozialistisch sei – sie hat einen jüdischen Präsidenten, die rechtsradikale Svoboda-Partei einen Wähleranteil von nicht einmal zwei Prozent. Dennoch wird dieses Narrativ weithin geglaubt – auch und gerade von denjenigen, die eine in Sachsen und Thüringen gesichert rechtsextreme Partei wählen, die dort über 30 Prozent der Stimmen erhält. Und auch wer eine krude Mischung aus linker Wirtschaftspolitik und konservativem Gestus bedient, kommt dort auf 15 Prozent.

Ist man gerade 80 Jahre nach der Befreiung vom Faschismus, gerade 36 Jahre nach dem Fall der Mauer wieder anfällig für das Autoritäre geworden? Zwar ist die Energiekrise überwunden, selbst Sonnenblumenöl ist wieder günstig. Aber es reicht nicht, sich im bequemen Sessel den großen ZDF-Jahresrückblick anzusehen, während die Wärmepumpe lustig brummt und man sich noch einmal davongekommen wähnt. So mancher redet sich heute tröstlich ein, Autokratien würden stark, Demokratien schwach wirken, bis sie sich bewähren müssten, aber dann sei es umgekehrt. Dem ist nicht so. Demokratische Institutionen können innerlich verfallen, von autoritären Netzwerken unterwandert werden, bis sie zur leeren Hülle, zur Kulisse verkommen. Dafür braucht es keine Fackelzüge durchs Brandenburger Tor, es kann auch schleichend, fast unbemerkt geschehen. Darin liegt eigentlich die Gefährlichkeit der deutschen Schwärmerei: Erstmals ist wieder ein autoritärer deutscher Sonderweg vorstellbar.

Kann Deutschland Westbindung? Was die Stalinnote 1952 erfolglos zu torpedieren versuchte, steht in vielen Milieus heute wieder zur Diskussion. Wieder einmal zeigt sich die fatale deutsche Mittellage, man ist weder gänzlich im Westen verortet, noch gehört man dem Osten an. Jahrzehntelang musste man gar nicht überlegen, wo man hingehört, ob man westliches Bollwerk oder russischer Satellit sein will – darüber entschieden andere: Im Westen lebte die Bevölkerung in sorgloser Teilsouveränität, unter alliiertem Schutz, aber auch mit alliierten Truppen und Vorbehaltsrechten, der Osten gehörte dem russischen Imperium an. Die *abschließende Regelung in Bezug auf Deutschland* schien auf ewig in unbestimmte Ferne verschoben – bis 1990. Weiß man die geschenkte Freiheit noch zu schätzen, reicht es für eine neue Ostpolitik? Die Deutschen hatten nicht immer die Russlandbrille auf, das deutsch-russische Verhältnis war stets schwankend, magische Faszination und tiefe Feindschaft wechselten sich ab.[182]

Der russisch-ukrainische Krieg hat die Deutschlandfrage neu gestellt. Erstmals seit 1945 muss das deutsche Volk selbst entscheiden, wohin die Reise gehen soll. Kein großer Bruder in Moskau, kein alliierter Kontrollrat entscheidet mehr, wo die Grenzen des Handelns liegen. Deutschland muss Position beziehen, erklären, wo es steht: Welche Weltanschauung vertritt es? Will man eine nationalistische oder eine pluralistische Gesellschaft sein, befürwortet man den autoritären Kollektivismus oder den liberalen Individualismus? Und steht man auf dem Boden des Völkerrechts oder liebäugelt man mit einer brutalen Weltordnung schrankenloser Macht? In dieser inneren Zerrissenheit spiegelt sich die welthistorische Dimension des Krieges.

GÖTTERDÄMMERUNG

Westfalen

Von wegen *russisches Zarenreich*: Putin kokettiert zwar gern damit, in der Tradition Katharinas II. erneut zu sammeln, was er als russische Erde empfindet. Wer aber den Krieg *nur* als territoriales Revisionsprojekt verstehen will, hat dessen welthistorische Dimension nicht erkannt, denn mit seinem Angriffskrieg negiert Russland die heutige Staatenordnung – auch, aber nicht nur auf ehemals zaristisch oder sowjetisch beherrschten Territorien.

Es wurde vielfach überlegt, warum das russische Imperium nicht nur ehemals beherrschtes Territorium zurückerlangen, sondern auch ständig neue Völker unterwerfen und Räume erobern will – warum endet die Expansion nicht in Sibirien, am Amur, am Pazifik, warum setzt Russland selbst über die Beringstraße, auf die Aleuten, nach Alaska über?[183] Manche argumentieren, Russland sei traumatisiert (oder paranoid), weil Invasoren immer wieder seine weiten, unkontrollierbaren Ebenen überfallen hätten. Es wähne sich in einem permanenten Abwehrkampf und wolle daher, um seine Existenz zu sichern, präventiv Pufferzonen erobern. Andere versuchen, diese Politik zu personalisieren: Wenn Putin ständig Respekt, ja Wertschätzung (уважение) einfordere, so sei dies seiner Herkunft aus dem prekären, kleinkriminellen, gewalttätigen Milieu der Leningrader Hinterhöfe (дворы) zuzuschreiben; die aggressive Außenpolitik entspringe letztlich einem tiefsitzenden Minderwertigkeitskomplex.[184]

Beide Argumente sind zwar verständlich. Die Krimtataren brennen 1571 Moskau nieder, und in der *Zeit der Wirren* (смута) geht das noch junge Imperium fast unter: Zwischen

1610 und 1612 ist Moskau von polnisch-litauischen Truppen (und deren deutschen Söldnern) besetzt.[185] Und tatsächlich wird der eher klein gewachsene Putin zum Kampfsportler, um sich wehren zu können, wird schon früh von der Gewaltkultur seines Herkunftsmilieus geprägt – erkennbar nicht nur in seiner öffentlichen Inszenierung als robuster, erdiger Mann (мужик), sondern auch an der auffälligen Gossensprache.[186] Dennoch sind keine tiefenpsychologischen Ansätze vonnöten, um das russisch-imperiale Denken einzuordnen. Es entspringt weder Putins persönlichen noch Russlands geopolitischen Traumata, sondern fügt sich bestens in die Geistesgeschichte autoritärer Konzepte der internationalen Beziehungen.

Bereits im 19. Jahrhundert findet sich bei Hegel, Marx und Engels die Vorstellung *geschichtsloser Völker*, die als eigenständige Nationen keine Zukunft hätten und dem Untergang geweiht seien, wohingegen *revolutionäre Völker* die *Träger der geschichtlichen Entwicklung* seien, die Zukunft dominieren und die geschichtslosen Völker dabei verdrängen würden.[187] Das napoleonische Herrschaftssystem etabliert Satellitenstaaten, die sich politisch und wirtschaftlich an Frankreich ausrichten müssen und von Napoleons Verwandten regiert werden, und es strebt danach, sich ganz Europa bis zum Ural zu unterwerfen. Auch das kaiserlich-imperiale Japan erobert im Zweiten Weltkrieg weiträumige Gebiete, deren Rohstoffe es ausbeutet: Wer (unfreiwillig) Teil der *großasiatischen Wohlstandssphäre* geworden ist, hat nun der japanischen Kriegswirtschaft zuzuarbeiten. In der nationalsozialistischen Besatzungspolitik bleiben die westeuropäischen Staaten zwar formal erhalten, aber nur als Wirtschaftssatelliten und abhängige Gebilde des Dritten Reiches, während Polen die Staatlichkeit vollends abgesprochen wird: Es wird 1939 im Einvernehmen mit der Sowjetunion ein viertes Mal geteilt und verschwindet von der Landkarte. Goebbels träumt in seinen Tagebüchern davon, endlich mit dem europäischen *Kleinstaatengerümpel* aufzuräumen. Und tatsächlich bestreitet 1940 der Gauleiter im besetzten Luxemburg, dass eine luxemburgische Identität und Sprache überhaupt existierten: *Schluss mit dem fremden Kauderwelsch, eure Sprache sei deutsch und nur deutsch!*[188]

Auch die Vorstellung, dass es Großmächte gäbe, denen ein Führungsanspruch über andere Staaten und Weltregionen zukomme, ist nicht spezifisch russisch. Bereits bei Carl Schmitt findet sich die Idee, dass eine stabile Weltordnung nur durch ein *Pluriversum* von Großräumen gewährleistet sei, die jeweils von einer dominanten Ordnungsmacht kontrolliert werden müssten; *raumfremde Mächte* hätten sich dort jeweils herauszuhalten.[189]

Diese Ideen sind mit der westfälischen Staatenordnung unvereinbar. Mit den Friedensschlüssen von Münster und Osnabrück, die 1648 den Dreißigjährigen Krieg beenden – daher der Name *westfälisch* –, wird der Gedanke der souveränen Gleichheit erstmals formuliert und in die Staatenpraxis eingeführt: Es gibt keine unterschiedlichen Klassen oder Wertigkeiten von Völkern und Staaten. Auch militärisch oder wirtschaftlich sehr mächtigen Nationen kommen keine Sonderrechte zu, ganz gleich, wie viel Territorium sie beherrschen, wie viele Einwohner sie haben: *A nation is a nation.* Insbesondere kennt die westfälische Staatenordnung keine Einflusssphären oder selbstdefinierten Herrschaftsansprüche über andere souveräne Staaten: *par in parem non habet imperium.*[190]

Aus diesem egalitären Gedanken ergibt sich, dass jeder Staat wählen kann, welchen außenpolitischen Weg er beschreiten, wie intensiv er mit Staatengemeinschaften interagieren und mit wem er Bündnisse eingehen will. Das 1969 auch von der Sowjetunion ratifizierte Wiener Übereinkommen über das Recht der Verträge gibt jedem souveränen Staat das Recht, internationale Verträge einzugehen oder abzulehnen. Insbesondere kann ein Staat auch seine Bündnispolitik verändern, alte Allianzen aufgeben und neue begründen. Die Ukraine hat 2013 von diesem Recht Gebrauch gemacht, als sie ein Assoziierungsabkommen mit der EU anstrebte, ebenso wie Finnland und Schweden 2023 ihre Neutralität aus eigenem Entschluss aufgaben und der NATO beitraten. Der propagandistische Begriff der *NATO-Osterweiterung* negiert daher implizit die westfälische Ordnung, denn er suggeriert, dass nahe bei Russland befindliche Staaten sich ihr eigentlich nicht anschließen dürften, um Russland nicht zu *provozieren*, sie müssten seine (angeblich) *gerechtfertigten Sicherheitsinteressen* achten. Aber nicht die NATO dehnt sich nach Osten aus: Sie zwingt keinen Staat, ihr beizutreten. Wer sich ihr anschließt, will russischen Expansionsinteressen einen Riegel vorschieben – und hat als souveräner Staat jedes Recht dazu. Auch wenn der russische Staat dies als Misstrauensvotum werten und darüber verärgert sein mag, ist er nur einer unter vielen Gleichen, er kann anderen Staaten nicht ihren außenpolitischen Weg diktieren. Putin selbst hat sich in den Anfangsjahren seiner Herrschaft zu diesem Grundsatz bekannt.[191]

Russlands heutige Politik bewegt sich jedoch auf tradierten imperialen Pfaden. Es sieht sich selbst als Großmacht, deren primäres außenpolitisches Ziel darin besteht, unbeschränkte Stärke und absolute Handlungsfreiheit zu erlangen (державность). Großmächte sind in dieser Vorstellungswelt gleicher als andere. Sie *können* internationale Verträge schließen, sind daran aber nicht gebunden; ihre Handlungsfreiheit und nationale Sicherheit stehen über den Regeln. Sie allein tragen das internationale System und machen globale Sicherheitsfragen unter sich aus.[192] Dieses Selbstbild wurzelt tief im russischen Exzeptionalismus: Das Land sei ein Staatswesen eigener Art, das weder mit der westlichen Nationalstaatslehre noch mit deren Rechtsphilosophie zu erfassen sei. Diese

Selbstauffassung hat seit dem 19. Jahrhundert alle politischen Systemwechsel überdauert, und sie prägt die russische Außenpolitik bis heute.

Staaten, die sich in der (gefühlten) *Einflusssphäre* der Großmächte befinden, sind nach russischer Auffassung höchstens teilsouverän, es wird nicht *mit* solchen Vasallen verhandelt, sondern *über* sie. Selbständig auftreten dürfen sie nur insofern, als sie den Interessen der Großmacht nicht zuwiderhandeln, ansonsten interveniert diese und führt sie liebevoll, aber streng auf den rechten Pfad zurück. Europa erscheint in dieser Ideenwelt als System von Vasallenstaaten, dessen westliche Hälfte von den USA direkte Anweisungen erhält, während Osteuropa in der russischen Einflusssphäre liegt. Wenn Russland von seinem *nahen Ausland* spricht, ist dies mithin nicht geographisch, sondern im Sinne eines fortgesetzten Herrschaftsanspruchs gemeint. Auch bei westlichen Autoren findet sich dieser autoritäre Reflex, wenn sie fordern, die *Großmächte* sollten einen Teilungsplan für die Ukraine aushandeln.[193]

Diese Idee begrenzter Souveränität ist weder neu noch hat Putin sie erfunden. Der Begriff des *nahen Auslands* ist vor 1991 zwar ungebräuchlich, doch er setzt das imperiale Denken der sowjetischen Ära fort. Sowjetische Truppen schlagen Protestbewegungen gegen die kommunistischen Regime in der DDR (1953), in Ungarn (1956) und der ČSSR (1968) gewaltsam nieder – mit der Begründung, dass diese Länder nur begrenzt souverän seien, die Sowjetunion habe das Recht, in ihre innere Angelegenheiten einzugreifen, wenn sie von der sozialistischen Ordnung abwichen (*Breschnew-Doktrin*). Auch die Finnlandisierungspolitik während des Kalten Krieges ist Ausdruck dieses Denkens: Finnland ist pro forma neutral, hat aber sowjetische Interessen vorrangig zu berücksichtigen. Eine ganz ähnliche Haltung vertrat Putin gegenüber der ukrainischen Absicht, ein Assoziierungsabkommen mit der EU abzuschließen: Die Ukraine kann tun, was sie will, es sei denn, sie verstößt damit gegen meine Interessen. Entsprechend wirkte er auf den ukrainischen Präsidenten Janukowytsch ein, das fertig ausgehandelte Abkommen nicht zu unterzeichnen, und im Dezember-Ultimatum an die NATO forderte er Ende 2021 einen hegemonialen Anspruch Russlands nicht nur über die Ukraine, sondern über ganz Osteuropa ein.

Schon im 19. Jahrhundert behaupten russische Denker und Staatsmänner, dass die ukrainische Sprache lediglich ein russischer Dialekt sei. Putin jedoch geht in seinem Aufsatz *Über die historische Einheit von Russen und Ukrainern* (об историческом единстве русских и украинцев, 2021), den er im September 2021 auch in ukrainischer Sprache auf der Kreml-Homepage publizieren ließ, weit darüber hinaus. Er spricht ihr darin die Staatlichkeit nach allen Dimensionen der Drei-Elemente-Lehre ab: Ein ukrainisches Volk existiere nicht, sogenannte Ukrainer gehörten der (ideologisch imaginierten) *dreieinigen russischen Nation* an. Das Territorium, auf dem sie lebten, sei kein Staat, sondern historisches russisches Land. Eine ukrainische Staatsgewalt existiere nicht, da das *Kiewer Regime* von westlichen Agenten gelenkt sei. Seine politische Propaganda spricht daher folgerichtig von einer *Spezialoperation* – man kann nicht Krieg gegen einen Staat führen, der gar nicht existiert, man leitet lediglich westlich verführte Brüder zu ihren eigentlichen Wurzeln zurück. Diese pseudohistorischen Argumente wirken unfreiwillig komisch, da die Ukrainische Sozialistische Sowjetrepublik bereits 1945 als Gründungsmitglied der Vereinten Nationen erscheint und insofern schon damals ein Völkerrechtssubjekt sein musste. Zudem hat Russland die Ukraine nach 1991 stets als souveränen Staat behandelt und mit ihr zahlreiche völkerrechtliche Verträge abgeschlossen. Natürlich kann Russland wie jeder andere souveräne Staat entscheiden, ob es einen bestimmten Staat anerkennen möchte oder nicht. Es hat jedoch nicht darüber zu bestimmen, welche Kriterien für eine Anerkennung maßgeblich oder inwiefern diese erfüllt sind; die internationale Völkerrechtspraxis, nicht der russische Staat, nimmt diese Bewertung vor.[194]

Nach Artikel 26 des Unionsvertrags über die Gründung der UdSSR vom 30. Dezember 1922 hatte jede Sowjetrepublik das Recht, die Union zu verlassen. Die Ukraine nutzte dieses Recht und erklärte sich am 24. August 1991 für souverän – und das nicht gegen den Willen ihrer Bevölkerung. Im Referendum vom 1. Dezember 1991 stimmten alle Regionen, einschließlich des Donbass und der Krim, mehrheitlich für die Unabhängigkeit. Ironischerweise hatte der damalige US-Präsident George H. W. Bush noch kurz zuvor im ukrainischen Parlament nachdrücklich davon abgeraten, weil er den – ohnehin nicht mehr aufzuhaltenden – Zerfall der Sowjetunion fürchtete.[195]

Mit dem Austritt übte die Ukraine ihr Sezessionsrecht aus und konstituierte sich als Staat innerhalb der sowjetischen Verwaltungsgrenzen von 1991, einschließlich der Krim. Bereits bevor die Erklärung von Alma-Ata die Sowjetunion am 21. Dezember 1991 endgültig auflöste, hatten sich Russland, Belarus und die Ukraine in den Belowescher Vereinbarungen von 8. Dezember 1991 gegenseitig ihrer territorialen Integrität versichert und festgestellt, dass die Sowjetunion nicht länger existiere. Spätestens seither existiert ein souveräner ukrainischer Nationalstaat – selbst wenn ein Teil davon heute russisch besetzt ist.

Die Ukraine ist zweifellos eine *verspätete Nation*, der es erst in jüngster Zeit gelang, einen dauerhaften Nationalstaat zu bilden. Nachdem sich die südukrainischen Kosaken gegen die polnisch-litauische Oberherrschaft aufgelehnt hatten, schlossen sie 1654 mit dem russischen Zaren Alexei Michailowitsch den Vertrag von Perejaslaw, der ihnen militärische Unterstützung gewährte. Während die Kosaken den Vertrag als pragmatisches, temporäres Bündnis verstanden, sah der Zar in ihrem Treueeid eine faktische Unterwerfungserklärung. Nach dem russisch-polnischen Krieg teilten Russland und Polen 1667 die ukrainischen Gebiete unter sich auf. Im Nordischen Krieg rebellieren die Kosaken erneut und verbünden sich mit Karl XII. von Schweden gegen Peter I., der aber beide in der Schlacht bei Poltawa (1709) besiegt und damit einen ukrainischen Nationalstaat für die nächsten Jahrhunderte verhindert. Auch die 1917 gegründete, kurzlebige Ukrainische Volksrepublik wird von der Roten Armee zurück unter die bolschewistische Herrschaft gezwungen. Erst 1991, mit dem Zerfall der Sowjetunion, gelingt es der Ukraine, einen dauerhaften Nationalstaat zu begründen.

Für die Staatlichkeit eines Nationalstaats ist jedoch nicht entscheidend, wie lange dieser schon existiert oder wer dessen Gebiet früher einmal beherrscht hat. Andernfalls müsste man auch die Staatlichkeit Italiens und Deutschlands infrage stellen, deren Einheitsstaaten erst 1861 beziehungsweise 1871 geschaffen wurden. Viele heute zu Deutschland gehörende Gebiete waren zuvor unter dänischer, polnischer, schwedischer, vorderösterreichischer oder französischer Kontrolle. Auch wenn die Ukraine noch immer mit institutionellen Schwächen und Korruption zu kämpfen hat, können diese Mängel nicht gegen ihre Staatlichkeit aufgerechnet werden. Denn mit dem gleichen Argument ließe sich auch der russische Staat infrage stellen, dessen institutionelle Defizite noch weit ausgeprägter sind.[196]

Putin bestreitet heute die Souveränität der Ukraine, indem er auf die frühere zaristische und sowjetische Herrschaft über deren Territorien verweist. Doch gerade dieses revisionistische Argument verdeutlicht, wie sehr Russland in vormodernen Denkmustern verhaftet ist. Vor 1945 führten die Staaten zahllose Kriege, um ehemals beherrschte Gebiete zurückzuerlangen oder neues Territorium zu erobern. Dennoch war diese

Welt keineswegs rechtlos. Vielmehr gab es klare diplomatische Konventionen und allgemein anerkannte Regeln der Kriegführung, die unter anderem 1898 und 1907 in den Haager Konventionen formalisiert wurden. Schon vorher beanspruchte jeder Nationalstaat das Recht, einen Krieg zu beginnen (*ius ad bellum*), und die Inanspruchnahme dieses Rechts galt geradezu als praktischer Beleg für die Souveränität eines Staates. Dies stellte keinen Widerspruch zur westfälischen Staatenordnung dar, denn diese verbot den Angriffskrieg nicht, im Gegenteil konnte ein souveräner Staat jederzeit angegriffen werden und auch seine Existenz einbüßen, wenn der Sieger sein Staatsgebiet annektierte.[197]

Es ist daher unzutreffend, die nach 1945 etablierte Staatenordnung als *regelbasiert* zu bezeichnen – Regeln gab es schon vorher. Nur führte das *ius ad bellum* zu einer instabilen Weltordnung, die von ständigem Revisionismus und quasi permanentem Krieg geprägt war. Frieden war die Ausnahme, nicht der Regelfall, insbesondere in Europa. Erst 1928 ächtete der Briand-Kellogg-Pakt erstmals den Angriffskrieg als Mittel der Politik.[198] Insbesondere diente er als Rechtsgrundlage für die Nürnberger Prozesse: Zur Überraschung der nationalsozialistischen Führungsschicht fand die schrankenlose Aggression nunmehr Grenzen im internationalen Recht, es war nicht länger möglich, sich der völkerrechtlichen Verantwortung für einen Angriffskrieg zu entziehen. Die Sowjetunion hat den Briand-Kellogg-Pakt 1929 über das Litwinow-Protokoll ratifiziert – somit war ihr am 17. September 1939 begonnener Angriffskrieg gegen Polen bereits damals illegal.

Nach dem Zweiten Weltkrieg, der die verheerenden Folgen eines rücksichtslos geführten Angriffskrieges offenbarte, wurde das Gewaltverbot 1945 mit der Gründung der Vereinten Nationen (*United Nations*, UN) global etabliert. Seitdem bildet die UN-Charta das völkerrechtliche Fundament der heutigen

Staatenordnung. Zwischenstaatliche Gewalt ist nur noch legal, wenn der Sicherheitsrat der Vereinten Nationen sie mandatiert, oder zur Selbstverteidigung gegen einen bewaffneten Angriff. Die Ukraine hat dieses Recht zur Selbstverteidigung seit 2014, spätestens jedoch seit 2022, geltend gemacht, als sie sich gegen die russische Aggression verteidigte. Hierbei dürfen andere Staaten sie auch mit Waffenhilfe unterstützen, und es ist ihr kriegsvölkerrechtlich erlaubt, auch militärische Ziele auf dem Territorium des Gegners, also im russischen Staatsgebiet, anzugreifen.[199]

Das globale Gewaltverbot friert keineswegs die Grenzlinien von 1945 ein – diese sind nach wie vor veränderbar. Beispielsweise sind viele heute souveräne Nationalstaaten erst in den 1960er Jahren aus den früheren europäischen Kolonialreichen entstanden. Es verleiht aber jedem Staat eine implizite Existenzgarantie: Kein souveräner Staat kann gegen seinen Willen territorial verändert werden, sodass alle revisionistischen Argumente mit dem Verbot des Angriffskrieges hinfällig werden. Es kommt nicht länger darauf an, welche Gebiete früher aus welchen Gründen zu welchen Staaten gehörten – Grenzen werden nicht mehr mit Gewalt verschoben.

Der heutige russische Staat ist Rechtsnachfolger der Sowjetunion, und somit sind alle völkerrechtlichen Verpflichtungen, die sie eingegangen ist, auch für das heutige Russland unverändert gültig.[200] Die Sowjetunion hat die UN-Charta 1945 ratifiziert, und damit ist das Gewaltverbot auch für das heutige Russland verbindlich. Es ist gerade diese Bindung der Macht an das Recht, die Russland ablehnt, da sie im Widerspruch zu seiner exzeptionalistischen Selbstauffassung steht. Seine pseudohistorischen Argumente streben letztlich danach, sich ein permanentes Revisionsrecht zu sichern: Was einst von uns geschaffen wurde, gehört uns, handelt es gegen unsere Interessen, zwingen wir es zurück. Aber man kann nicht darüber verhandeln, ob das Gewaltverbot auf einem Kontinent uneingeschränkt und auf einem anderen nur mit russischem Vorbehalt gilt: Wer die UN-Charta ratifiziert hat, muss sie überall, jederzeit und ohne Ausnahmen respektieren. Sie gilt überzeitlich, überpersönlich und überörtlich und zieht auch diejenigen zur Verantwortung, die sie ignorieren oder relativieren möchten. Der russisch-imperiale Gedanke stößt hier auf unerwartete Grenzen: Es ist nicht länger rechtlich zulässig, ehemals beherrschte Gebiete zurückzuerobern.

Wer an dieser Stelle *What about Iraq* skandiert, möge bedenken, dass historisches Unrecht keine legitime Präzedenz schafft. Das Völkerrecht kennt kein kindliches Vergeltungsdenken, dem zufolge erlaubt sei, was der andere trotz Verbot getan habe. Verletzungen des Völkerrechts können nicht gegeneinander aufgerechnet werden; jeder Verstoß gegen das Gewaltverbot muss separat beurteilt werden. Das Unrecht des amerikanischen Angriffskrieges gegen den Irak relativiert daher weder die russische Invasion von 2014 noch diejenige von 2022. Putin hat das schließlich selbst festgestellt. Zu Recht bezeichnete er 2003 das Vorgehen der USA und ihrer *Koalition der Willigen* gegen den Irak als völkerrechtswidrig: *Man darf nicht dulden, dass das internationale Recht vom Faustrecht abgelöst wird, dem zufolge der Stärkere immer Recht und das Recht zu allem hat.*[201] Schon im Kontext der sowjetischen Invasion Afghanistans war diese Aussage bemerkenswert, heute muss sich Putin jedoch an seinen eigenen Worten messen lassen.

Dieser Vergleich fällt für ihn wenig vorteilhaft aus, denn die russische Aggression übersteigt das amerikanische Vorgehen bei weitem. Sie zielt nicht nur auf einen Regimewechsel, sondern auf die Beseitigung der ukrainischen Staatlichkeit und leugnet die Existenz einer ukrainischen Nation. Wer also damals Menschenketten auf dem Schulhof bildete, dürfte heute aus dem Demonstrieren gar nicht mehr herauskommen: Die

USA strebten einen Regimewechsel an, nicht aber die Annexion des Irak oder einzelner Provinzen, geschweige denn dessen Auflösung. Sie behaupteten nicht, dass ein Staat Irak gar nicht existiere, weil sein heutiges Staatsgebiet einst vom Osmanischen Reich beherrscht wurde, oder dass die arabische Sprache nur ein aramäischer Dialekt sei. Sie misshandelten zwar Kriegsgefangene in Abu Ghraib, beschossen aber nicht wahllos die Zivilbevölkerung. Sie zerstörten weder Staudämme noch die Energieinfrastruktur und die Lebensgrundlagen der Bevölkerung. Und schließlich verübten ihre Truppen weder Massenmorde an Zivilisten wie in Butscha, Izyum oder Mariupol, noch entführten sie irakische Kinder in die USA.

Insofern ist die Frage *What about Iraq* durchaus berechtigt, da sie die Bedeutung der 1945 erreichten Stabilisierung der Weltordnung illustriert. Wenn jeder Staat, ob (selbsternannte) Großmacht oder nicht, wieder ein *ius ad bellum* für sich beansprucht, wenn er glaubt, straflos andere Staaten angreifen und territoriale Revisionen vornehmen zu können, würde erneut ein chaotischer Zustand permanenten Krieges herrschen. Die Welt wäre von ständigen irredentistischen Ansprüchen, von pausenlosen Interventionskriegen geprägt. Warum sollte Venezuela dann nicht Guyana überfallen, auf dessen ölreiche Provinz Essequibo es wiederholt Ansprüche angemeldet hat? Warum sollte Bolivien nicht danach streben, die territorialen Veränderungen des Salpeterkriegs rückgängig zu machen, durch den es 1884 seinen Zugang zum Pazifik verlor? Warum sollte Ungarn nicht versuchen, seine in den angrenzenden Staaten verteilten Minderheiten wieder in einem autoritär regierten Großungarn zu vereinen? Die Großfürsten von (Polen-)Litauen beherrschten die Kiewer Rus über 300 Jahre lang, warum sollten deren Nachfahren keinen Anspruch auf die Ukraine anmelden? Und warum sollte die Mongolei nicht argumentieren, dass der heutige russische Staat auf der heiligen

Erde des einstigen mongolischen Weltreichs errichtet wurde und daher keinerlei Legitimität besitzt?

In einer solchen Welt wären kleine und an militärisch mächtige Nachbarn grenzende Staaten ständig der Gefahr ausgesetzt, überfallen und annektiert zu werden – ganz gleich, ob der Angreifer hierfür Gründe vorschiebt oder sich einfach nimmt, was er begehrt. Auch neutrale Staaten könnten in dieser Welt nicht länger darauf vertrauen, dass ihre offiziell erklärte und praktizierte Neutralität respektiert wird: In einer Welt, in der jeder Staat das *ius ad bellum* beansprucht, kann auch der neutrale Staat jederzeit angegriffen werden und untergehen. Die 1907 abgeschlossenen Haager Konventionen V und XIII definieren zwar dessen Rechte und Pflichten im Land- und Seekrieg, schützen ihn aber nicht vor Angriffen und garantieren auch nicht seine territoriale Integrität. Im Ersten Weltkrieg hatte sich Belgien für neutral erklärt, wurde aber dennoch vom Deutschen Reich überfallen – im Zweiten Weltkrieg widerfuhr den neutralen Niederlanden dasselbe.

Denn wenn nur das *ius ad bellum* in der Welt gilt, ist ein neutraler Staat doppelt verwundbar: Er gehört keinem Bündnis an, kann sich aber auch auf keine internationalen Garantien verlassen. Jeder neutrale Staat müsste mit der Perspektive leben, letztlich allein, auch gegen militärisch viel stärkere Aggressoren, bestehen zu müssen oder als finnlandisierter Staat mit eingeschränkter Souveränität zu leben. Der Beitritt Finnlands und Schwedens zur NATO 2023/24 verdeutlicht diese Überlegung: Weder glauben sie, sich allein gegen Russland verteidigen können, noch vertrauen sie darauf, dass Russland ihre Neutralität künftig respektieren wird. Wenn die Schweiz heute öffentlich verkündet, mit ihren Nachbarn militärisch zusammenzuarbeiten, wenn sie angegriffen würde, gibt sie damit nicht ihre Neutralität auf; vielmehr zeigt sie damit, dass sie das Problem erkannt hat: In einer Welt, in der das Gewaltverbot nicht mehr gilt, ist Neutralität nur noch mit großem geographischen Abstand zu expansiven Mächten, mit massiver Aufrüstung oder vorausplanender Interoperabilität mit anderen Streitkräften für den Kriegsfall möglich.[202] Das Gewaltverbot von 1945 verlieh auch kleinen und neutralen Staaten erstmals eine implizite Bestandsgarantie: Wer dagegen verstößt, handelt völkerrechtlich illegal, sodass andere Staaten gegen den Aggressor vorgehen können – sie können ihn mit einem Mandat des UN-Sicherheitsrats zum Rückzug zwingen oder den angegriffenen Staat bei seiner Selbstverteidigung unterstützen. Der Irak bekam dies 1990 zu spüren, nachdem er Kuwait überfallen hatte.

Das Gewaltverbot gilt aber nicht nur an Land, es erstreckt sich gemäß Artikel 301 des 1994 in Kraft getretenen UN-Seerechtsübereinkommens (*United Nations Convention on the Law of the Sea, UNCLOS*) auch auf die Weltmeere; Artikel 88 definiert sie zusätzlich als friedlichen Raum. Nur aufgrund dieser grundlegenden maritimen Friedensordnung ist ein verlässlicher Welthandel mit dicht getaktetem Schiffsverkehr, der komplexe Produktions- und Lieferketten verbindet, überhaupt möglich: Welthandel ist Seehandel. In einer Welt, in der Seekriege jederzeit möglich sind und Staaten ständig auch auf den Weltmeeren Krieg führen, kann eine international arbeitsteilige Weltwirtschaft nicht bestehen, eine Deglobalisierung mit entsprechendem Wohlstandsverlust wäre die Folge.[203] Russland hat bereits 2022 im Schwarzen Meer demonstriert, wie eine solche Welt aussehen würde, als es die ukrainischen Getreideexporte blockierte: Erst als es der Ukraine gelang, die Schlangeninsel zurückzuerobern und den Seekorridor von Minen zu räumen, konnte sie ihren Schiffsverkehr wiederaufnehmen und ihre Agrarprodukte ungehindert exportieren.

Wer heute den Atomkrieg fürchtet und deshalb die Ukraine auffordert, sich zu unterwerfen, sollte nochmals nachdenken.

Wenn Russland mit seinem Angriffskrieg erfolgreich ist, wird das Risiko globaler nuklearer Konfrontationen nicht sinken, sondern vielmehr steigen. In einer Welt ohne globales Gewaltverbot muss jeder Staat danach streben, Invasionen auf sein Staatsgebiet so abschreckend, teuer und undurchführbar wie möglich zu machen – ein effektiver Weg, dies zu erreichen, ist die nukleare Bewaffnung. 1994 unterzeichneten die Ukraine, Belarus und Kasachstan im Budapester Memorandum jeweils eine separate Erklärung, mit dem sie ihre in der Sowjetzeit stationierten nuklearen Sprengköpfe an Russland abgaben – dafür erhielten sie von Russland, den USA und Großbritannien politische Garantien für ihre territoriale Integrität. Eine Verteidigungs- oder Schutzzusage war damit jedoch nicht verbunden: Im Konfliktfall sollten lediglich die Vereinten Nationen angerufen werden.

Die russische Invasion von 2022 zeigte, wie wertlos diese Sicherheitsgarantien in der Praxis waren: Die Garantiemacht überfällt den Staat, dessen territoriale Integrität sie garantieren sollte. Damit stellt sich die Frage, ob Russland die Ukraine auch dann angegriffen hätte, wenn sie ihre Atomwaffen behalten und die Zündsequenz der Moskauer Kontrolle entzogen hätte. Putins beständiges nukleares Säbelrasseln hat viele westliche Politiker eingeschüchtert und deren Bereitschaft untergraben, die Ukraine militärisch zu unterstützen. Diese Entwicklungen setzen zwei fatale Signale: Wer heute Atomwaffen besitzt, darf sie niemals freiwillig aufgeben, wer aber keine hat, sollte sie anstreben, um potenzielle Aggressoren präventiv abzuschrecken. Ironischerweise haben diejenigen, die heute die Ukraine zur Unterwerfung auffordern, einst selbst so argumentiert.[204]

Gerade kleine Staaten würden schnell begreifen, dass eine Armee von 10.000 Kombattanten wenig abschreckend wirkt, aber schon 100 nukleare Sprengköpfe eine ernstzunehmende globale und unangreifbare Macht begründen. Schon heute erodiert das nukleare Kontrollregime. Der START-Vertrag läuft 2026 aus, Russland hat seinen Nachfolger newSTART einstweilen suspendiert. Die USA und Russland hatten bereits 2019 nach wechselseitigen Vorwürfen den INF-Vertrag gekündigt. Sobald das globale Gewaltverbot nicht mehr existiert und das *ius ad bellum* wieder gilt, könnten Angriffskriege auch mit Nuklearwaffen geführt werden, und jede Abwehr müsste schon aus Symmetriegründen ebenfalls nuklear ausfallen. Dann aber muss sich jeder Staat nuklear bewaffnen. Und Südafrika hat demonstriert, dass es durchaus möglich ist, Atomwaffen auch heimlich zu entwickeln. Damit steigt aber das Risiko unkontrollierter nuklearer Konfrontationen.

Jeder Staat, aber auch jeder Einzelne wird sich entsprechend verorten müssen, wo er steht, in welcher Welt er leben will. Dabei geht es nicht nur um die Frage des globalen Gewaltverbots oder darum, ob das *ius ad bellum* wieder gelten soll, sondern auch um die Struktur der Staatenordnung selbst. Die eigentliche Grundsatzfrage lautet: Bejaht man den westfälischen Gedanken der souveränen Gleichheit aller Staaten oder befürwortet man eine imperiale Weltordnung, in der unterschiedliche Klassen von Staaten existieren und selbsternannte Großmächte über ihre Vasallen bestimmen?

Diese Systeme sind weltanschaulich unvereinbar, und ihre globale Auseinandersetzung beschränkt sich nicht auf ideologische Fragen. Russland ist entschlossen, seine Auffassung gewaltsam durchzusetzen. Es ist daher unzutreffend, von einem neuen Kalten Krieg zu sprechen – er ist bereits heiß, nicht nur auf dem ukrainischen Kriegsschauplatz. Weltweit werden diese unvereinbaren Systeme aufeinandertreffen und um globalen Einfluss ringen, auch, aber nicht nur auf dem eurasischen Kontinent. Hat also der Dritte Weltkrieg schon begonnen, wie die zeitgenössische Presse mitunter kolportiert? Wer das ernsthaft glaubt, möge sein Russlandbild neu justieren: Das moderne

Russland ist weder wirtschaftlich noch militärisch in der Lage, einen globalen Krieg zu führen, und es wird auch auf absehbare Zeit dazu nicht in der Lage sein. Dennoch bleibt es eine Gefahr für seine regionalen Nachbarn – und störend auf globale Beziehungen einwirken kann es durchaus.

Störmanöver

Von wegen *Großmacht*: Auch heute noch verwechselt so mancher das moderne Russland mit der historischen Sowjetunion. Putin bemüht zwar eifrig deren politische Symbolik, aber er kontrolliert nur noch einen blassen Rest ihrer einstigen Weltgeltung. Russland mag nuklear bewaffnet sein, aber das sind Frankreich und Großbritannien, China, Indien und Pakistan auch. Ganz zu schweigen von den USA, die über ebenso viele nukleare Sprengköpfe wie Russland verfügen. Alle westlichen Atommächte sind zumindest zweitschlagsfähig.[205]

Aber Großmacht zu sein bedeutet mehr, als nur Atomwaffen zu besitzen. Wer diesen Status beansprucht, muss einen nüchternen militärischen und wirtschaftlichen Vergleich aushalten. Und darin zeigt sich: Russland ist nur ein Scheinriese, je näher man ihm kommt, je genauer man hinschaut, desto mehr schrumpft die scheinbare Größe auf wenig schmeichelhafte Verhältnisse zusammen.

Zunächst entspricht die mediale und öffentliche Wahrnehmung der russischen Wirtschaftsleistung nicht der Realität. In seiner ganzen Wirtschafts- und Sozialgeschichte war Russland gegenüber dem Westen immer schon rückständig – 1860 genauso wie 1913 beträgt das russische BIP pro Kopf nur etwa ein Drittel des britischen oder US-amerikanischen. Trotz stetig steigender Ölpreise seit 2005 generiert Russland heute nicht einmal vier Prozent des globalen BIP. Und trotz seines enormen Rohstoffreichtums, obwohl es heute kapitalistisch organisiert ist, alle Fesseln der sowjetischen Planwirtschaft abgeworfen hat, leistungsfähige Westtechnologie importieren konnte und weltwirtschaftlich voll integriert war, lag sein BIP 2021 in Höhe von 1.800 Milliarden US-Dollar unter demjenigen von Texas – das als Petrodollarökonomie am ehesten mit Russland vergleichbar ist. Im gleichen Jahr war das russische BIP zudem kleiner als dasjenige Italiens – das rohstoffarm ist, nicht einmal halb so viele Einwohner hat, weniger als ein Fünfzigstel der Landesfläche umfasst und sich, im Gegensatz zu Russland, nicht autark ernähren kann.[206]

Diese bescheidene Wirtschaftsleistung begrenzt auch das militärische Potenzial. Selbst wenn Putin wie angekündigt künftig sechs Prozent des russischen BIP für die Rüstung ausgeben sollte, ist er noch weit entfernt von sowjetischen Verhältnissen, wo die Rüstungsausgaben 15 Prozent des BIP verschlangen.[207] Aber auch dann wäre das moderne Russland keine Großmacht. Allein das Verteidigungsbudget der USA war 2023 mit 916 Milliarden US-Dollar so groß wie die Summe der zehn nächstgrößeren internationalen Verteidigungsbudgets. Selbst wenn Russland also zukünftig sechs Prozent seines BIP für die Verteidigung einsetzt, wären das lediglich 107 Milliarden US-Dollar – also nicht einmal ein Achtel der amerikanischen Ausgaben. Großmachtambitionen lassen sich damit nicht finanzieren.[208] Selbst wenn man alles zur Kaufkraftparität berechnet, um unterschiedliche Bezugsquellen und Preisniveaus zu berücksichtigen, und großzügig die unterschiedlichen Technologieniveaus übersieht, geben die USA immer noch mehr als doppelt so viel für ihr Militär aus wie Russland.[209]

Von einer Großmacht würde man zudem erwarten, dass sie die Weltwirtschaft dominiert oder wesentliche globale Produktionskapazitäten kontrolliert, aber das ist nicht der Fall. Die Welt mag auf deutsche Industrietechnik oder taiwanesische

Mikrochips angewiesen sein, nicht aber auf russische Produkte; wäre dies der Fall, könnte Russland nicht so rigoros sanktioniert werden wie heute. Und gerade die Tatsache, dass Russland so hartnäckig versucht, die Sanktionen zu umgehen, zeigt, dass sich wenig verändert hat: Die russische Produktionsfähigkeit beruhte vor dem Krieg primär auf dem Import westlicher Technologie, die von Putin angestrengt bemühte Importsubstitution ist bis heute nicht erreicht. Aber sollte eine Großmacht nicht in der Lage sein, innovative und überlegene Technologien zu entwickeln?

Der russische Rubel ist nur in Russland selbst bedeutsam, als globale Zahlungs- und Reservewährung gibt es ihn nicht. Trotz regelmäßiger medialer Abgesänge auf den US-Dollar ist dieser immer noch die globale Leitwährung, 47 Prozent des globalen Zahlungsverkehrs werden mit ihm abgewickelt. Konkurrenz macht ihm höchstens der Euro. Russland hat mehrfach, aber stets erfolglos versucht, sich vom internationalen Zahlungssystem zu entkoppeln und direkte Clearingbeziehungen mit anderen Währungen zu etablieren.[210]

Und eine Großmacht könnte man nicht so einfach vom globalen Zahlungsverkehr ausschließen, aber genau um dieses Problem kommt Russland nicht mehr herum. Schon im Herbst 2022 hatten die USA deutlich gemacht, dass die Nutzung des russischen Zahlungssystems MIR als Sanktionsumgehung gewertet wird – umgehend wandten sich Banken in der Türkei und ganz Zentralasien davon ab. Jede Dollartransaktion passiert letztlich das *Federal Reserve System*, jede Eurotransaktion das SWIFT-Netzwerk oder die Europäische Zentralbank. Der Markt lässt sich jedenfalls nicht täuschen: Als die USA Ende November 2024 die Gazprombank sanktionieren, die bis dahin einen Großteil des verbleibenden russischen Devisenverkehrs abgewickelt hatte, wertet der Rubel schlagartig von 97 auf 115 Rubel pro US-Dollar ab.

Bisher hatte sich russische Armee nur in kurzen und geographisch begrenzten Aktionen gegen militärisch unterlegene Gegner bewähren müssen – so etwa in beiden Tschetschenienkriegen wie auch 2008 im russisch-georgischen Krieg. Und im syrischen Bürgerkrieg traf die russische Luftwaffe ab 2015 auf keinen nennenswerten Widerstand, als sie eine wehrlose Zivilbevölkerung bombardierte. Nun aber muss Russland erstmals beweisen, dass seine Streitkräfte einen großen, symmetrischen, konventionellen Krieg in weitgefassten Operationsräumen führen können – die Frontlinie in der Ukraine ist über 1.200 Kilometer lang.

Der russisch-ukrainische Krieg stellt vor allem die logistische Dimension des Großmachtanspruchs auf die Probe. Die massiven Hilfslieferungen des amerikanischen Leih- und Pachtgesetzes (*lend and lease*) ermöglichten es der Sowjetunion, im Zweiten Weltkrieg ihre Industrieproduktion aufrechtzuerhalten und die intensive Kampfführung an der Ostfront logistisch durchzuhalten.[211] Das moderne Russland erhält keine solchen Subventionen mehr, es muss seine Kriegsanstrengungen allein finanzieren und die erforderlichen Systeme mit seiner eigenen Industriebasis produzieren.

Grundsätzlich ist jeder Krieg eine Selektionsumgebung, in der sich die tatsächliche wirtschaftliche und militärische Leistungskraft der kriegführenden Parteien offenbart.[212] Militärische Fähigkeiten und logistische Schwächen treten im Kampf offen zutage, aus der Abnutzungsrate kann man auf die Bestände, aus dem Nachschub auf die Kapazität der Rüstungsindustrie schließen. Bisher war es schwierig, die Leistungsfähigkeit von Armeen im Kampfraum objektiv zu messen. Die propagandistisch verfälschten Frontberichte beider Seiten ließen kaum verlässliche Rückschlüsse zu, und die tatsächlichen Abnutzungsraten sowie der Kampfverlauf blieben unklar. Der russisch-ukrainische Krieg bietet jedoch – vermutlich erstmals in der Kriegsgeschichte – ein außergewöhnliches dichtes und detailliertes Bild. Anders als noch 2014 sind nun unzählige Handyvideos, Drohnenaufnahmen und Satellitenbilder fast in Echtzeit verfügbar. Sie werden umgehend in den sozialen Medien geteilt und von einem globalen Analystenkollektiv ausgewertet, sodass sich ein objektiv überprüfbares Bild des Kampfverlaufs ergibt. Wer sich heute noch auf den *fog of war* beruft, hinter dem keine objektive Erkenntnis möglich sei, ignoriert diese frei zugängliche und kostenlos verfügbare Datenbasis – vielleicht gerade deshalb, weil sie die vorgefassten Meinungen über die russische Armee entzaubert. Denn deren tatsächliche militärische Leistungsfähigkeit erweist sich als eher bescheiden. Trotz enormer Bestände an Kampfflugzeugen, strategischen Bombern, einer autarken Treibstoffversorgung und einer umfassenden logistischen Basis auf der Krim und im angrenzenden Frontgebiet kann Russland sich auch nach drei Jahren Krieg nicht gegen ein Land durchsetzen, dessen BIP vor dem Krieg zehnmal geringer war als das russische, dessen Bevölkerungszahl lediglich einem Drittel der russischen entspricht, und das bei Kriegsbeginn bei jedem Waffensystem wie auch in der Munitionsproduktion numerisch unterlegen war.

Zählt man alle Hilfsleistungen der USA seit Kriegsbeginn zusammen, haben sie bisher nicht einmal fünf Prozent ihres Verteidigungsbudgets eingesetzt, um die Ukraine zu unterstützen.[213] Und hierbei handelt es sich größtenteils um längst abgeschriebene Systeme der 1990er und Nullerjahre, sodass die tatsächlichen Kosten wahrscheinlich noch darunter liegen – denn ein Teil der Hilfen fließt in die amerikanische Rüstungsindustrie, die technologisch moderne Nachfolgesysteme produziert.[214] Russland hingegen operiert immer noch mit sowjetischen Systemplattformen, die es zwar weitgehend autark herstellen kann, deren Leistungsfähigkeit aber begrenzt ist. Wäre es tatsächlich fähig, technologisch überlegene

Kampfpanzer in Serie zu produzieren, sähe die Frontlage anders aus. Aber bis heute ist der einst gefürchtete *Armata T-14* nicht im Kampfraum aufgetaucht, außer einigen Demonstrationsexemplaren für Paraden ist nichts produziert worden. Technologisch auf der Höhe der Zeit ist lediglich der Drohnenkrieg – und gerade hier gelang es der Ukraine, ihre materielle Unterlegenheit durch innovativen Technologieeinsatz zu kompensieren.

Bis heute beherrscht die russische Luftwaffe den ukrainischen Luftraum nicht, im Gegenteil verlor sie gerade in den ersten Kriegswochen zahlreiche Kampfhubschrauber und Kampfflugzeuge, weil die Piloten ungeschützt operierten und von der ukrainischen Luftverteidigung abgeschossen wurden. Die russischen Teilstreitkräfte beherrschen das Gefecht der verbundenen Waffen zwar in lokalen Kleingruppen, aber nicht auf der Ebene großer Verbände. Bis heute ist die strategische Bomberflotte von immerhin 1.200 Flugzeugen weitgehend passiv geblieben, sowohl Gleitbomben als auch Marschflugkörper werden nur aus sicherem Abstand zur Front, aus dem russischen Luftraum heraus, abgefeuert.[215] Und schließlich zerbrach das Märchenbild einer permanent nachschubfähigen Großmacht schon in den ersten Kriegswochen. Fahrzeuge bleiben infolge mangelhafter Wartung und Treibstoffmangel liegen, stauten sich in einer kilometerlangen Kolonne vor der ukrainischen Hauptstadt – nur die unzureichenden ukrainischen Luftkampfmittel verhinderten, dass sie in einem Schlag vernichtet wurden.

Die sowjetische Doktrin forderte bei offensiven Panzervorstößen einen täglichen Fortschritt von 50 Kilometern – aber der Krieg erstarrte schon nach wenigen Wochen zum Abnutzungskrieg.[216] Bisher ist es Russland nur begrenzt gelungen, die 2015 etablierte Kontaktlinie im Donbass zu verschieben. Zwar erobert es infanteristisch Dorf um Dorf, doch der Vormarsch erfolgt in Zeitlupe. Die Front verläuft immer noch wenige Kilometer westlich des Stadtrands von Donezk, und auch sonst ist es der russischen Armee bisher nicht gelungen, große Räume für den Bewegungskrieg zu öffnen. Es handelt sich vielmehr um einen Abnutzungskrieg, weswegen weniger die taktische Lage als die langfristige logistische Versorgung entscheidend ist. Bereits im Herbst 2023 hatte Russland so viele Kampfpanzer verloren, wie es 2019 an einsatzfähigen Beständen vorrätig hatte.[217] Und nach drei Jahren Krieg übersteigen Russlands gesamte Verluste bei weitem die materiellen und personellen Bestände der ursprünglichen Invasionsarmee von 2022.

Der Ersatz stammt aber nur zu geringen Teilen aus neu produzierten Systemen, sondern vor allem aus reaktivierten und instand gesetzten Systemen der 1970er bis 1990er Jahre, die die Sowjetunion einst eingelagert hatte. Europa ist selbst schuld daran, dass diese überhaupt noch existieren. Der Vertrag über die Konventionellen Streitkräfte in Europa regulierte ab 1990 die konventionelle Abrüstung der mechanisierten Landsysteme und Luftkampfmittel des Kalten Krieges. Hierfür legte er Höchstgrenzen für die Bestände jedes Waffensystems fest. Er hatte allerdings einen wichtigen, für den heutigen Krieg aber entscheidenden Designfehler: Als Anwendungsgebiet definierte er im Westen ganz Europa, im Osten aber nur das Gebiet westlich des Uralflusses und des Kaspischen Meeres (inklusive Franz-Josef-Land und Nowaja Semlja). Auch im Zusatzübereinkommen von 1999 wurde diese geographische Definition beibehalten. Die Sowjetunion rüstete zwar ihre im Westen stehenden Bestände ab, nutzte aber diese Definition, um große Mengen an Waffensystemen östlich des Ural – also formal legal, außerhalb des Vertragsgebiets – einzulagern. Die russische Logistik zehrt zwar nicht ausschließlich davon, aber sie bilden ein signifikantes Reservoir, aus dem fortlaufend Waffensysteme reaktiviert werden, um Verluste zu kompensieren. Anhand der taktischen Zeichen auf den gepanzerten Fahrzeugen lässt sich erkennen, woher diese stammen – und sie kommen auch und gerade aus dem zentralen und östlichen Militärbezirk, die teilweise beziehungsweise vollständig östlich des Ural liegen. Europa hatte die Leistungsfähigkeit der russischen Eisenbahnlogistik, die auch große Bestände innerhalb weniger Wochen landesweit verschieben kann, eklatant unterschätzt.[218]

Dennoch sind die Bestände dieser Lager endlich, der Vergleich von Satellitenbildern über die Zeit lässt erkennen, wie sie schwinden. Das weist darauf hin, dass die durchschnittlichen täglichen Materialverluste die Produktionskapazität der russischen Rüstungsindustrie bei weitem übersteigen; die Lagerbestände decken die Differenz. Die russische Armee lebt daher von der Substanz, sie zehrt vom sowjetischen Erbe, und daher ist diese Kampfführung nur so lange durchzuhalten, bis die Lager leer sind. Vielleicht ist Russland deshalb seit 2024 zu einer vermehrt infanteristischen Kampfführung übergegangen. Denn solange der Krieg nicht endet und die bisher beobachtete durchschnittliche Abnutzungsrate konstant bleibt, übersteigt diese die Neuproduktionsrate deutlich, sodass die Lagerbestände sich leeren: Der Nachschub besteht überwiegend nicht aus neu produzierten, sondern eingelagerten und instand gesetzten Systemen.[219] Das ist nicht zuletzt am Technologieniveau zu erkennen. Wer anfänglich noch behauptete, dass man mit Russland *verhandeln* müsse, weil es schließlich die *Eskalationsdominanz* habe, wurde umso kleinlauter, je älter die eingesetzten Panzer wurden. Man könnte höchstens von einer *Degradationsdominanz* sprechen: Je länger der Krieg dauert, desto primitiver wird die Kampfführung. Operierten anfänglich noch mobile mechanisierte Gruppen (*batallion tactical groups, BTG*), fahren gepanzerte Fahrzeuge heute einzeln oder in kleinen Kolonnen durchs Gelände, wo sie umgehend von Drohnen aufgeklärt und abgeschossen werden. Sie dienen nur noch dazu, Infanteristen an die Front zu fahren, direkte Panzerduelle sieht man kaum. Auch ihre Baureihen werden immer älter, bei den Kampfpanzern dauerte die technologische Devolution von den Generationen T-90 und T-80 zum T-62 nicht einmal zwei Jahre, im Sommer 2024 wurden die ersten Abschüsse eines T-55 bestätigt.

Auch bei der Artilleriemunition lässt sich das allmähliche Schwinden der sowjetischen Bestände beobachten, massive selbstfahrende Systeme werden zunehmend durch eingelagerte sowjetische Kanonen der Baureihen D-20 und D-30 ersetzt. Russland begann die Invasion mit einem Lagerbestand von etwa 17 Millionen Artilleriegranaten, noch im Sommer 2022 verfeuerte es täglich 50.000 davon – mittlerweile ist die Frequenz, trotz nordkoreanischer Zusatzlieferungen, auf unter 10.000 pro Tag gesunken. Schon 2023 kaufte Russland gebrauchte Hubschraubermotoren und Ersatzteile aus Ländern zurück, in die es sie einst exportiert hatte.[220] Der materielle Druck des Krieges ist daher auch im Exportgeschäft abzulesen. Der Weltmarktanteil russischer Waffenexporte ging in der Periode von 2019 bis 2023 gegenüber derjenigen von 2014 bis 2018 um 53 Prozent zurück, auch und gerade bei der treuen Kundschaft: In diesem Vergleichszeitraum sanken die Exporte russischer Waffen nach Indien um 34 Prozent, nach China um 39 Prozent, nach Ägypten um 54 Prozent, nach Algerien um 83 Prozent und nach Vietnam um 91 Prozent – vielleicht auch deshalb, weil die Transparenz des Kampfraums die begrenzte Leistungsfähigkeit der russischen Waffensysteme täglich aufzeigt. Selbst bei den afrikanischen Käufern stockt der Absatz, weil sie diejenigen Systeme nachfragen, die im russisch-ukrainischen Krieg am stärksten abschmelzen.[221]

Wer behauptet, Russland habe Menschen im Überfluss und könne sie bedenkenlos hinopfern, verwechselt auch hier die Moderne mit der zaristischen oder sowjetischen Zeit. Zwar ist

Russland mit rund 17 Millionen Quadratkilometern der größte
Flächenstaat der Erde – mehr als doppelt so groß wie die USA
oder Kanada –, aber das Land umfasst nur noch drei Viertel
des ehemaligen sowjetischen Territoriums. 1989 hatte die Sowjetunion über 286 Millionen Einwohner, bei einem jährlichen
Bevölkerungswachstum von 0,9 Prozent. In der Russländischen Föderation hingegen lebten 2023 nur noch knapp 144
Millionen Menschen – nicht einmal halb so viele wie in den
USA und weniger als in Bangladesch, Pakistan, Brasilien oder
Nigeria.[222] Und als die sowjetischen Regionalsubventionen
ausblieben, entvölkerten sich ganze Landstriche, wohingegen
annähernd ein Zehntel aller Einwohner in Moskau lebt. Selbst
wenn man die extremen regionalen Unterschiede nivelliert, ergibt sich eine durchschnittliche Bevölkerungsdichte von nicht
ganz neun Menschen pro Quadratkilometer (USA: 36, Türkei:
109, Deutschland: 237, Niederlande: 432).

Putin hat sich vor dem Krieg vergeblich bemüht, den demografischen Verfall aufzuhalten. Trotz staatlicher Familienzula-
gen und regionaler Subventionen fiel das Bevölkerungswachstum ab 2020 auf -0,6 Prozent pro Jahr; Russland verliert also
jährlich fast eine Million Menschen – die kriegsbedingte Über-
sterblichkeit noch nicht eingerechnet.[223] Und da Russland den
Krieg verstärkt infanteristisch führt, steigen die personellen
Verlustraten. Vielleicht verkündete Putin gerade deshalb im
Februar 2024, kinderreiche Familien künftig besonders fördern zu wollen – denn die Brutalität, mit der er seine Truppen hinopfert, erfordert ständigen Nachschub. Auch heute
noch führt Russland seine Angriffe, als habe es ein grenzen-
loses Reservoir an Menschenleben. Wie schon in beiden Welt-
kriegen werden im Donbass menschliche Wellen ohne jeden
mechanisierten Schutz über offenes Gelände gejagt; der operative Erfolg bleibt mit einem Fortschritt von durchschnittlich
zwei Kilometern pro Woche bescheiden, und er wird unter

enormen Opfern erkauft. Hastig ausgebildete Soldaten werden ohne mechanisierten Schutz in den Kampf gegen befes-
tigte Stellungen geschickt. Auch gut ausgebildete Spezialisten
werden zunehmend in diesen Wellen geopfert, um personelle
Lücken zu schließen. Seit November 2024 hat Russland begonnen, nordkoreanische Soldaten im Raum Kursk einzusetzen,
um die eigenen Verluste zumindest dort zu mindern. Der britische Militärgeheimdienst schätzte die Anzahl der Toten und
Verwundeten im Sommer 2024 auf 1.000 Soldaten pro Tag, was
derjenigen des Krimkriegs entspricht – aber noch weit von den
gewaltigen Verlusten beider Weltkriege entfernt ist. Nur fehlen
dem modernen Russland heute die ukrainischen, belorussischen, kaukasischen, zentralasiatischen Völker, die Zaren wie
Sowjets millionenfach aufbieten und in die Schlacht werfen
konnten. Und so verschlingt Russland sich selbst, nicht nur an
der Front: Die Geburtenrate erreichte im April 2023 den niedrigsten Wert seit 1991; anstatt kinderreich zu gebären, interessiert man sich für Verhütungsmittel.[224]

Es ergibt sich insgesamt das Bild einer anachronistischen,
von ihren historischen Reserven zehrenden Landarmee, die
zwar regionale, nicht aber globale Wirkung entfalten kann.
Das ist keine Entwarnung für Europa und Zentralasien – gegen militärisch viel schwächere oder gänzlich wehrlose Staaten wird sich diese brutale Kampftaktik durchsetzen können.
Aber es ist noch ein langer Weg bis zur polnisch-ukrainischen
Grenze, wenn der russische Angriff mit der derzeitigen Ge-
schwindigkeit und Abnutzungsrate weitergeht. Würde Russland einen mehrjährigen globalen Krieg so führen wie heute in
der Ukraine, würde es materiell wie personell rasch ausbluten
und wirtschaftlich kollabieren. Global skalierbar ist diese Ope-
rationsführung allein schon wegen fehlender logistischer Pro-
jektionsfähigkeiten nicht – wer aber als Großmacht gelten will,
muss sich gerade an diesem Punkt messen lassen.

Die U.S. Army verfügt mit ihren sieben weltweit verteilten Materiallagern (*Army prepositioned stock*, APS) über eine jederzeit einsatzbereite Logistik, die ziviles Material wie auch Waffensysteme global verschieben kann. Die europäischen Logistikstandorte (APS-Region 2) leiten auch die westlichen Waffenlieferungen in die Ukraine.[225]

Die U.S. Navy ist eine global hochseetaugliche Kriegsflotte (*blue water navy / ocean-going force*), die weltweit mit sieben Teilflotten (*numbered fleets*) operiert und mit ihren elf Flugzeugträgern umfassende militärische Macht in jedes Gebiet der Erde projizieren kann; das Oberkommando jeder Teilflotte verfügt weltweit über umfassend ausgebaute Kriegshäfen und ihnen zugeordnete Logistikinfrastruktur. Schließlich betreibt die U.S. Air Force große Flugbasen auf jedem Kontinent, die als globale Drehkreuze dienen – in Europa sind das insbesondere Lajes Field auf den Azoren, die Flugbasen Lakenheath und Mildenhall in Grossbritannien, Aviano in Italien sowie Ramstein und Spangdahlem in Deutschland. Dazu kommen Incirlik in der Türkei, im Indischen Ozean die von Großbritannien gepachtete Navy Support Facility auf Diego Garcia und in Japan die Kadena Air Base auf Okinawa.

Russland hingegen hat nichts, was auch nur annähernd mit dieser globalen Projektionskraft vergleichbar wäre. Seine Militärlogistik basiert überwiegend auf der Eisenbahn und ist somit nicht nur landgebunden, sondern auch auf eine funktionierende Schieneninfrastruktur angewiesen. Die Militärbasen in Eurasien üben zwar regionale Kontrolle aus, erreichen aber keine globale Wirkung. Russland verfügt weder über eine weltumspannende Seelogistik noch über umfassende Versorgungsinfrastrukturen. Seine Flotten sind regionale Kräfte; die schon oft angekündigte Einführung einer Hochseeflotte wurde bereits vor dem Krieg auf das Jahr 2050 verschoben. Der einzige Flugzeugträger, die *Admiral Kusnezow*, ist schon von weitem an der schwarzen Rauchfahne zu erkennen.[226] Zudem hätte die NATO ohne weiteres die Möglichkeit, eine Seeblockade zu errichten, sollte Russland sie angreifen: Die Türkei könnte die Meerengen schließen und damit die Schwarzmeerflotte isolieren sowie alle Ölexporte ab Novorossiisk unterbinden, die skandinavischen NATO-Mitglieder könnten die baltische Flotte wie auch alle ab Ust-Luga fahrenden Öltanker in der Ostsee blockieren.

Geisteswissenschaftliche Abgesänge auf die USA sowie Hypothesen einer angeblich *multipolaren* Weltordnung scheitern meist daran, dass sie politischen Einfluss mit tatsächlicher wirtschaftlicher und militärischer Macht verwechseln sowie ökonomische, technische und logistische Aspekte ausblenden. Diese aber sprechen eine andere, faktenbasierte Sprache, die keine ideologisch gefärbten Glaubenssätze benötigt. Auch wenn es so manchem nicht gefallen mag: Die Welt ist immer noch unipolar, wenngleich nicht mehr so unbedingt wie in den 1990er Jahren. Das ist nicht zuletzt an den stets wiederholten, aber wenig glaubwürdigen russischen Nukleardrohungen zu erkennen: Eine wirkliche Großmacht hätte solche psychologischen Taktiken gar nicht nötig, sie würde die Ukraine in wenigen Wochen unterwerfen. Die Welt des Kalten Krieges war zweifellos bipolar, aber die sowjetische Macht ist zerfallen.[227]

Genauso wenig, wie es einen globalen militärischen Konflikt führen kann, ist Russland imstande, die Welt mit Rohstoffen, Nahrungsmitteln oder Energieträgern zu erpressen. Entsprechende, immer noch weitverbreitete Angstbilder einer russischen *Energiesupermacht* oder *Hungerwaffe* entpuppen sich bei näherem Hinsehen als journalistische Phantasiekonstrukte. Die unbequeme Wahrheit lautet vielmehr: Wer wirtschaftlich von Russland abhängig ist oder es jemals war, hat sich ihm freiwillig ausgeliefert oder es versäumt, im 20. Jahrhundert begründete Abhängigkeiten zu überwinden.

Schon zu sowjetischen Zeiten waren fossile Brennstoffe auch immer politische Druckmittel und Kontrollinstrumente. Die bulgarische Primärenergie stammte 1989 zu 68 Prozent, die ungarische zu 48 Prozent aus russischen Brennstoffen. Auch nach 1991 setzen alle russischen Präsidenten – gerade auch Jelzin und Gorbatschow – ihre Erdgaslieferungen als politischen Hebel ein. Man hätte es also besser wissen können, bevor man *Nord Stream 1* baute: Im Streit um Preise und Lieferbedingungen unterbricht Russland schon 2006 und erneut 2009 die Erdgaslieferungen in die Ukraine, nicht zuletzt um deren Transitleitungen als unzuverlässig darzustellen und das Gegenmodell einer direkten deutsch-russischen Gaspipeline zu forcieren.[228]

Und tatsächlich ließ Deutschland sich anfixen. Noch 1965 lag der Anteil von Erdgas an der Primärenergie der Bundesrepublik bei zwei Prozent. Aber die Ostpolitik hatte immer auch eine wirtschaftliche Komponente, schon 1970 wurde der erste Liefervertrag mit der Sowjetunion geschlossen: Westdeutsche Stahlbauer liefern die Rohre für die Pipelines, westdeutsche Banken finanzieren das Geschäft, der Ostblock stellt die Arbeitskräfte, bezahlt wird mit Erdgas. Bezog die Bundesrepublik anfänglich bescheidene 1,1 Milliarden Kubikmeter pro Jahr, waren es 1990 bereits 27 Milliarden Kubikmeter. Der gesamtdeutsche Erdgasverbrauch belief sich 2021 auf 90 Milliarden Kubikmeter pro Jahr, mehr als die Hälfte davon kam aus Russland. Die geplante Pipeline *Nord Stream 2* hätte die Kapazität ihrer Vorgängerin *Nord Stream 1*, durch die jährlich 55 Milliarden Kubikmeter Gas exklusiv nach Deutschland flossen, nochmals verdoppelt. Die Dimension dieser Importbeziehung wird beim Vergleich mit der aktuellen Kapazität des südlichen Gaskorridors deutlich: Die transanatolische Pipeline kann heute maximal 16 Milliarden Kubikmeter pro Jahr nach ganz Europa liefern, die transadriatische, selbst wenn sie den

Griechenland-Bulgarien-Interconnector verwendet, hat ein Jahresvolumen von maximal 20 Milliarden Kubikmeter.[229]

Je länger sich diese Lieferbeziehung verfestigte, desto stärker wurde die psychische Bindung daran, und so wurden die wiederholten Warnungen der USA, die Bezugsquellen zu diversifizieren, trotzig ignoriert – auch als es weder technisch möglich noch wirtschaftlich lohnend war, amerikanisches Flüssiggas (*liquid natural gas*, LNG) maritim zu importieren. Auch nachdem Jaruzelski in Polen 1981 das Kriegsrecht verhängt hatte, lief das Gasgeschäft munter weiter, wofür man sogar *Umweltstiftungen* gründete, um heimlich zu ertrotzen, was international sanktioniert worden war.[230] Dieses beharrliche Festhalten an historisch gewachsenen Lieferbeziehungen verweist auf die psychische Konditionierung, die alle ökonomischen Realitäten überlagert. Dabei waren die Konditionen nicht einmal besonders günstig: Im gesamteuropäischen Vergleich lag der Preis pro Megawattstunde im europäischen Durchschnitt, der deutsche Gaspreis war sowohl für Haushalte als auch in der Industrie sogar höher als in vielen europäischen Ländern und lag deutlich über dem türkischen Preis.[231] Putin hatte daher allen Grund zu der Annahme, dass er mit dem Gashahn auch den politischen Widerstandswillen abdrehen könne, als er im Mai 2022 zunächst die Gasexporte nach Bulgarien und Polen stoppte und schließlich auch *Nord Stream 1* stilllegte – wobei jeweils technische Probleme oder unerfüllte Zahlungsmodalitäten vorgeschoben wurden. Tatsächlich blühte daraufhin in Deutschland die Phantasie. Man propagierte Schreckensbilder arbeitsloser Massen, die nicht *für den Frieden frieren* und im *Wutwinter* gewiss revoltieren würden. Nicht zuletzt glaubte man historische Parallelen zu erkennen, wo es keine gab: Die Sowjetunion habe, trotz des Kalten Krieges und aller ideologischer Gegensätze, immer zuverlässig geliefert, da müsse ein marktwirtschaftlich orientiertes Russland dies erst recht tun – sei es denn nicht auf die Gaseinnahmen angewiesen?

Aber Russland konnte es sich leisten, die Einnahmeausfälle hinzunehmen. Entgegen weitverbreiteter Annahmen trägt der Gasexport nur wenig zum russischen BIP und den staatlichen Einnahmen aus fossilen Rohstoffen bei: Mit Öl wird Geld verdient, mit Gas Politik gemacht.[232] Und tatsächlich war die deutsche Wirtschaftspolitik entsprechend konditioniert worden, sie versäumte die maritime Globalisierung des Gasmarkts: Während Spanien und Frankreich schon früh Flüssiggasterminals bauten, Polen 2015 und Finnland 2019 nachzogen, besaß Deutschland 2022 kein einziges. Physisch abhängig war man dennoch nicht. Russisches Gas wurde umgehend durch norwegisches und niederländisches Gas ersetzt, ebenso wie durch indirekte, via Frankreich und Polen empfangene Flüssiggaslieferungen, mit Qatar wurden langfristige Lieferverträge geschlossen. Natürlich waren diese Ersatzlieferungen teurer, aber nicht deshalb, weil Erdgas nur in Russland erhältlich wäre, sondern weil die erhöhte Nachfrage die Preise steigen ließ und logistische Engpässe verursachte. Hohe Energiepreise waren die Strafe für die russlandzentrierte Wirtschaftspolitik. Dennoch blieben eine Rezession und der gefürchtete Hungerwinter aus – bereits im Dezember 2023 erreichten die europäischen Gaspreise an der TTF-Börse wieder Vorkriegsniveau.

Die baltischen Staaten zeigen, dass sich auch extreme Abhängigkeiten auflösen lassen, wenn der Wille vorhanden ist. Noch 1990 bezogen sie 100 Prozent ihres Erdgasverbrauchs aus Russland, schon 2014 aber hatte Litauen ein vor seiner Küste schwimmendes Flüssiggasterminal (*floating storage and regasification unit*, FSRU) installiert. 2022 stellte es eine weitere Transitleitung nach Polen fertig.[233] Die unterseeische Gaspipeline *Baltic Connector* verbindet seit 2021 die finnischen und estnischen Gasnetze. Auch die europäischen Binnenstaaten könnten ihre

Gasinfrastrukturen umbauen – wenn sie nur wollten. Österreich hatte seit 1968 russisches Gas eingekauft, bis Putin im November 2024 auch dort den Hahn abdrehte. Aber Österreich verfügt nicht nur über kapazitätsstarke Gaslager, die problemlos einen Jahresbedarf decken können, es gäbe auch die Möglichkeit, sich aus Italien mit Gas versorgen lassen, indem schon vorhandene Pipelines im Umkehrfluss genutzt werden (*reverse flow*).[234] Griechenland hat bereits 2022 die *Interconnector Greece-Bulgaria*(ICGB)-Pipeline in Betrieb genommen, die Südosteuropa versorgt. Ihre Kapazität soll nochmals erhöht werden, sobald das Flüssiggasterminal in Alexandropouli eröffnet ist. Kroatien wiederum könnte sein Terminal in Omišalj nicht nur für den Eigenbedarf nutzen, sondern von dort aus auch neue Pipelines zu den europäischen Binnenstaaten legen. Und diese haben sich erfolgreich von alten Gasbeziehungen gelöst: Die Ukraine beendete den Transit von russischem Erdgas durch ihre Pipelines im Januar 2025, der Einfluss auf die lokalen Preise war, von saisonalen Effekten abgesehen, vernachlässigbar: Man hat erfolgreich umgebaut.[235]

Bei der europäischen Ölversorgung verhält es sich ähnlich: Kein europäischer Staat muss gegen seinen Willen von russischem Öl abhängig sein. Wie auch im Gasmarkt entpuppt sich die vermeintlich physische als psychische Abhängigkeit. Der Weltölmarkt produziert etwa 100 Millionen Barrel Rohöl pro Tag, davon entfallen etwa neun Millionen auf Russland – aufgrund von Preisabsprachen mit Saudi-Arabien produziert es derzeit unterhalb seiner Maximalkapazität von etwa elf Millionen Barrel. Als Petrodollarökonomie ist Russland stärker von den internationalen Ölmärkten abhängig als umgekehrt. Drohungen, den Weltmarkt nicht mehr zu beliefern, sind daher unglaubwürdig. Zudem haben die USA ihre Ölproduktion in den letzten 15 Jahren mehr als verdoppelt, sie sind heute mit einem Output von 13 Millionen Barrel täglich der weltweit größte Ölproduzent. Eine globale Ölknappheit ist daher nicht zu erwarten, selbst wenn Russland seine Fördermengen drosseln sollte.

Schon 1962 hatte US-Präsident Kennedy davor gewarnt, sich allzu sehr von russischem Öl abhängig zu machen, aber auf Betreiben des deutschen Wirtschaftsministers wird das Röhrenembargo der NATO-Mitglieder schon 1966 aufgehoben. Es beginnt – nach dem bewährten Geschäftsmodell – der Bau der Ölpipeline *Druschba* (Freundschaft): Der Westen liefert die Röhren und das Kapital, der Osten die Arbeitskraft. Von den tatarischen Ölfeldern ausgehend, teilt sie sich im belorussischen Mozyr: Der nördliche Strang führt über das polnische Płock ins deutsche Schwedt. Von ihm zweigt in Polen eine Stichleitung nach Danzig ab, und von Schwedt aus werden die Raffinerien in Rostock und Leuna versorgt. Der südliche Strang verläuft durch die Ukraine, tritt bei Uschgorod in die Slowakei über und teilt sich dort nochmals: Ein Ast führt über Ungarn nach Kroatien, wo er in Omišalj die Adria erreicht, der andere endet in Tschechien.

Diese Architektur versorgte Ostmitteleuropa, bis die EU 2023 ein Ölembargo gegen Russland erließ, wobei den Binnenstaaten lange Übergangsfristen zugestanden wurden. Denn vor dem Krieg lieferte die Druschba über 50 Prozent des tschechischen, slowakischen und ungarischen Ölverbrauchs. Seither zeigte sich jedoch, dass niemand von russischem Öl abhängig, sondern vielmehr an bequeme Lieferwege gewöhnt worden war. Vor der Invasion transportierte die Druschba täglich etwa 230.000 Barrel russisches Urals nach Schwedt und Leuna, die auf die Verarbeitung dieser schweren, sauren Rohölvariante spezialisiert waren. Heute wird mit angepasster Technologie Öl aus Kasachstan verarbeitet.[236] Polen bezieht mittlerweile Öl über seine Ostseehäfen, während die europäischen Nordsee- und Mittelmeerhäfen einfach Öl vom Weltmarkt importieren und es über den Rhone- und Rheintalkorridor ins westeuropäische Hinterland leiten. Die Ölpreissteigerungen des Jahres 2022 hatten sich bereits ein Jahr später wieder normalisiert. Und selbst die Binnenstaaten haben begonnen, ihre Infrastrukturen umzubauen. Seit Januar 2025 wird Tschechien über die transalpine Ölpipeline (TAL) ab dem Hafen Triest versorgt; eine Stichleitung in Bayern leitet den Ölfluss ostwärts. Kroatien kann Rohöl ab seinem Hafen Omišalj über die JANAF-Pipeline nach Ungarn leiten, und zukünftig könnte es von dort aus sogar den südlichen Ast der Druschba in Flussumkehr nutzen, um alle ostmitteleuropäischen Binnenstaaten zu beliefern.

Obwohl Russland ein wichtiger Lieferant bestimmter Metalle und Mineralien bleibt, besitzt es weder Monopole noch erpresserisches Potenzial auf den globalen Märkten. Es liefert weniger als zwei Prozent der Weltproduktion von Arsen, Bismut, Quecksilber, Molybdän, Mangan, Bauxit, Zinn sowie Chrom-, Tantal-, Niob- und Titanoxid. Bei Roheisen, Wolfram, Kobalt, Aluminium, Antimon, Cadmium, Kupfer, Blei, Rhenium, Selen und Zink sind es weniger als fünf Prozent der Weltproduktion. Auch die Nickelgewinnung liegt nicht allein in russischer Hand: Russland deckt lediglich etwa sieben Prozent des globalen Angebots ab, während allein Indonesien über der Hälfte des Weltangebots fördert, selbst die Philippinen produzieren mehr Nickel als Russland. Weniger als zwei Prozent der Weltproduktion der für die Chipherstellung wichtigen Halbleitermetalle Gallium und Indium entfallen auf Russland, und bei Lithium und den Metallen der seltenen Erden sind es ebenfalls weniger als jeweils zwei Prozent. Auch bei den Edelmetallen ist Russland weniger bedeutsam als gemeinhin angenommen, es liefert lediglich fünf Prozent der Weltproduktion von Silber, bei Platin, Gold und Rhodium sind es je zehn Prozent. Zum Vergleich: China und Australien produzieren ebenso viel Gold wie Russland, während Mexiko und Peru deutlich mehr Silber fördern. Südafrika liefert fünfmal so viel Platin sowie viermal so viel Rhodium wie Russland.[237] Importstrukturen, die russische Metalle bevorzugen, sind daher politisch gewollt. Noch 2022 kamen rund 30 Prozent der deutschen Nickelimporte allein aus Russland (Chrom: 22 %, Cadmium: 14 %, Aluminium: acht %, Kupfer: sieben %, Wolfram: fünf %). Alle diese Metalle sind global erhältlich, womit sich auch geopolitische Risiken minimieren ließen.[238]

Russland fördert etwa 40 Prozent aller Industriediamanten und etwa 33 Prozent aller industriell verarbeiteten Edelsteine. Doch niemand ist gezwungen, diese zu kaufen, da künstlich hergestellte Industriediamanten mittlerweile günstiger sind. Auch kubisches Bornitrid, das derzeit zweithärteste bekannte Material, ist deutlich preiswerter. Synthetische Rubine und Saphire lassen sich ebenfalls günstig produzieren, insbesondere für den Einsatz in kratzfesten Gläsern.[239] Es gibt nur wenige Metalle, bei denen Russland strategisch bedeutend ist, so etwa bei Vanadium, dessen Weltproduktion zu etwa 18 Prozent von dort stammt – wobei dieser Wert von China um das Dreifache übertroffen wird, zudem kann Vanadium auch aus Südafrika oder Australien bezogen werden. In vielen Anwendungen ist es zudem ersetzbar; nur in wenigen Legierungen ist Vanadium unverzichtbar. Und kürzlich wurde in Skandinavien ein großes Minerallager mit hohem Anteil an Phosphat, Titan und Vanadium entdeckt.[240]

Russland fördert etwa 40 Prozent des globalen Palladiumangebots, Südafrika gewinnt jedoch mehr. Da Palladium vor allem in Katalysatoren für Verbrennungsmotoren verwendet wird, schwindet seine Bedeutung mit dem allmählichen Übergang zur Elektromobilität, zudem wird intensiv an nanotechnologischen Substituten geforscht, da es derzeit teurer als Gold ist.[241] Südafrika ist ebenfalls der Hauptproduzent der Platingruppenmetalle Osmium, Iridium und Ruthenium, von denen Russland jeweils nur wenige Hundert Kilogramm jährlich produziert – selbst Simbabwe fördert mehr.[242] Diese Metalle finden Anwendung in spezialisierten Bereichen der chemischen Industrie, Raumfahrt und Medizintechnik. Darüber hinaus spielt das Recycling eine immer größere Rolle: Die Rückgewinnung von Industriemetallen aus Elektroschrott ist bereits weit verbreitet, selbst Müllverbrennungsanlagen fungieren inzwischen als Metallproduzenten (*urban mining*). Auch die großindustrielle Rückgewinnung von Metallen der seltenen Erden aus Elektroschrott ist bereits möglich.[243]

Auch Uran wird rezykliert: Etwa 30 Prozent des spaltbaren Urans stammen aus wiederaufbereiteten Brennstäben, während die globale Uranförderung rund 70 Prozent der weltweiten Nachfrage deckt. Betrachtet man lediglich die Primärproduktion, so bedient Russland nur etwa fünf Prozent des globalen Uranangebots, während Kasachstan mit 47 Prozent führend ist. Allerdings ist das russische Staatsunternehmen *Rosatom* zu 50 Prozent am kasachischen Monopolisten *Kazatomprom* beteiligt, zudem hält es indirekte Beteiligungen an Uranproduzenten in Usbekistan, Niger, Namibia und Mali, was mitunter zu alarmierten Medienberichten über eine angeblich drohende Uranknappheit führt. Dennoch hat Russland nicht die globale Uranproduktion unter seiner Kontrolle. Diese befand sich in den letzten Jahren in einem Abwärtszyklus aufgrund niedriger Uranpreise, zwischen 2018 und 2020 sank die weltweite Produktion um zwölf Prozent. Allein in Kanada brach die Produktion 2020 um die Hälfte ein. Seit 2022 hat sich der Uranpreis jedoch mehr als verdoppelt, sodass alte und neue Produzenten die Fördermengen erneut steigern werden. Ansonsten gibt es genügend bekannte Uranvorkommen außerhalb Russlands. Der französische, für den gesamten nuklearen Zyklus verantwortliche Staatskonzern

Orano ist bereits seit 2019 in Usbekistan präsent. Allein in Australien befinden sich 28 Prozent der weltweit bekannten und abbaufähigen Uranvorkommen, und in den letzten Jahren stillgelegte kanadische Minen können schnell reaktiviert werden. Mit dem steigenden Bedarf nach elektrischem Strom im Zuge der Dekarbonisierung wird die Atomkraft eine wichtige Übergangstechnologie bleiben; allein deshalb wird die westliche Uranproduktion wachsen müssen.[244] Wer heute auf russische Uranlieferungen oder Atomtechnik angewiesen ist, hat sich entweder bewusst dafür entschieden oder seine sowjetischen Altlasten nicht überwunden. Bulgarien, Ungarn und die Slowakei betreiben bis heute Reaktoren sowjetischer Bauart, weshalb sie weiterhin auf russische Brennstäbe angewiesen sind – diese sind bis heute nicht sanktioniert. Mit der nächsten Generation von Reaktoren könnten sie dann den Lieferanten wechseln.

Schließlich verfügt Russland auch nicht über eine *Hungerwaffe*, es kontrolliert nicht das globale Lebensmittelangebot. Es ist zwar richtig, dass die russischen Agrarexporte seit der Jahrtausendwende erheblich gestiegen sind – nicht nur weil westliche Agrartechnologien die Produktion effizienter machten, sondern auch weil Russland wettbewerbsfähige Preise auf dem Weltmarkt anbieten kann. Es ist ein bedeutender Produzent von Malz, Gerste und Sojabohnen, vor allem jedoch von Weizen und Sonnenblumenöl, wo es 22 Prozent beziehungsweise 33 Prozent des Weltmarktangebots abdeckt. Zudem ist es ein wichtiger Lieferant von Düngemitteln; bei Kalidünger hat es einen Weltmarktanteil von 23 Prozent, bei Phosphat- und Stickstoffdünger von je 16 Prozent. Ansonsten ist der russische Beitrag zur Welternährung gering. Bei Mais, Reis und Zucker sowie Rind-, Schweine-, Lamm-, Schaf- und Hähnchenfleisch, Milch und Milcherzeugnissen, Eiern, Fisch und Meeresfrüchten, Butter, tierischen Fetten und Gelatine beträgt der Weltmarktanteil russischer Exporte jeweils weniger als fünf Prozent.[245]

Ist die Welt also auf russischen Weizen angewiesen und wenn schon nicht auf fossiles, so wenigstens auf Sonnenblumenöl von dort? Das Ergebnis ist dasselbe: Wer von russischen Agrargütern abhängig ist, will es sein oder hat es versäumt, seine Bezugsquellen zu diversifizieren. Die Türkei und Ägypten kauften 2022 Weizen für drei beziehungsweise vier Milliarden US-Dollar, der zu 74 beziehungsweise über 50 Prozent aus Russland stammte. Ägypten ist dabei noch abhängiger von importiertem Weizen als die Türkei, weil das Baladi-Fladenbrot dort zu den wichtigsten Grundnahrungsmitteln gehört und staatlich stark subventioniert ist. Sein Preis war seit 1989 auf fünf Piaster eingefroren, ehe er Mitte 2024 auf 20 Piaster angehoben wurde. Ägypten kann seinen Weizenbedarf nicht selbst decken – dabei war es in der Antike die Kornkammer des Römischen Reiches und ein Nettoexporteur.[246] Die Abhängigkeit von Russland ist jedoch selbst gewählt, vielleicht weil Russland sehr günstige Preise bieten kann – denn Weizen ist ein Massenschüttgut, das mit globaler Seelogistik verschifft wird. Daher sind auch Lieferungen über sehr große Seedistanzen verschiffte Lieferungen teurer als regionale Bezugsquellen.

Sowohl die Türkei als auch Ägypten könnten ihre Bezugsquellen global diversifizieren, was im Vergleich mit den größten asiatischen Weizenkäufern deutlich wird: 2022 importierten Indonesien und die Philippinen Weizen für 3,8 beziehungsweise 2,5 Milliarden US-Dollar, aber beide beziehen annähernd die Hälfte ihres Bedarfs aus Australien, den Rest lieferten Kanada und Argentinien beziehungsweise die USA. Beide Länder kaufen keinen russischen Weizen. Auch beim Sonnenblumenöl besteht keine zwingende Abhängigkeit von Russland, dessen Absatz geht überwiegend an treue Kunden, die sich einseitig gebunden haben. Die Türkei und Indien importierten Sonnenblumenöl für zwei beziehungsweise drei Milliarden US-Dollar; die Türkei deckte damit ihren Bedarf je zur Hälfte aus Russland und der Ukraine, in Indien stammt etwa ein Viertel der Importe aus Russland. Und Gleiches gilt beim Dünger. Zwar beziehen Brasilien und China etwa ein Drittel ihres Kalidüngers aus Russland und Belarus, der größte Teil jedoch kommt aus Kanada.[247]

Und was ist mit Afrika? Auch hier gilt: Afrikanische Länder, die auf russische Agrargüter angewiesen sind, haben diese Abhängigkeit durch eine selektive Handelspolitik selbst herbeigeführt. Zwar herrscht in einigen afrikanischen Ländern eine strukturelle Nahrungsmittelunsicherheit (*food insecurity*), aber diese bestand schon lange vor dem russisch-ukrainischen Krieg.[248] 2022 importierte Benin Weizen für 35 Millionen US-Dollar, wovon 25 Prozent aus Russland kamen, was ein signifikanter Anteil ist, wenngleich über 40 Prozent der Importe auf die baltischen Staaten entfielen. Der Senegal kaufte Weizen im zehnfachen Wert, und auch hier ist der russische Anteil hoch: Jeweils 30 Prozent stammen aus Russland und Frankreich, 22 Prozent aus Argentinien und neun Prozent aus Litauen. Es war daher kein Zufall, als der Präsident des Senegal 2022 nach Russland reiste, was Putin für propagandistisch wirksame Bilder nutzen konnte. Das Problem liegt aber nicht darin, dass Russland die Welt erpressen könnte, sondern bei der Substitutionsfähigkeit: Angenommen, die russischen Lieferungen entfallen oder sie werden als politisches Druckmittel zurückgehalten – die Ukraine könnte sie sofort ersetzen, und zwar zu ähnlich günstigen Preisen. Es geht Russland also nicht darum, die Welt mit Hunger zu bedrohen, sondern vielmehr darum, einen unerwünschten Konkurrenten auf den globalen Agrarmärkten auszuschalten.

Einige afrikanische Länder pflegen exklusive Importbeziehungen, jedoch nicht mit Russland. Ghana beispielsweise kauft keinen russischen Weizen, sondern bezieht über die Hälfte seiner Importe aus Kanada. Viele afrikanische Länder werden zwar auch von Russland beliefert, sind jedoch gut diversifiziert: Südafrika importierte 2022 Weizen für 647 Millionen US-Dollar, mit einem russischen Anteil von nur drei Prozent, während Australien, Polen und Argentinien etwa 60 Prozent des Getreides lieferten. Côte d'Ivoire und Angola beziehen weniger als sieben beziehungsweise vier Prozent ihrer Weizenimporte aus Russland – Frankreich, Litauen, Polen und Argentinien sind hier die Lieferanten. Nigeria und Marokko sind mit einem Importwert von jeweils über zwei Milliarden US-Dollar die größten westafrikanischen Weizenimporteure. Marokko kauft über die Hälfte seines Weizens in Frankreich, etwa ein Viertel stammt aus Kanada und Argentinien – aus Russland bezieht man trotz der geographischen Nähe nichts. Bei Nigerias Weizenimporten entfallen lediglich etwa drei Prozent auf Russland, jedoch 27 Prozent auf die USA, 18 Prozent auf Litauen, je zwölf Prozent auf Lettland und Argentinien, zehn Prozent auf Kanada und sieben Prozent auf Polen. Auch dem bevölkerungsreichsten Land Afrikas ist eine globale Diversifikation also möglich. Und auch beim Sonnenblumenöl bedient Russland vor allem die üblichen Abnehmer. Algerien kauft seine Rüstungsgüter sowie die Hälfte seines Sonnenblumenöls in Russland ein – aber Südafrika, der größte afrikanische Importeur, bezieht Öl ausschließlich aus Bulgarien, Rumänien und Argentinien.

Dennoch darf sich niemand in falscher Sicherheit wiegen, denn Putin denkt auch jenseits militärökonomischer Dimensionen. Auch wenn Russland weder militärisch noch wirtschaftlich eine Großmacht ist, kann es eine globale Störwirkung erzielen, die mit minimalem Aufwand erheblichen Schaden anrichtet: Dieser hybride Krieg findet bereits statt, und er erfordert sowohl globale Marinemissionen als auch die Härtung von kritischen Infrastrukturen und deren Cybersicherheit.[249]

Wer heute noch abhängig von russisch kontrollierten Infrastrukturen ist, macht sich erpressbar. Putin hatte schon früh begriffen, dass man ausländischen Investoren keine Kontrolle über die nationale Energieinfrastruktur gewähren sollte. Seit 2008 ließ er die Joint Ventures westlicher Energiefirmen verstaatlichen oder zwangsweise auflösen, und die Duma verabschiedete ein Gesetz, das die Energiewirtschaft zum strategisch wichtigen Industriesektor erklärte. Deutschland brauchte etwas länger, um zu verstehen, was strategische Abhängigkeit bedeutet. Dort stellte die Politik 2022, als Putin den Gashahn abdrehte, erschrocken fest, dass der russische Staatskonzern Gazprom einen Großteil der deutschen Erdgasspeicher und des dazugehörigen Gasnetzes kontrollierte. Weitgehend unbemerkt von der Öffentlichkeit war die Infrastruktur schrittweise verkauft worden. Nur eine eilig durchgeführte Enteignung brachte die Kontrolle zurück.[250]

Bereits 2015 drangen russische Hacker in das ukrainische Stromnetz ein. Die dem russischen Militärgeheimdienst GRU zugeordnete Einheit 74455, besser bekannt als *Sandworm*, führte seitdem wiederholt Angriffe durch. Nach der Invasion von 2022 unterstützten europäische Ingenieure die Ukraine dabei, sich innerhalb weniger Wochen vom russischen Stromnetz zu trennen und sich in das europäische Synchronnetz zu integrieren. Dies war nicht nur ein technisches Meisterwerk, sondern auch eine wesentliche Voraussetzung für den Weiterbetrieb der kritischen Infrastruktur und die Aufrechterhaltung der zivilen Versorgung. Auch die baltischen Staaten, die seit 2018 eine Abkopplung vom ehemaligen sowjetischen Netz geplant hatten, schlossen sich im Februar 2025 ans europäische Synchronnetz an. Seit der Invasion von 2022 häufen sich

Berichte über Schäden an unterseeischen Datenkabeln und Gaspipelines in der Ostsee. *Rein zufällig* hatten russische und chinesische Schiffsführer es versäumt, ihre Schleppanker einzuziehen, sodass diese *leider* die Leitungen beschädigten. Der norwegische Geheimdienst hatte bereits 2021 vor der Spionage- und Sabotagefähigkeit russischer Schiffe gewarnt.[251] Ähnliche Störmanöver könnten auch global durchgeführt werden, um die physische Infrastruktur des Internets zu sabotieren. Russland entwickelt seit längerem ein autarkes Inselnetz, das vom globalen Internet entkoppelt ist – dessen physische Infrastruktur basiert jedoch auf Unterseekabeln, die entlang der Hauptschifffahrtsrouten verlegt sind.

Das mit über 39.000 Kilometer längste Seekabelsystem *SEA-ME-WE 3* verbindet Deutschland via Ägypten und Indien mit Japan und Australien, auch *Southern Cross* (USA–Australien, 30.000 Kilometer) und *FLAG* (Europa–Asien, 28.000 Kilometer) sind wichtige Nervenstränge der globalen Kommunikation. Sie alle sind nun auch Ziele für russische Störmanöver. Es ist zwar schwierig, aber nicht unmöglich, sie oder ihre Zugangspunkte auch in großer Wassertiefe anzugreifen. Diese Überlegung bezieht sich nicht nur auf Datenkabel, sondern auch auf die globalen maritimen Handelsrouten. Als rohstoffreiches Land ist Russland energieautark und kann seine Bevölkerung vollständig selbst ernähren. Auf den Weltseeverkehr ist es nur insofern angewiesen, als es seine Öl- und Agrarexporte über die Ozeane abwickeln muss; Konsumgüter kann es hingegen über China oder den Iran auf dem Landweg importieren. Aber gerade weil Welthandel überwiegend Seehandel ist, sind dessen Engstellen – Suezkanal, Bab al-Mandab, Panamakanal, Malakka- und Formosastraße – strategisch bedeutsam: Vernetzung heißt Verwundbarkeit.[252]

Europa steht heute vor dem gleichen Problem wie das britische Empire: Der Seeweg nach Indien, Singapur, China und

Japan muss um jeden Preis offen bleiben, da er eine zentrale Lebensader des Welthandels darstellt. Bereits die Sowjetunion versuchte, am Horn von Afrika einen maritimen Stützpunkt zu etablieren, um im Roten Meer und im Indischen Ozean operieren zu können – ein Vorhaben, das ebenso wenig Erfolg hatte wie Putins jahrelange Bemühungen, den Sudan zu einem Marinelogistikzentrum für russische Schiffe mit angegliederter Reparaturwerft in Port Sudan zu machen. 2021 stoppte die sudanesische Regierung das Projekt, nachdem russische Wagner-Söldner die paramilitärischen RSF-Rebellen unterstützt hatten. Dennoch kann Russland die westliche Handelsschifffahrt indirekt über die iranisch unterstützten Huthis beeinträchtigen. Seit 2023 haben diese mehr als 100 Handelsschiffe überfallen, insbesondere im Korridor des Bab al-Mandab, und gleichzeitig erklärt, dass russische und chinesische Schiffe nichts zu befürchten hätten. Der russische Vizeaußenminister empfing im Januar 2024 eine Huthi-Delegation in Moskau – *honi soit qui mal y pense*. Mehrfach wurde 2024 der Suezkanal geschlossen, weil die sichere Passage durch das Rote Meer nicht gewährleistet werden konnte.[253]

Diese Taktik ist global skalierbar. Schon heute führt die russische Nordflotte militärische Manöver vor dem norwegischen, entmilitarisierten Spitzbergen (Svalbard) durch. Und mit dem Klimawandel, der das Nordpolarmeer bis 2050 im Sommer eisfrei machen wird, sind auch direkte, polquerende Fahrten der Nordflotte in die kanadische Arktis möglich, durch die Davisstraße könnte sie Grönland und Island erreichen.[254] Sollte es Putin gelingen, ein russlandfreundliches Regime in Indonesien zu installieren oder regionale Piraten zu rekrutieren, könnte er Störmanöver in der Celebessee und der Straße von Malakka anregen, und sollte der Nicaragua-Kanal jemals gebaut und zu einer ernstzunehmenden Alternative zum Panamakanal werden, könnte eine prorussisch eingestellte Regierung die Durchfahrtsrechte nach russischem Ermessen regeln.

Aber so störend diese hybride Kriegführung auch ist, so einfach lässt sie sich mit Entschlossenheit und technischer Kompetenz neutralisieren. Im September 2024 wurde die *International Subsea Cable Initiative* ins Leben gerufen, die die Sicherheit interkontinentaler Unterwasserkabel stärken soll. Im November des gleichen Jahres initiierten Polen und andere Anrainerstaaten der Ostsee eine gemeinsame Überwachungsinitiative für die regionalen Pipelines und Unterseekabel, und im Dezember setzte Finnland erstmals einen russischen Tanker fest, der verdächtigt wurde, das Stromkabel *Estlink 2* zwischen Finnland und Estland beschädigt zu haben.[255] Als die Piraterie am Horn von Afrika zwischen 2008 und 2011 stark zunahm, sicherte die multinationale Operation *Atalanta* erstmals den Schiffsverkehr – sie existiert immer noch und könnte auch heute wieder verstärkt aktiv werden. Ostafrika zeigt sich aufgeschlossen, da sich dort zunehmend eine internationale Marinepräsenz etabliert. China betreibt seit 2017 einen Stützpunkt in Dschibuti, die Türkei unterhält einen Posten in Somalia, und die VAE haben eine Basis in Eritrea eingerichtet.

Viel gravierender als die maritimen sind jedoch die politischen Störmanöver. Wie einst die Sowjetunion wird auch Russland versuchen, weltweit politische Regime zu unterwandern und zu einem prorussischen Kurs zu bewegen – und zwar weit über den Kontext des russisch-ukrainischen Krieges hinaus. In Afrika vollzieht sich dieser Prozess bereits. Seit 2020 fanden in sieben afrikanischen Staaten teils gewaltsam forcierte Regierungswechsel statt, bei denen die Demonstranten nicht nur die russische Flagge schwenkten, sondern im Falle von Mali, Niger und Burkina Faso im September 2023 sogar einen Verteidigungspakt mit Russland unterzeichneten. Deren neue Regime haben radikal mit der früheren französischen Kolonialmacht gebrochen und den Austritt aus der Wirtschaftsgemeinschaft Westafrikanischer Staaten (ECOWAS) verkündet, die die Putsche verurteilt und Sanktionen verhängt hatte. Mali untersagte umgehend den Weiterbetrieb des Bundeswehrstützpunkts in Niamey, und sowohl dort als auch in der Zentralafrikanischen Republik ersetzten Wagner-Söldner, die bereits mit den Putschisten zusammengearbeitet hatten, die französischen Truppen. Nach Burkina Faso entsandte Russland erstmals seit über 30 Jahren wieder einen Botschafter, und viele afrikanische Regierungsvertreter nahmen 2023 am zweiten Russland-Afrika-Gipfel teil. Der Präsident von Guinea-Bissau zeigte sich 2024 demonstrativ auf der russischen Siegestagsparade.

Und die afrikanischen Nationen können Russland auch politische Mehrheiten in der UN-Generalversammlung verschaffen, schließlich stellen sie dort den größten Stimmenblock. Nicht zuletzt fand Resolution 2758, die 1971 die völkerrechtliche Vertretung der chinesischen Nation von der Republik China (Taiwan) auf die Volksrepublik China übertrug, nur deshalb eine Mehrheit, weil 26 afrikanische Staaten dafür stimmten. Zudem kann Russland indirekt die europäische Rohstoffversorgung derjenigen Länder torpedieren, die es versäumt haben, ihre Einfuhren zu diversifizieren: Frankreich, dessen elektrischer Strom zu 75 Prozent in Atomkraftwerken produziert wird, bezog sein Uran bis 2023 hauptsächlich aus Mali. Sollte es Putin gelingen, in Südafrika ein prorussisches Regime zu installieren, wäre auch eine alternative Bezugsquelle für viele Industrie- und Platingruppenmetalle neutralisiert.

Putin knüpft bei diesen afrikanischen Manövern an sowjetische Strategien des Kalten Krieges an, die schon damals unfreiwillig komisch wirkten: Das russische Imperium, das selbst zahllose Völker unterwarf und kolonisierte, gibt sich als antikolonialer und antiimperialer Unterstützer, der den afrikanischen Freiheitsbewegungen selbstlos zur Seite steht. Erst spät, falls überhaupt, bemerkt man, dass man als Vehikel geopolitischer Interessen missbraucht wird, dass der postkoloniale Abwehrreflex nur die europäischen durch russische Klientelverhältnisse ersetzt: Wer heute noch das französische Konzept der *Françafrique* geißelt, könnte sich schon morgen als russischer Satellitenstaat wiederfinden. Die USA haben ihr geopolitisches Versäumnis gerade erst bemerkt, eine neue Afrika-Strategie verabschiedet und auf dem US-Afrika-Gipfel von 2022 milliardenschwere Investitionen zugesagt. Als Schutzmacht des Suezkanals nimmt Ägypten eine besondere Rolle in diesem Tauziehen um die afrikanischen Nationen ein: Würde es Putin gelingen, dort eine prorussische Politik durchzusetzen und somit indirekt den Suezkanal zu kontrollieren, wäre das die ultimative Bedrohung des Seehandels von und nach Europa. Noch erhält das Land jährlich über eine Milliarde US-Dollar an amerikanischer Militär- und Entwicklungshilfe, aber es betreibt vier Atomkraftwerke russischer Bauart, kauft über die Hälfte seines Weizens in Russland, und hätte beinahe auch Artilleriegranaten dorthin geliefert.[256]

Aber nicht nur in Afrika, auch in Europa sind die Regimewechsel in vollem Gange, überall gewinnen rechtspopulistische Bewegungen politische Mehrheiten. Nicht jede davon ist prorussisch – die italienischen Neofaschisten unterstützen die Ukraine, ebenso die skandinavischen Populisten. Viele aber wenden sich Putin bewundernd, ja verehrend zu. Gerade diejenigen, die gern von Freiheit und Selbstbestimmung reden und keine fremden Richter dulden wollen, sympathisieren offen mit einem autoritären Regime, das souveräne Staaten überfällt, *Einflusssphären* fordert, die nationale Politik anderer Länder mitbestimmen will.

Aber der reaktionäre Impuls trifft bei vielen Wählern einen Nerv weitverbreiteter Frustration und Unsicherheit. Putin fördert gezielt solche rechtspopulistischen Bewegungen, um prorussische Mehrheiten in Europa zu etablieren. Dabei nutzt er geschickt die Pluralität und Offenheit demokratischer Systeme, um sie von innen auszuhöhlen – der professionelle Tschekist lässt grüßen. Ein markantes Beispiel hierfür ist sein Eingriff in den US-Präsidentschaftswahlkampf von 2016, aber auch die von Oktober 2023 bis April 2024 andauernde Blockade amerikanischer Waffenhilfen für die Ukraine im Wert von 61 Milliarden US-Dollar. Auch in jüngster Zeit hat Russland versucht, prorussische Kandidaten zu installieren, so etwa bei den Präsidentschaftswahlen von 2023 in der Republik Moldau und denjenigen von 2024 in Rumänien.

Diese Versuche blieben zwar erfolglos, aber in Georgien gelang es, wahrscheinlich durch Wahlmanipulationen, einem prorussischen Ministerpräsidenten und einem neuen Staatspräsidenten ins Amt zu verhelfen. Sobald solche prorussischen Kräfte an die Macht gelangen, vollziehen die betroffenen Länder dramatische Kehrtwenden. Ein besonders prägnantes Beispiel ist Ungarn: Eine Nation, die sich 1956 im Freiheitskampf gegen die sowjetische Besatzung erhob, die 1989 die Wende im Ostblock einleitete, als der Eiserne Vorhang bei Sopron erstmals durchschnitten wurde, ist heute ein autoritär regiertes, prorussisch orientiertes Land, obwohl sein Präsident einst als Stipendiat des German Marshall Fund in den USA studierte. Ähnlich verhält es sich mit der Slowakei: Ihr heutiger Präsident fordert die Ukraine auf, über Gebietsabtretungen zu verhandeln, während sein Vorgänger sie noch umfassend unterstützt hatte. Je mehr Putin mit solchen Störmanövern erfolgreich ist, desto stärker kann er hoffen, dass man ihm doch noch den Sieg schenkt, dass man ihm die Ukraine ausliefert. Er braucht nicht militärisch zu siegen, wenn er den Arm erlahmen lassen kann, der das militärische und wirtschaftliche Potenzial des Westens führt.

Rückgrat

Von wegen *Zeitenwende*: Russlands politischer Oligarchie ist zweifellos bewusst, dass sie dem wirtschaftlichen und militärischen Potenzial des Westens wenig entgegenzusetzen hat. Sie weiß aber auch, dass welthistorische Fragen nicht entschieden werden, indem man Checklisten volkswirtschaftlicher Entwicklung abhakt und Waffensysteme durchzählt. Auch als objektiv schwächere Macht kann Russland mit gezielten Störmanövern erfolgreich sein, wenn der Westen nicht willens ist, seine Überlegenheit tatsächlich geltend zu machen und die russische Aggression entschlossen abzuwehren.

Schließlich hat er jahrzehntelang eine Beschwichtigungspolitik (*appeasement*) betrieben, die russische Interessen stets bevorzugt berücksichtigt und die imperiale Expansion wesentlich begünstigt hat. Ob aus romantischer Verblendung oder Erleichterung über das vermeintliche Ende des Kalten Krieges – westliche Politiker machten sich den russischen Exzeptionalismus zu eigen, sahen gnädig über Invasionen hinweg, relativierten immer wieder ihre sonst so gern angeführten *Werte*: Russland sei ausnahmsweise erlaubt, was anderen streng verboten ist, man müsse das *gedemütigte Land verstehen*, es wolle nur seine *gerechtfertigten Sicherheitsinteressen* wahren. Bereits US-Präsident Clinton priorisiert die innere Stabilisierung der noch jungen Föderation, er lässt Jelzin in Georgien und Transnistrien freie Hand, aber auch den ersten Tschetschenienkrieg und den tadschikischen Bürgerkrieg nimmt er achselzuckend als *postsowjetische* Auseinandersetzungen hin.

Auf deutsches und französisches Betreiben und nach einer persönlichen Intervention Putins verweigert 2008 der NATO-Gipfel von Bukarest sowohl der Ukraine als auch Georgien den Fahrplan für den Beitrittsprozess (*membership action plan*). Der Entschluss sendet ein fatales Signal: Diese Räume sind russische *Interessensphären*. Nur vier Monate nach dem Gipfel marschiert Russland in Georgien ein, doch der kurze russisch-georgische Krieg wird in Deutschland und Frankreich nicht als geopolitische Zäsur, sondern als lästige Störung wirtschaftlicher Interessen wahrgenommen: Der Bau von *Nord Stream 1* war schon in vollem Gange, westliche Firmen investierten umfassend in Russland. Die implizite Botschaft war klar: Gas und Geschäft sind wichtiger als Georgien. Das von der EU vermittelte Friedensabkommen hat Russland nie umgesetzt, bis heute sind russische Truppen dauerhaft in Abchasien und Südossetien stationiert.

Auch US-Präsident Obama zeigte sich desinteressiert, ein Zerstörer kreuzte vor der georgischen Küste und lieferte zivile Hilfsgüter. Aber schon nachdem Putin mit Medwedjew 2008 pro forma das Amt getauscht hatte, um danach als Präsident wieder wählbar zu sein, begann eine Politik des *Schwamm drüber*, euphemistisch *the reset* genannt: Obama, der schon vorher verspottet hatte, was er *cold war mindset* nannte, versuchte noch bis 2012, gute Beziehungen zu einem immer aggressiveren Russland zu entwickeln. Selbst als das russische Regime 2011 die Wahlergebnisse fälschte und in den darauffolgenden Jahren immer unverhohlener seine politischen Gegner ermorden ließ, blieben die USA auffallend stumm.

Angesichts solcher Signale überrascht es nicht, dass Russland zunehmend selbstbewusst agierte und den Eindruck gewann, dass Europa sich einer erneuten Ausdehnung seines Machtbereichs nicht widersetzen wird. Als die *grünen Männchen* 2014 die Krim im Handstreich besetzten – erst nach der Invasion von 2022 sollten sie als Wagner-Söldner enttarnt werden –, schien sich dieser Eindruck zu bestätigen. Nun sanktionierten die USA umfassend die russische Finanz- und Rüstungsindustrie, aber Kontinentaleuropa hielt an seiner beschwichtigenden Politik fest: Dürfe Russland das nicht ausnahmsweise, schließlich sei die Krim doch *heilige russische Erde? Nord Stream 2* war da bereits projektiert. Russland installierte zwei von ihm gelenkte *Separatistenrepubliken* – ein in die westlichen Medien eingeschleuster Propagandabegriff, denn es handelte sich dabei weder um Separatisten noch um Republiken. Es beginnt der Sommerkrieg im Donbass, der schließlich zu dem nie umgesetzten Abkommen Minsk I und ein Jahr später zum Münchner Abkommen der Gegenwart führt: Minsk II.

Auch wenn die Ukraine, anders als 1938 die Tschechoslowakei, mit am Verhandlungstisch saß, wurde sie unter starken Druck gesetzt, den sogenannten, von Russland gesteuerten und bewaffneten *Separatistenrepubliken* weitreichende Autonomierechte zuzugestehen sowie ihre Verfassung abzuändern, um den Staatsaufbau zu dezentralisieren – während Russland sich als (scheinbarer) *Vermittler* gänzlich unbeteiligt gibt. Der UN-Sicherheitsrat bekräftigt zwar mit Resolution 2202 die Souveränität, Unabhängigkeit und territoriale Unversehrtheit der Ukraine, fordert darin aber auch die Umsetzung von Minsk II, obwohl es alle Elemente der ukrainischen Staatlichkeit kompromittiert. Noch während der Abstimmung brechen die russisch unterstützten Truppen der *Separatistenrepubliken* den ausgehandelten Waffenstillstand und kesseln ukrainische Truppen in Debalzewe ein. Wenn heute die Schutzbehauptung aufgestellt wird, das Ziel sei gewesen, der Ukraine lediglich Zeit zu geben, um stärker zu werden, trifft das Gegenteil zu. Minsk II hat nicht nur den ukrainischen Staat destabilisiert und seine angestrebte Westbindung verhindert, sondern Russland auch die nötige Zeit verschafft, die Invasion von 2022 umfassend vorzubereiten.

Und dennoch ging die Appeasement-Politik unbeirrt weiter. Selbst Chamberlain erkannte, dass der Krieg unausweichlich war, nachdem Hitler das gerade ausgehandelte Münchner Abkommen gebrochen und die *Rest-Tschechei* im März 1939 zerschlagen hatte. Er leitete daraufhin die britische Aufrüstung ein und vertrat eine härtere Außenpolitik.[257] In Kontinentaleuropa geschieht nach Minsk II nichts dergleichen. Anderswo aber hatte man erkannt, was kommen sollte. Kanada, Großbritannien und die USA begannen nach Minsk II – gerade auch während der ersten Präsidentschaft Trumps –, Militärberater in die Ukraine zu senden, Verbände auszubilden und mit schultergestützten Lenkwaffen auszurüsten. Diese halfen entscheidend dabei, die 2022 einfallenden Truppen zum Stehen zu bringen, und sorgten für hohe Verluste bei deren gepanzerten Fahrzeugen. Noch 2016 brandmarkte Deutschland eine NATO-Übung, die eine bevorstehende russische Aggression simulierte, als *Kriegsgeheul.* Der Bau von *Nord Stream 2* war weiter vorangeschritten.

Selbst die Invasion von 2022 führt nicht zu einem Umdenken. Deutsche, französische und österreichische Spitzenpolitiker fliegen hastig nach Moskau – rückblickend sehen sie aus wie Schulbuben, die den Direktor um mildernde Umstände bitten. Nicht die Kampfhandlungen, nicht einmal die russischen Kriegsverbrechen ändern etwas an dieser zögerlichen Haltung. Bei jedem Waffensystem wird erneut diskutiert, ob man Russland nicht zu sehr *reizen*, seine *roten Linien* überschreiten könnte, wenn man die Ukraine damit beliefert. Feinsinnig wird abgewogen, ob ein Panzer als Angriffs- oder Verteidigungswaffe gelten müsste, ob Artilleriesysteme nicht zu aggressiv wirkten.

Russland hat sicher herzlich über diese absurden Diskussionen gelacht, denn sie gaben ihm die Zeit, sich im Gelände zu konsolidieren. Mittlerweile geben russische Funktionäre und Politiker unumwunden zu, dass alles nur inszeniert war, der angebliche *Genozid* genauso wie der *Bürgerkrieg im Donbass,* dass die prorussischen Demonstrationen in Charkiw und Odessa genauso wie die angeblichen Patrioten auf der Krim von Russland gesteuert waren, dass ohnehin nie geplant war, Minsk II umzusetzen.[258] Wer früher geglaubt hatte, Putin sei verlässlich, fühlt sich heute düpiert, getäuscht, von einem gewieften Tschekisten vorgeführt, der sich nur so lange an Verträge hielt, wie sie ihm nützlich waren. Aber erlegen ist der Westen nicht Putin, sondern den eigenen romantischen Sehnsüchten, den mangelhaften Kenntnissen sowjetischer Geschichte, der Stilisierung Gorbatschows zum europäischen Erlöser. Wer glaubte, wieder einmal den Frieden bewahrt, dem *gedemütigten* Russland die Hand gereicht zu haben, machte sich in Wirklichkeit zum Steigbügelhalter seiner imperialen Expansion. Mit mörderischer Konsequenz hat Putin die erratische Vorstellung entlarvt, dass eine gemeinsame Sicherheitspolitik, eine *Verantwortungsgemeinschaft* mit einem expansiven Imperium möglich sei, dass man Sicherheit in Europa *gemeinsam gestalten* könne. Aber aus russisch-imperialer Perspektive gibt es ein *gemeinsames Haus Europa* nur dann, wenn der Hausherr Russland heißt und über die Bewohner regiert.

Wahnsinn liegt bekanntlich darin, unterschiedliche Ergebnisse zu erwarten, während man immer wieder gleich handelt. Russland hat seit 1992 jedes europäische Sicherheitsabkommen entweder gebrochen oder niemals umgesetzt. Die Invasionen von 2014 und 2022 verletzen zahllose, von Russland selbst ratifizierte Verträge und Konventionen, in denen es die Ukraine als souveränen Staat behandelt.[259] Deutlicher kann man nicht signalisieren, wie gering man den Grundsatz *pacta sunt servanda* schätzt. Dennoch reisen europäische Politiker auch nach drei Jahren Krieg weiterhin nach Moskau oder telefonieren mit Putin, trotz des Haftbefehls des Internationalen Strafgerichtshofs. Und immer noch rufen manche nach dem, was sie *Verhandlungen* oder *Frieden* nennen, sie glauben daran, dass ein imperiales Russland sich an Verträge halten oder

Sicherheitsgarantien respektieren würde, wenn man nur weitere Zugeständnisse machte.

Das Problem liegt nicht einmal darin, dass die Frage unbeantwortet bleibt, wie eine Waffenstillstandslinie zu garantieren ist, wie *europäische Friedenstruppen* die russische Armee daran hindern sollten, erneut vorzurücken und die *Rest-Ukraine* zu zerschlagen, warum Minsk III nicht genauso ignoriert würde wie Minsk II. Das Problem ist vielmehr, dass diese selbsternannten *Realisten* ein völlig unrealistisches Bild vom putinistischen Russland haben: Dort herrscht eine archaische Gewaltkultur, die nur Stärke respektiert. Nichts verachten die Siloviki mehr als Schwäche, niemanden schätzen sie geringer als einen dienstbaren Vasallen, der sich freiwillig unterwirft – der Feind wird immerhin für seinen Mut respektiert, sich zu widersetzen. Diese Gewaltkultur überträgt sich auch in die Zivilgesellschaft und zeigt sich unverstellt, wenn Russland von *Verhandlungen* spricht:[260] Es geht nicht darum, Interessen auszugleichen und Kompromisse zu schließen, sondern die eigenen Forderungen möglichst vollständig durchzusetzen – verhandelbar ist lediglich die Frage, bis wann sie zu erfüllen sind. Entsprechend wiederholt der Kreml stetig, dass sich die Ukraine zunächst *entnazifizieren* (lies: unterwerfen) und die russisch besetzten Gebiete abtreten müsse, danach könne über das weitere Verhältnis gesprochen werden.

Putin hat diese Taktik nicht erfunden, schon die sowjetischen Kader *verhandelten* so: Bei völlig überrissenen Forderungen erscheint vernünftig, wer sich mit einem Bruchteil davon zufriedengibt – so lässt sich die eigene Position schrittweise ausbauen. Begleitet wird dieses Vorgehen von Friedensbeteuerungen und einer ständigen Täter-Opfer-Umkehr, die an nationalsozialistische Propaganda erinnert: *Das Deutsche Reich wolle nichts als Frieden, die wahren Kriegstreiber säßen im Westen.* Zugeständnisse macht die russische Seite nur dann, wenn sie ihre Ziele nicht unmittelbar durchsetzen kann. Gleichzeitig nutzt sie den weitverbreiteten westlichen Irrglauben, dass jeder Krieg zwangsläufig mit Verhandlungen enden müsse. Diese Behauptung ist nicht nur empirisch unzutreffend – weder der Erste noch der Zweite Weltkrieg noch der Algerien- oder Vietnamkrieg endeten durch Verhandlungen, ebenso wenig wie viele andere Konflikte. Kriege enden auch und gerade durch Sieg und Niederlage, durch Kapitulation, Unterwerfung oder erfolgreiche Verteidigung. Vor allem aber ist die Bitte um Waffenstillstandsverhandlungen ein Signal der Schwäche, und gerade das ermutigt den Aggressor, weiter vorzudringen: Wenn Russland einen souveränen Staat überfällt und westliche Politiker danach überlegen, welche Territorien dieser jetzt abtreten müsse, damit wieder Frieden herrsche – dann kann es diese innere Schwäche nur verachten und unbekümmert weitermachen.[261]

Dieser verzerrte Blick auf Russland geht auf einen weitreichenden Kompetenzverlust zurück. Die Landeskenntnis ist verfallen, die frühere Ostexpertise in den Ministerien pensioniert oder verstorben. Lange beherrschten Märchenerzähler den medialen Diskurs, und noch heute präsentieren die Talkshows ihre irrlichternden Thesen als gleichwertige oder alternative Sichtweise (*false balancing*). Noch im März 2024 bezeichnete das *Wall Street Journal* die Tschechische Republik als *ex-Soviet satellite state* – was für die Periode 1946 bis 1989 vielleicht zutrifft, nicht aber für die folgenden Jahre sowie die vorherigen Jahrhunderte eigener Nationalgeschichte. Niemand würde heute Vietnam als *ex-französische Kolonie*, Qatar als *früheren britischen Satellitenstaat* oder die USA als *frühere antiroyalistische Separatistenrepubliken* bezeichnen – nur der Blick auf Osteuropa bleibt latent autoritär und zweifelt an der Souveränität der dort gelegenen Staaten. Zudem hat es die russische Staatspropaganda geschickt verstanden, Schlüsselbegriffe durch stetige Wiederholung in die westliche Medienlandschaft einzuschleusen und sie als historisch korrekt erscheinen zu lassen (*whitewashing*). Auch im hochqualitativen Journalismus bürgerte es sich ein, den russischen Angriffskrieg als *Ukraine-Krise* oder *-Konflikt* zu bezeichnen – womit suggeriert wird, der angegriffene Staat sei nicht ganz unschuldig daran. Noch heute werden die besetzten ukrainischen Gebiete als *annektiert* bezeichnet – obwohl die Weltordnung seit 1945 keine gewaltsamen Grenzverschiebungen mehr kennt, die Ukraine ihren Anspruch aufrechterhält und auch keine völkergewohnheitsrechtliche Duldung durch die Staatengemeinschaft erkennbar ist.[262]

Solange der imperiale Gedanke in der russischen Staatsauffassung lebt und anderen Staaten die Selbstbestimmung, ja das Existenzrecht abspricht, ist Russland strukturell nicht friedensfähig. Erst wenn man dies erkennt und sich von den Träumereien und Illusionen verabschiedet, kann man die militärische und wirtschaftliche Überlegenheit des Westens auch wirkungsvoll geltend machen. Er wird sinnbildlich ganz neu lernen müssen, nicht gleich niederzuknien, wenn der Schulhofschläger das Pausenbrot oder die Jacke fordert. Und dies erfordert nicht nur einen vollständigen Personalwechsel in der Ostpolitik, sondern auch eine historische Aufarbeitung der zeitgenössischen Russlandpolitik. Genauso wie die nationalsozialistischen Funktionsträger erst dann gesellschaftlich thematisiert werden, als deren Kinder in den 1960er Jahren unbequem die Eltern fragen, was diese eigentlich im Krieg gemacht haben, warum alles totgeschwiegen werde, wird es wohl eine Generation dauern, bis die politischen, wirtschaftlichen und medialen Russlandverstrickungen aufgearbeitet sind. Und solange diese inneren Aufräumarbeiten andauern, wird Deutschland höchstens als rückwärtiger Service- und Logistikraum dienen, der Systeme wartet, Nachschub produziert und neue Technologien entwickelt, während sich das militärische Schwergewicht der NATO nach Ostmitteleuropa und Skandinavien verlagert.

Der sicherheitspolitische Offenbarungseid ist jedenfalls geleistet: Die Bundeswehr ist nicht einsatzfähig, und Europa kann sich nicht selbst gegen einen militärischen Angriff verteidigen. Es fehlt an schlagkräftigen, schnell verlegbaren Divisionen. Zwar existieren zahlreiche Waffensysteme, doch viele sind entweder nicht einsatzfähig oder nur eingeschränkt nutzbar, und die logistische Unterstützung ist nicht durchhaltefähig.[263] Und genauso wenig, wie man auf dem Schachbrett zwingend besser steht, nur weil man mehr Material hat, bemisst sich militärische Leistungsfähigkeit nicht nach der Zahl verfügbarer Systeme. Vielmehr kommt es auf deren Einsatzwert und Einsatzfähigkeit, auf positionelle Mobilität und Dynamik, auf kontinuierlichen Nachschub auch bei großflächigen Verschiebungen an: Eine Armee ist eine Stadt auf Reisen. Ein einsatzfähiger Verband hat daher eine *tooth-to-tail ratio* von mindestens 1:7 – auf einen Kombattanten kommen sieben Spezialisten, die Versorgung, Kommunikation und Führungsunterstützung sicherstellen. Wer einfach nur Material durchzählt, begreift diese logistische Dimension nicht.[264]

Schon vor dem Krieg waren die europäischen Armeen mit ihren Auslandseinsätzen logistisch ausgelastet, obwohl nur ein Bruchteil ihrer Soldaten dort eingesetzt war. Kein europäischer Staat ist heute in der Lage, seine Streitkräfte als Ganzes zu mobilisieren, vollständig auszurüsten oder über größere Distanzen zu verschieben. Diese mangelnde Einsatzfähigkeit ist umso peinlicher, wenn man bedenkt, dass die Militärplaner mit langen Vorwarnzeiten rechneten: Man ging davon aus, zehn Jahre im Voraus einen drohenden konventionellen Konflikt erkennen zu können. Und der Politik schien es unvorstellbar, zumindest aber ideologisch unerwünscht, über einen neuen Krieg in Europa nachzudenken. Aber dieser hat

2014 mit der Invasion der Krim begonnen. Bereits 2008, nach dem russisch-georgischen Krieg, wurde die russische Armee umfassend reformiert, auf Mobilität und schnelle Verlegbarkeit getrimmt, und die Spezialkräfte wurden stark erweitert.[265] Die Zeitenwende fand schon damals statt, aber Europa war so unwillens wie unfähig, daraus militärische Konsequenzen zu ziehen. Man kann heute nur froh sein, dass die *Spezialoperation* missglückt ist, dass *die Sache* dann doch nicht so schnell *gelaufen* war – trotz aller numerischer Überlegenheit der russischen über die ukrainischen Truppen. Nur sie verhinderten, dass Russland bis an die polnische und rumänische Grenze durchmarschierte, nur deshalb existieren die Ukraine und die Republik Moldau noch als souveräne Staaten, nur deshalb hat Europa ein Zeitfenster, um gegen ein expansives Russland erneut aufzurüsten. Und dieses Fenster schließt sich schnell.

Es steht jetzt lediglich null zu null: Die west- und zentraleuropäischen Staaten haben in den letzten 30 Jahren ihre Armeen physisch abgerüstet, Waffensysteme zerstört und fixe Installationen abgebaut. Russland hat seine einsatzfähige Invasionsarmee von 2022 verloren und einen erheblichen Teil seiner sowjetischen Reserven eingebüßt. Nun beginnt ein neuer Aufrüstungszyklus – auf russischer Seite wird bereits produziert, aber im Westen scheint man die neuen Verhältnisse noch immer nicht wahrhaben zu wollen. Bereits 2007 hatte Putin die Verpflichtungen nach dem Vertrag über Konventionelle Streitkräfte in Europa einseitig ausgesetzt, bevor er ihn 2023 schließlich kündigte. Einer unbegrenzten russischen Aufrüstung steht damit nichts mehr entgegen. Noch sorgt der Krieg für eine hohe Abnutzungsrate, die Front verschlingt die Neuproduktion. Aber sobald der Krieg endet, fließt sie in den Aufbau einer neuen Armee. Mag die russische Munitions- und Fahrzeugproduktion auch ineffizient, korrupt und unverändert mit sowjetischen Technologieplattformen arbeiten, so liefert sie dennoch täglich mindestens einen instand gesetzten oder neu produzierten Panzer und täglich mindestens ein weiteres gepanzertes Fahrzeug nebst der zugehörigen Munition. Sobald die Kampfhandlungen enden, könnte daher schon in acht Jahren wieder eine einsatzfähige Invasionsarmee bereitstehen.[266]

Was hat Europa dem entgegenzusetzen? Die europäische Rüstungsindustrie wird noch Jahre brauchen, um wieder die Kapazitäten des Kalten Krieges zu erreichen. Die EU versprach im März 2023, innerhalb eines Jahres eine Million Artilleriegranaten zugunsten der Ukraine zu produzieren, bei Fristablauf waren es nicht einmal die Hälfte. Die Überraschung ist groß, dass es viel schwieriger ist, eine abgerüstete Armee wiederaufzubauen, als eine bestehende abzurüsten, selbst mit unbegrenzten Finanzmitteln, weil die militärischen Fähigkeiten degeneriert oder gänzlich verlernt worden sind und es lange dauert, sie neu aufzubauen. Die NATO kündigte im Juni 2022 an, den binnen 48 Stunden einsatzfähigen Teil ihrer *Response Force* auf 300.000 Soldaten aufzustocken. Die Bundeswehr soll ab 2025 eine vollständig ausgerüstete und einsatzfähige Division für die neue NATO-Ostflanke bereitstellen. Vermutlich wird es zehn Jahre länger dauern, dieses Ziel zu erreichen.[267] Aber wer schützt Europa dann heute, bis es wieder in der Lage ist, sich selbst zu verteidigen? Als (selbsternannte) *grande nation* beansprucht Frankreich oft eine militärische und politische Führungsrolle in Europa, immerhin stellt es derzeit mit etwa 207.000 Kombattanten die numerisch größte Armee des Kontinents. Schon während des Zweiten Weltkriegs weigert sich Charles de Gaulle, seine *forces françaises libres* einem US-Oberkommando zu unterstellen, obwohl die Abhängigkeit von amerikanischer Logistik überdeutlich demonstrierte, wer hier wen befreit hatte. Auch wenn er sich nicht durchsetzen konnte, forderte er die USA in den 1960er Jahren mehrfach auf, ihre Truppen aus Frankreich abzuziehen.[268] Vielleicht fand de Gaulle es unerträglich, die französischen Streitkräfte erneut von einem angelsächsischen Oberbefehlshaber kommandiert zu sehen. Jedenfalls strebten auch Giscard d'Estaing und Mitterrand nach einer eigenständigen europäischen Verteidigung, die ohne transatlantische Bindung auskommt.[269] Diese Vision mag in ferner Zukunft einmal realisierbar sein, doch für die Gegenwart ist dieses Wunschdenken lebensgefährlich, denn genauso wenig wie de Gaulle allein gegen die Sowjetunion hätte bestehen können, ist die heutige *armée de terre* zu einer gesamteuropäischen Verteidigung fähig.

Die unbequeme Wahrheit lautet vielmehr: Die US-amerikanischen Truppen in Europa und der dorthin ausgedehnte amerikanische Nuklearschirm sind die einzige Rückversicherung gegen eine russische Invasion. Sie sind das eigentliche militärische Rückgrat Europas. Die volle Leistungsfähigkeit der NATO-Verbände hängt entscheidend davon ab, ob und inwiefern die USA bereit sind, ihr militärisches Potenzial über den Atlantik zu verschieben und in Europa einsatzbereit zu machen. Auf mehr als 150 militärischen Basen in ganz Europa sind heute rund 100.000 US-Soldaten stationiert, über ein Drittel davon in Deutschland, das somit die größte US-Truppenkonzentration in Europa und die zweitgrößte weltweit (nach Japan) aufweist. Ihre Präsenz ist durch völkerrechtliche Verträge legitimiert – anders als mitunter behauptet, ist Deutschland nicht amerikanisch besetzt.[270] Und obwohl die Schutzwirkung ihrer Truppen den Europäern zugutekommt, tragen die USA die Kosten für die Stationierung und militärischen Betrieb allein – sie belaufen sich auf zehn bis 15 Milliarden US-Dollar jährlich. Deutschland beteiligt sich jährlich mit etwa 130 Millionen Euro an den Infrastrukturkosten, profitiert jedoch auch von der wirtschaftlichen Wirkung der US-Basen. Allein im strukturschwachen Rheinland-Pfalz schaffen sie

7.200 zivile Arbeitsplätze und mehr als zwei Milliarden Euro an Wertschöpfung.[271]

Es überrascht daher nicht, dass Europa sorgenvoll auf die amerikanischen Wahlen von 2024 blickte. Denn als Trump drohte, die US-Truppen aus Europa abzuziehen, konfrontierte er den Kontinent unangenehm mit seinen Versäumnissen: Wenn Europa tatsächlich in der Lage wäre, seine Sicherheit selbst zu gewährleisten, bräuchte es solche Drohungen nicht zu fürchten. Bislang konnte man bequem als Trittbrettfahrer von der amerikanischen Sicherheitsgarantie profitieren und sich fest darauf verlassen, dass die USA ihre militärische Präsenz in Europa niemals infrage stellen würden. Aber dieser Glaube untergrub den Anreiz, in die eigene Verteidigungsfähigkeit zu investieren – worauf Trump bereits 2018 zu Recht hingewiesen hatte. Vor dem Krieg erfüllten lediglich fünf der 29 NATO-Mitglieder die mit dem Prager Gipfel von 2002 selbst auferlegte Verpflichtung, mindestens zwei Prozent ihres BIP für Verteidigung auszugeben.[272] Trump kann zwar seit 2023 kaum noch glaubwürdig drohen, die NATO zu verlassen, weil diesem Vorhaben nun hohe legale Hürden entgegenstehen.[273] Aber weder der Zwei-plus-Vier-Vertrag noch der NATO-Vertrag verpflichten die USA, lokale Truppen in Deutschland oder Europa zu stationieren. Und Artikel 5 verpflichtet die USA zwar zum Beistand, aber nicht zur umfassenden Territorialverteidigung der Bündnispartner. Sie könnten heute abziehen, ihren nuklearen Schutzschirm über Europa abschalten und, sollte Russland im Baltikum einfallen und sich von dort aus nach Westen vorarbeiten, einige Schutzhelme und ein mobiles Feldspital senden und ansonsten viel Glück wünschen.

Europa befürchtet letztlich, ganz ähnlich wie die arabischen Golfstaaten, im Falle eines Konflikts im Stich gelassen zu werden, bevor es selbst abwehrbereit ist. Trumps Abzugsdrohung weist daher überdeutlich auf die Versäumnisse der

Appeasement-Politik, auf die jahrzehntelang gepflegten Lebenslügen der europäischen Sicherheitspolitik, hin. Dennoch ist die europäische Präsenz der USA nicht nur Subvention, sondern auch in ihrem strategischen Interesse. Denn das konstante Motiv ihrer Außenpolitik seit 1945 lautet: Es darf keinen autoritären Hegemon auf dem eurasischen Kontinent geben. Ein diktatorisches Regime, das dessen Ressourcen und Industriepotenzial kontrolliert, könnte versuchen, die Weltherrschaft zu erlangen und die USA auf dem amerikanischen Kontinent einzuschließen.[274] Die Deutschlandfrage kann den USA daher nicht gleichgültig sein: Eine deutsch-russische Achse, in der ein expansives Russland und ein autoritär regiertes oder von Russland abhängiges Deutschland ihre Rohstoffe und Industrien bündeln, um eine großrussische Kontrollsphäre von Lissabon bis Wladiwostok zu schaffen, wäre die größtmögliche Bedrohung des Weltfriedens. Die transatlantische Beziehung ist damit für beide Seiten ein guter Deal; europäische ist letztlich auch amerikanische Sicherheit.

Man könnte die transatlantische Frage somit als geklärt betrachten: Europa fährt der Schrecken seiner Wehrlosigkeit heilsam in die Glieder, es befreit sich von den Altlasten der Appeasement-Politik, investiert die Sondervermögen der Zeitenwende zielgerichtet, macht seine vernachlässigten Armeen wieder einsatzfähig. Immerhin erfüllten 2024 bereits 23 von 31 NATO-Mitgliedern die Maßgabe, zwei Prozent oder mehr ihres BIP für Verteidigung auszugeben.[275] Aber Zeitenwende bedeutet mehr, als ein Sondervermögen zu bewilligen, sie beginnt weder im Bundeshaushalt noch auf dem Einkaufszettel, sondern bei der inneren Haltung. Alle numerische Überlegenheit ist nutzlos, wenn die Bereitschaft nicht vorhanden ist, sie auch einzusetzen: Man kann sich eine Pistole kaufen, aber schießen muss man wollen.

Kann Europa Zeitenwende? Auch nach drei Jahren Krieg

scheint man in einem seltsamen Zwischenzustand festzuste-
cken. Halsstarrig, ja unbelehrbar verharrt so mancher im Gestern, sehnt sich danach, eines Tages in die vermeintlich heile
Vorkriegswelt zurückzukehren. Wie einst die russischen Emig-
ranten der 1920er hofft man: Die Weißen haben die Roten bald
besiegt, einstweilen müsse man aus dem Koffer leben, aber bald
gehe es zurück. Wie die Exiliraner der 1980er Jahre glaubt man:
Das Volk wird aufstehen und die Theokratie hinwegfegen, spätestens wenn Chomeini stirbt, ist alles vorbei. Und vor Wahl-
terminen wird phantasiert: Einer der vier *Nord Stream*-Stränge
sei ja noch unzerstört, bald könne wieder russisches Gas ge-
kauft werden. Bis heute sind Töchter europäischer Banken in
Russland aktiv und profitabel, genau wie etliche westliche In-
dustrieunternehmen – hoffen sie darauf, dass der Krieg nur ein
kleines Gewitter sei? Sie produzieren und finanzieren unbeirrt
weiter, ihre Gewinnsteuern fließen ins russische Staatsbudget,
das den Krieg alimentiert.[276] Aber selbst wenn sie gehen wollten, hat Putin sie in der Hand: Wer jetzt noch desinvestieren
will, benötigt eine Erlaubnis des russischen Wirtschaftsminis-
teriums, wer im Energiesektor tätig ist, muss Putin persönlich
darum bitten.

Für viele ist der Krieg geistig immer noch weit entfernt, obwohl er vor der eigenen Haustür tobt. Von Berlin aus flog man
2021 schneller in die Ukraine als nach Mallorca. Repräsenta-
tive Umfragen stimmen wenig zuversichtlich. In Deutschland
sprach sich 2016 mehr als die Hälfte der Befragten dagegen aus,
dass deutsche Soldaten Polen oder das Baltikum gegen einen
russischen Angriff unterstützen, und meinten, die NATO solle
darauf verzichten, neue Basen in Ostmitteleuropa zu errichten.
Aber auch 2024 war nur eine knappe Mehrheit dafür, deutsche
Soldaten an der NATO-Ostflanke zu stationieren und den baltischen Staaten bei einem Angriff militärisch Beistand zu leisten.[277] Mit untrüglichem Spürsinn greift Putin diese innerliche

Ermattung, eine Lust an der Selbstauslieferung, auf, die viele europäische Gesellschaften heute durchzieht. Ein erschöpfter Quietismus schwingt darin mit: Wir sind veränderungsermüdet, erst Pandemie, dann Inflation, jetzt Krieg – es ist zu viel. Die Parallelen zum Kriegsausbruch von 1939 sind erschreckend: Könne dieser lästige *phoney war* nicht bald vorbei sein, und wen interessierten denn diese Ostgebiete überhaupt: *Mourir pour Dantzig?*

Solange es noch Politiker gibt, die mit Putin telefonieren, nach Moskau reisen, ukrainische Teilungspläne anregen, ist er nicht gänzlich isoliert. Und solange wird er weiterhin Schach mit dem Westen spielen, rücksichtslos Menschen und Material opfern, um den Eindruck unendlicher Leidensfähigkeit und unbedingter Entschlossenheit zu vermitteln. Mag die nachträgliche Analyse diese Opfer auch als inkorrekt entlarven, hofft er dennoch darauf, dass es dem eingeschüchterten Gegner nicht gelingt, sie unter hohem psychologischen und zeitlichen Druck am Brett zu widerlegen.[278]

Der Ausgang der Partie ist offen, aber die Opfer sind teuer erkauft und irreversibel. Denn die Uhr läuft auch gegen Putin. In den russischen Fassaden erscheinen die ersten Risse, die wirtschaftlichen und militärischen Ressourcen schmelzen ab. Putin wird mit einem verlorenen Endspiel dastehen, wenn die hohen Abnutzungsraten und die wirtschaftlichen Verwerfungen alle Reserven restlos aufzehren. Es wird künftigen Generationen schwerfallen, noch an die Märchenbilder unbegrenzter Ressourcen zu glauben, Inflation und Armut zu übersehen. Wer heute mit geflüchteten ukrainischen Kindern zur Schule geht, wird anders nach Osten schauen. Und das Netz vergisst nicht: Die Satellitenbilder sich leerender Lager, die Videos von Panzern mit spektakulär abgesprengten Gefechtstürmen, von russischen Soldaten auf Motorrollern sind schon heute ein zeithistorisches Erbe. Putin hat alles geopfert, was er in einem Vierteljahrhundert beharrlich aufgebaut hatte, aber bisher hat er keine positionelle Kompensation erlangt.

Katalysator

Von wegen *Ende der Geschichte*: Putins Name leitet sich ab vom russischen Substantiv путь (der *Weg*, das *Gleis*). Und tatsächlich hat er stark befahrene Trassen zu Abstellgleisen gemacht, aber auch neuen Güterverkehr begründet – in Russland, Deutschland und der Welt. Man sollte ihn daher als unwillentlichen Geburtshelfer einer neuen Zeit begreifen: Russland fährt auf tradierten Trassen ostwärts, zurück in die imperiale und fossile Vergangenheit, aber die europäischen Weichen sind anders gestellt.

Ende 2021 musste Putin die weltpolitische Lage ideal erscheinen. Die Welt war immer noch mit der Pandemie beschäftigt, die USA durch den chaotischen Abzug aus Afghanistan gedemütigt, nur zwei Jahre zuvor hatte der französische Präsident die NATO als *hirntot* bezeichnet. Zwischen 2014 und 2016 erlebte Russland eine schwere Finanzkrise, aber zog daraus seine Lehren: Bei Kriegsbeginn hatte die Zentralbank über 600 Milliarden US-Dollar an Gold- und Währungsreserven angesammelt, sie umfassend dedollarisiert, Staatsschulden zurückgezahlt und den Nationalen Wohlfahrtsfonds aufgefüllt. Die ökonomischen Konsequenzen einer kurzen *Spezialoperation* wären leicht abzufedern gewesen – hätte sie tatsächlich nur drei Tage gedauert.[279] Im Herbst 2021 zeigte eine kurze, vielleicht von Putin selbst ausgelöste Gasknappheit, wie stark die europäischen Gaspreise auf eine Unterbrechung der Versorgung reagieren würden. Das alle vier Jahre stattfindende Manöver *Westen* (запад) bot seit dem Sommer 2021 einen idealen Vorwand, um Truppen in Belarus und an der russisch-ukrainischen Grenze zusammenzuziehen.

Trotz dieser günstigen Voraussetzungen hat Putin bisher keines seiner ursprünglichen Kriegsziele erreicht: Es ist ihm bisher nicht gelungen, die Ukraine als Staat zu zerschlagen oder sie zu einem russischen Satelliten zu machen. Zwar erobert er im Donbass Dorf um Dorf, doch steht er in feindlich gesinntem Territorium. Die informellen Allianzen mit dem Iran und Nordkorea liefern zwar Waffen und Munition, doch das ist nur ein schwacher Trost angesichts der Tatsache, dass Russland nur noch stark vermindert und illegitim am westlichen Welthandel teilnimmt, vom internationalen Kapitalmarkt und dem SWIFT-Netzwerk abgeschnitten ist und sein gesamtes fossiles Geschäft mit Europa verloren hat. Je mehr Nordkorea Russland mit Truppen und Munition unterstützt, desto mehr wird Südkorea die Ukraine indirekt mit Artilleriemunition beliefern. Auch Pakistan, einer der größten Artillerieproduzenten Eurasiens, unterstützt die Ukraine bereits. Und China wird kein erstarktes Nordkorea an seiner Grenze tolerieren können, riskiert es damit doch ein Wiederaufflammen des nie beendeten Koreakriegs und damit eine amerikanische Truppenpräsenz direkt an seiner Grenze. Während Südkorea und Japan noch 2014 die Sanktionen gegen Russland nicht mittrugen, beteiligen auch sie sich seit 2022. Japan hat seine pazifistische Politik aufgegeben und rüstet auf, während Südkorea die Ukraine mit zivilen Hilfslieferungen unterstützt. Auch Thailand, Indonesien und Vietnam werden wohl bald prüfen, ob ein prorussischer Kurs noch vorteilhaft ist, wenn sich die russische Bevölkerung aufgrund steigender Inflation und Rubelentwertung keinen Urlaub im Ausland mehr leisten kann.

Auch in Europa gingen seine Pläne nach hinten los. Die Dezember-Ultimaten des Jahres 2021 haben die früher neutralen Staaten Finnland und Schweden in die Arme der NATO getrieben. Die Ostsee wird damit zum NATO-Binnenmeer, alle Anrainer gehören nun der Allianz an. Die über 1.300 Kilometer lange finnisch-russische Grenze ist nun eine NATO-Verteidigungslinie. Finnland hat seine Flugplätze in Lappland für gemeinsame Militärübungen mit der U.S. Air Force geöffnet, in Rovajärvi – der mit über 1.000 Quadratkilometer größten militärischen Ausbildungsanlage in Westeuropa – trainieren schon heute NATO-Verbände. Und Schweden ist wieder zur vorherrschenden maritimen Kraft im Ostseeraum geworden – die Vormachtstellung, die Karl XII. gegenüber Peter I. im Nordischen Krieg eingebüßt hatte, ist erneut erreicht.[280]

Anstatt die osteuropäischen NATO-Mitglieder wieder seiner *Einflusssphäre* zu unterwerfen, hat Putin Polen zum militärischen Schwergewicht Europas gemacht. Es errichtet neue, umfassende Befestigungen an seinen östlichen Außengrenzen (*Tarcza Wschód*) und plant die Stärke seiner Armee bis 2035 auf 300.000 Soldaten zu verdoppeln; diese wird dann die größte Territorialarmee Europas sein. Bereits heute fließen vier Prozent des polnischen BIP in die Verteidigung, und Polen kauft umfassend Rüstungsmaterial aus den USA und Südkorea. Nur wer nie eine fremde Besatzung erdulden musste, wer nie zwischen angrenzenden Imperien aufgeteilt wurde, kann diese Bewaffnung als paranoid verspotten. Schon aus gesundem Eigeninteresse leistet Polen auch umfassende Militärhilfen an die Ukraine. Man wird den Begriff *Osten* daher neu denken müssen: Polen ist nicht länger die östliche Flanke, sondern das Zentrum der europäischen Abwehr, und die amerikanischen Militärbeziehungen mit Warschau werden bald wichtiger sein als diejenigen mit dem zögerlichen Berlin. Aus dem Regionalflughafen Rzeszów, der früher nur von Billigfliegern angesteuert wurde, ist mittlerweile ein kleines Ramstein geworden. Er koordiniert einen Großteil der westlichen Hilfslogistik, bis zu 30 militärische Flüge landen dort täglich. Gemeinsam mit der polnischen Armee baut die U.S. Army weitere Militärbasen im südöstlichen Polen auf; das fünfte U.S. Corps hilft bereits dabei, die Suwałki-Lücke zu sichern. Und nun wendet sich selbst die NATO-Russland-Grundakte von 1997 gegen Putin: Sie ist zwar kein völkerrechtlicher Vertrag, sondern nur eine Absichtserklärung, aber dennoch erlaubt sie Truppenaufstockungen, die zur Verteidigung gegen eine Aggressionsdrohung dienen. Auf dem rumänischen Luftwaffenstützpunkt Mihail Kogălniceanu – direkt am Schwarzen Meer, nur 200 Kilometer Luftlinie westlich der Krim – entsteht derzeit die größte NATO-Basis Europas. Sie wird 10.000 Kombattanten beherbergen und doppelt so groß wie Ramstein sein.[281]

In Syrien hat Putin eine seit den 1970er Jahren etablierte Position vollständig eingebüßt. Syrien hatte nicht erst mit Bashar al-Assad eine prorussische Politik verfolgt. Schon dessen Vater Hafiz erlaubte der Sowjetunion, die Luftwaffenbasis Hmeimim sowie die Häfen von Tartus und Latakia zu nutzen – sie waren Russlands einzige maritime Standorte im Mittelmeer. Nachdem Putin 2015 im syrischen Bürgerkrieg interveniert hatte, bildeten sie einen festen Vorposten und dienten als zentrale Logistikdrehscheibe aller russischen Operationen in Afrika. Nun aber toleriert die neue syrische Regierung diese Präsenz nicht länger, Tartus ist bereits verloren, das Schicksal der restlichen Basen ist offen.[282] Im Gegensatz zu Assads relativ säkularer Diktatur vertritt die neue syrische Regierung den politischen Islam, was auch im russisch beherrschten Kaukasus nicht unbeobachtet bleibt. Und die Weltöffentlichkeit hat gesehen, dass Russland weder das Assad-Regime stützen noch seine Basen schützen konnte. Russland verbleibt im Mittelmeer nur noch die libysche Luft- und Seebasis von Al-Khadim – sofern und solange der dort de facto herrschende General Haftar zustimmt.

Trotz der syrischen Präsenz hatte es Putin verstanden, gute Beziehungen zu Israel zu etablieren – vielleicht der größte diplomatische Erfolg seiner Amtszeit. Bereits 2006 forderte er die Hamas auf, Israel anzuerkennen, ihre Milizen aufzulösen und sich auf die politische Arbeit zu beschränken. Nach 2015 verständigte er sich mit Israel auf gegenseitige Rücksichtnahmen bei Luftschlägen gegen proiranische Milizen in Syrien.[283] Selbst nach der Invasion von 2022 trug Israel die westlichen Sanktionen nicht mit, und sein Außenminister versuchte, einen Waffenstillstand zu vermitteln. Dieses Einvernehmen war keineswegs selbstverständlich.

Zwar ist Russisch in Israel die nach Hebräisch und Arabisch dritthäufigste Sprache, über eine Million Einwohner sind russische Juden oder deren Nachfahren – allerdings hat diese Präsenz einen wenig schmeichelhaften Grund: Die zaristische Politik war fundamental antisemitisch. Bereits Katharina II. nimmt die Juden ausdrücklich von ihrem 1773 erlassenen Toleranzedikt aus. In den 1880er Jahren billigt Alexander III. antisemitische Gewalt, sodass viele Juden nach Palästina auswanderten: Der deutsche Begriff *Pogrom* leitet sich ab vom russischen Verb громить (*zertrümmern*). Und auch die stalinistische Politik trägt antisemitische Züge, die 1952 im Prozess um eine angebliche *jüdische Ärzteverschwörung* hervorbrechen. In den 1970er Jahren kommt es zu einer weiteren großen Auswanderungswelle russischer Juden; die Sowjetunion unterstützte Israels arabische Gegner, darunter auch die (damals noch terroristische) PLO, schon 1967 hatte sie die diplomatischen Beziehungen zu Israel abgebrochen. Erst 1991 wird wieder eine russische Botschaft in Tel Aviv eröffnet.

Mit seiner Reaktion auf die Terroranschläge der Hamas im Oktober 2023 hat Putin seine Position in wenigen Monaten zunichtegemacht. Er kondolierte Israel trotz der hohen Opferzahl nicht, bis heute gelten weder die Hamas noch die Hisbollah in Russland als Terrororganisationen. Im Februar 2024 setzte der israelische UN-Botschafter den russischen Angriff auf die

Ukraine mit demjenigen der Hamas auf Israel gleich, und nach dem Fall des syrischen Regimes im Dezember 2024 nutzte Israel das Machtvakuum, um militärische Einrichtungen in ganz Syrien zu eliminieren. Auch die iranisch unterstützten Huthis im Roten Meer stellen für Israel eine Bedrohung dar, da sie den Hafen Eilat gefährden, seine einzige Seeverbindung südlich des Suezkanals. Vielleicht spekulierte Putin darauf, dass ein instabiler, in Krieg und Chaos versinkender Naher Osten die Ölpreise auf nachhaltig hohem Niveau halten und damit Russlands Einkommen sichern würde. Aber diese Rechnung ging nicht auf – im Gegenteil hat er den Abschied vom fossilen Zeitalter, aber auch die Globalisierung des Gasmarkts beschleunigt.

Die Energiekrise von 2022 hat die Gefahren einer einseitigen Abhängigkeit von regionalen Lieferanten verdeutlicht. Denn obwohl Russland über die größten Gasreserven der Welt verfügt, ist Erdgas keineswegs ein knappes Gut. Die geologisch bekannten Vorkommen sind ausreichend, um die Weltnachfrage der nächsten 100 Jahre zu decken. Argentinien und Mosambik haben die Krise genutzt, um ihre eigenen Gasvorkommen zu erschließen und deren globale Verschiffung vorzubereiten. Regionale Pipelines werden zwar bestehen bleiben – Nigeria projektiert sogar eine Erdgasleitung durch die Sahara nach Algerien. Aber der globale Schiffsverkehr mit Flüssiggastankern wird ab 2026 stark zunehmen, ab dann wird russisches Gas die Weltmarktpreise kaum noch beeinflussen.[284]

Putin hat aber mehr bewirkt als nur den Austausch regionaler Gaslieferanten, er hat unwillkürlich auch die Energiewende beschleunigt. Die heutigen deutschen Städte und Industrieanlagen sind zementierte Russophilie: Warum über Gebäudeisolierung oder Energieeffizienz nachdenken, wenn das Erdgas bequem und auf Jahrzehnte hinaus per Pipeline kommt? In Berlin werden immer noch 44 Prozent der Primärenergie aus Erdgas erzeugt. Nun hat die Energiekrise schmerzhaft auf diese

versäumten Innovationen hingewiesen, aber auch eine Aufhol-
jagd befeuert. München plant derzeit, seine Wärmeinfrastruktur
umzubauen und bis 2045 vollständig auf Erdgas zu verzichten.
Die Industrie setzt zunehmend auf geschlossene Wärme-Kälte-
Kreisläufe, elektrisch betriebene Brennöfen und Großwärme-
pumpen. Hauseigentümer isolieren ihre Gebäudehüllen besser,
ab 2045 verbietet ihnen das Gebäudeenergiegesetz die Nutzung
fossiler Heizungen. Erstmals ändern auch ganze Städte ihre
Energiestrategie. Mannheim hat öffentlich angekündigt, ab 2035
die Gasversorgung gänzlich einzustellen und stattdessen Wär-
mepumpen und klimaneutrale Fernwärme zu fördern.[285]

Auch die Substitution von Erdöl schreitet voran. In der
Petrochemie werden Technologien erprobt, um PE- und PP-
Kunststoffe ohne Qualitätsverlust vollständig zu recyceln, was
den Bedarf an Erdöl für die Primärproduktion von Plastik
reduziert. Und Plastikmüll kann bereits in großindustriellem
Maßstab verölt werden. Die Ölkrisen der 1970er Jahre ließen
die benzinfressenden amerikanischen Straßenkreuzer aus-
sterben und verhalfen effizienten japanischen Kleinwagen
zum Durchbruch. Heute setzen immer mehr Konsumenten
auf Elektrofahrzeuge, was zu einer starken Dekarbonisierung
des Verkehrssektors führen wird, was wiederum die Nachfrage
nach Öl verringern dürfte. Noch ist China stark von fossilen
Brennstoffen abhängig, aber es treibt seine Energiewende voran und will kurzfristig mit Kohleverstromung, langfristig
mit erneuerbaren Energieträgern und Nuklearenergie eine
flächendeckende, kostengünstige Energieversorgung schaffen.
Und auf der ganzen Welt ersetzen schon heute günstige elektri-
sche Transportmittel immer mehr die alten Verbrennungsmotoren, zumindest im Personenverkehr.[286]

Putin wird die langfristigen Folgen dieser Dekarbonisierung nicht mehr erleben, seine Nachfolger jedoch schon. Der
Höhepunkt der globalen Ölnachfrage (*peak demand*) wird

derzeit für 2030 prognostiziert, danach wird sie auf ein strukturell niedrigeres Niveau sinken. Schon vorher erwartet die IEA
eine neue Ölschwemme. Zudem schwächt sich das chinesische
Wirtschaftswachstum und damit der Haupttreiber der globalen
Ölnachfrage ab, während die US-amerikanischen Haushalte
und Industriebetriebe mit dem *Inflation Reduction Act* starke
Anreize zur Dekarbonisierung erhalten. Da Russland und die
Golfstaaten ihre Produktion nicht beliebig senken können, um
diese reduzierte Nachfrage durch ein kleines Angebot zu kompensieren – ansonsten fehlen ihnen die Staatseinnahmen –,
wird der Ölpreis auf ein dauerhaft niedrigeres Niveau sinken.
Das ist für die Golfstaaten weniger problematisch als für Russland, weil dessen Produktionskosten höher sind. Auch wenn
er damals die Energiewende nicht vorhersehen konnte, warnte
der ökonomische Reformer Gaidar schon 2007 davor, sich
auf dauerhaft hohe Ölpreise zu verlassen, ein negativer Preisschock könne das russische BIP empfindlich treffen.[287]

Nichts aber gefährdet das russische Geschäftsmodell mehr
als dauerhaft niedrige Ölpreise. Frühere Einbrüche der Öleinnahmen waren stets temporär: Die Ölschwemme von 2016
wie auch der Preiskrieg mit Saudi-Arabien von 2020 waren
schmerzhaft, aber schnell vorüber, ihre ökonomischen Folgen
federte der gut gefüllte Nationale Wohlfahrtsfonds ab. Dieser
ist nun aber nahezu aufgebraucht, weil er die Zusatzbelastun-
gen des Krieges finanzieren und das Staatsdefizit ausgleichen
muss, mangels künftiger Budgetüberschüsse wird er kaum
wieder aufzustocken sein. Gleichzeitig hat Russland sein Geschäftsmodell weiterhin auf fossile Brennstoffe ausgerichtet;
im Gegensatz zu den arabischen Staaten fehlt ein Transforma-
tionsprogramm hin zu neuen, nichtfossilen Einnahmequellen.
Was vor dem Krieg bereits galt – nichts schmerzt Russland so
sehr wie ein niedriger Ölpreis –, könnte mit der Dekarbonisierung zum neuen Normalzustand werden.

Schon 2035 könnte daher eine 50-jährige Rundreise zu Ende gehen: Einmal Wohlstand und zurück. Nachdem schon in den frühen 1980er Jahren ein globales Überangebot an Erdöl herrschte, produzierte Saudi-Arabien ab 1985 mit voller Kapazität, was einen drastischen globalen Preisverfall auslöste. Der Ölpreis halbierte sich und blieb bis in die späten 1990er Jahre bei durchschnittlich 40 US-Dollar pro Barrel. Die Sowjetunion stürzte aufgrund dieses Preisverfalls in eine strukturelle Wirtschaftskrise, von der sie sich nicht mehr erholte. Die damaligen makroökonomischen Rahmenbedingungen waren den heutigen ganz ähnlich: hohe Inflation, defizitäre Staatsfinanzen, mangelnde Wachstumsimpulse, hohe Rüstungsausgaben, eine resignierte Gesellschaft und die militärischen Belastungen der Invasion in Afghanistan. Diese Krise war nicht die einzige Ursache für den Zerfall der Sowjetunion, aber sie verstärkte bereits bestehende Auflösungserscheinungen und beschleunigte den regionalen Separatismus.[288]

Man sollte sich daher mit der Energiewende auch auf die Russlandwende vorbereiten: Nach wie vor sind die Bruchstellen des russischen Imperiums nicht geheilt, sondern nur mit Geld und Gewalt gekittet. Entfallen diese Klammern, ist eine weitere Dekolonisierung vorstellbar. Schon zur Mitte dieses Jahrhunderts könnten die Advokaten einer *multipolaren* Weltordnung ihre Konzepte verwirklicht sehen, wenn die Großmächte USA und China einvernehmlich über die Aufteilung des einstigen Imperiums verhandeln und einem bankrotten Moskauer Regime diktieren, was künftig Restrussland und was chinesischer Satellitenstaat ist.

Diese Vorstellung treibt so manchen schon heute in neue Nuklearängste: Russland dürfe nicht verlieren, denn wenn es daraufhin zerfallen sollte, was geschieht dann mit den Atomwaffen? Die Antwort bleibt dieselbe wie 1991: Sie würden weiterhin zentral aus Moskau kontrolliert. Auch wenn das Imperium vollständig zerfallen, alle territoriale Expansion seit 1552 revidiert werden sollte, wenn schließlich nur noch ein provinzielles und verarmtes Großfürstentum Moskau übrig bleiben sollte: Das Zwölfte Hauptdirektorat kontrolliert das gesamte nukleare Arsenal, unabhängig vom Lagerort ist kein Sprengkopf ohne seine Autorisierung zündfähig. Wo diese lagern, ist daher eine zweitrangige Frage, entscheidend ist die militärische Kontrolle über die nuklearen Streitkräfte in Moskau. Der Augustputsch von 1991 war daher weitaus gefährlicher als der territoriale Zerfall der Sowjetunion.[289]

Einstweilen aber gilt: Nach dem Krieg ist vor dem Krieg. Als die Sowjetunion sich 1991 auflöste, waren zwei von drei weltanschaulichen Grundsatzfragen entschieden: Wirtschaftlich hatte sich das kapitalistische System durchgesetzt, gesellschaftlich triumphierte das individualistische über das kollektivistische Modell. Die Frage aber, wie die Staatenwelt organisiert werden soll, egalitär in souveräner Gleichheit oder in Zonen imperialer Macht, blieb offen – sie wird heute gewaltsam verhandelt. Die vermeintliche Friedensperiode zwischen 1991 und 2014 erweist sich damit als Zwischenkriegszeit. Die imperiale Ideenwelt hat die Auflösung der Sowjetunion genauso unbeschadet überstanden wie diejenige des Zarenreichs. Erneut strebt sie nach globaler Dominanz. Mit ihr, nicht mit der Person Putin, findet die weltanschauliche und welthistorische Auseinandersetzung statt. In Russland ist sie unsterblich, tief in den nationalen Mythen und Selbstbildern verwurzelt. Sie findet stets neue personelle Träger, ganz unabhängig vom politischen System oder dem jeweiligen Herrscher. Ob unter den Zaren, in der Sowjetunion oder der Russländischen Föderation – stets zeigt sich dieser expansive Zug, der nach Einfluss und Kontrolle strebt. Und selbst ein innerlich zerfallendes Russland wird von vergangener Größe träumen.

Die imperiale Idee ist geradezu der Kitt, der die Brüche in

der russischen Geschichte verbindet: Zaren, Parteichefs, Präsidenten mögen kommen und gehen, politische Systeme sich verändern – sie aber ist die allumfassende Klammer, die den zeithistorischen Sekundenzeiger überdauert.[290] Unabhängig von den tatsächlichen Verhältnissen begreift sie Russland ideell als Großmacht, die ihre Hegemonie über benachbarte Regionen sichern muss. Die politische und wirtschaftliche Transformation des sowjetisch besetzten Osteuropa war in vielerlei Hinsicht eine Fortsetzung des zaristischen Imperialismus, und ganz wie die Zaren gestalteten auch die Sowjets ganze Kulturräume und soziale Identitäten um. Und wo die Sowjetunion einmal militärisch oder politisch präsent war, zog sie nicht freiwillig wieder ab – so wie auch die Zaren ihre Eroberungen nicht freiwillig aufgaben. Der rumänische König Michael I. musste das 1944 auf bittere Weise lernen. Nachdem er anfangs mit den Nationalsozialisten gekämpft, dann aber die Seiten gewechselt hatte, glaubte er, die sowjetischen Truppen würden die Nazis vertreiben, sein Königreich wiederherstellen und ihn wieder als Herrscher einsetzen. Aber die Sowjetunion hatte wenig Interesse daran, sie wollte ihn nicht einmal als Marionette – stattdessen zwang sie ihn zur Abdankung und schuf einen kommunistischen Satellitenstaat.

Obwohl Zaren und Sowjets völlig unvereinbare politische, wirtschaftliche und gesellschaftliche Systeme repräsentieren, vereint sie der expansive Gedanke der imperialen Idee. Mit liberalem Denken ist sie inkompatibel: Solange das Imperium besteht, muss es nach imperialen Gesichtspunkten funktionieren, es lässt sich kein Deckmäntelchen aus westlichen Wirtschafts- und Gesellschaftsreformen über ein innerlich ganz anders verortetes Imperium werfen. Putin handelt – unter den Prämissen seines imperialen Weltbilds – völlig rational. Im Rückblick zeigt sich nun, dass er die wirtschaftliche Kooperation mit dem Westen und dessen Friedenshoffnungen bewusst genutzt hat, um die frühere imperiale Stärke zurückzugewinnen. Wie schon nach 1917 war das Imperium in den 1990er und frühen Nullerjahren wirtschaftlich und militärisch zu schwach, um die Völker gewaltsam zu binden oder zurückzuholen. Nun aber ist der imperiale Reflex zurück. Russland hat schon 2008 mit der Invasion und bis heute andauernden Teilbesetzung Georgiens, dann 2014 mit der Besetzung der Krim, endgültig aber mit der Invasion von 2022 an die zaristischen und sowjetischen Interventionskriege angeknüpft.

Die weltanschaulichen Modelle sind diametral entgegengesetzt und unvereinbar, die Frage muss ausgekämpft werden. Und daher wird die Auseinandersetzung weitergehen, auf neuen Schauplätzen und mit anderen Akteuren: Nach dem Krieg ist vor dem Krieg. Wie ernst ist es dem Westen mit seinen Sicherheitsgarantien? Die russische Invasion hat das Budapester Memorandum nicht vollkommen gegenstandslos gemacht – die Erklärung gegenüber der Ukraine ist Makulatur, aber diejenigen gegenüber Kasachstan und Belarus sind in Kraft. Wenn Russland genauso mit Kasachstan verfährt wie mit der Ukraine – würde man auch Waffenhilfe leisten? Sollte sich Belarus eines Tages seines Diktators entledigen – die Exilopposition arbeitet darauf hin, beinahe wäre der Revolutionsversuch 2020 geglückt – und Russland dann eine weitere *Spezialoperation* einleiten, würde man bei der Abwehr helfen?

Gewinnen wird derjenige, der die größere innere Stärke besitzt, sein Regelsystem durchzusetzen. Es ist durchaus möglich, dass der Westen diese weltanschauliche Auseinandersetzung verliert. Noch steht nicht fest, wessen Götter schließlich dämmern werden: Russland ist entschlossen, seine Ideen gewaltsam durchzusetzen, der Westen hingegen erscheint heute zögerlich, mutlos, von autoritärem Denken durchdrungen, mehr mit Inflation und Migration beschäftigt als mit der internationalen Ordnung. Es ist durchaus möglich, dass er an innerer Schwäche zugrunde geht, den Glauben an die liberalen Werte, an das Recht verliert: *Failure is an option.* Noch in diesem Jahrhundert wird sich entscheiden, ob der Briand-Kellogg-Pakt und die UN-Charta nur kurzlebige Zwischenspiele, idealistische Träumereien in einer brutalen Welt waren, in der man sich unablässig bekriegt, in der jeder jeden überfallen und annektieren kann.

Man verstand es einst, die Sprache der Stärke mit dem russischen Imperium zu sprechen. Westberlin ist nicht durch Besonnenheit verteidigt worden, sondern durch Entschlossenheit. Sowohl 1948 als auch 1961 versuchte die Sowjetunion, das Viermächtestatut zu revidieren, indem sie die Versorgungswege und den Reiseverkehr in die westalliierten Sektoren blockieren ließ. Man stelle sich vor, Lucius D. Clay hätte auf Appeasement gesetzt: Warum nicht die *berechtigten Sicherheitsinteressen* anerkennen, die Stadt demilitarisieren oder sie gleich sowjetischer Verwaltung unterstellen, selbstverständlich nur gegen schriftliche Sicherheitsgarantien?

Westberlin war militärisch nicht zu verteidigen. In der DDR stand die Gruppe der sowjetischen Streitkräfte in Deutschland (GSSD), sie verfügte über eine halbe Million ständig einsatzbereiter, für schnelle Offensiven ausgebildeter Rotarmisten und mindestens 5.000 Kampfpanzer. Die Sowjetunion hätte problemlos die westalliierten Sektoren überrennen und die dort wohnhafte Zivilbevölkerung als Geiseln nehmen können – hätte damit aber den Dritten Weltkrieg ausgelöst. Der Gedanke der *tripwire defense* bestand gerade darin, diese Aggression prohibitiv teuer zu machen – und daher verlangte er implizit von der *Berlin Brigade*, sich bei einer Invasion zu opfern; mit diesen unerträglich hohen Verlusten wären die USA gezwungen gewesen einzugreifen. Alliierte Soldaten und die Bevölkerung Westberlins lebten bis 1990 im Angesicht dieser Möglichkeit, ließen sich jedoch nicht einschüchtern – auch

von nuklearen Drohungen nicht. Weder die deutsche Ostpolitik noch die Helsinki-Schlussakte bremsten die sowjetische Expansion, sondern das militärische Abwehrdispositiv
der NATO, wobei das atomare Abschreckungspotenzial der
USA die konventionelle Unterlegenheit der westeuropäischen Armeen kompensierte. Die Sowjetunion wagte die of-
fene Konfrontation nicht, es bildete sich das *Gleichgewicht des
Schreckens*. Auch nach den Abrüstungsrunden des späten 20.
Jahrhunderts bleibt die wechselseitige nukleare Abschreckung
bis heute das Fundament der globalen Sicherheitsordnung.
Man hat weniger Sprengköpfe auf beiden Seiten, aber die Logik
der gegenseitig zugesicherten Vernichtung (*mutually assured
destruction*, MAD) ist unverändert. Auch sie spricht die Sprache der Stärke: Es stimmt, dass eine aus Kaliningrad abgefeu-
erte Rakete in wenigen Minuten in London ist, aber das gilt
auch für die Gegenrichtung. Erst wenn der Westen innerlich
wieder bereit ist, in diesem Ton mit dem Imperium zu sprechen, kann die Expansion aufgehalten und eine – tatsächlich
glaubwürdige – rote Linie gezogen werden. Man wird lernen
müssen, umzudenken, die eigene Weltanschauung und die
Weltgeltung des Völkerrechts genauso hart und entschlossen
durchzusetzen, wie Russland sie heute infrage stellt.

Die toten ukrainischen Zivilisten mahnen: *Prägen Sie sich
immerhin ein, dass Toleranz zum Verbrechen wird, wenn sie
dem Bösen gilt.*[291] Denn die imperiale Idee ist von Natur aus
expansiv; sie strebt ständig nach Ausdehnung, will Vasallen
schaffen und beherrschen, während sich das westfälische System auf der souveränen Gleichheit aller Staaten gründet. Wenn
man Imperien widerstandslos expandieren lässt, werden immer mehr Staaten ihre Souveränität einbüßen, zu Satellitenstaaten herabsinken oder gänzlich annektiert werden. Daher
muss die westfälische Staatenordnung aktiv verteidigt werden, will die freie Welt nicht an der eigenen Passivität und an

fortgesetztem Appeasement zugrunde gehen. Solange es noch Regime gibt, die die Weltordnung gewaltsam verändern wollen, sind Aufrüstung und Abschreckung der Preis für Freiheit und Stabilität – denn ist die Aggression einmal geschehen, bietet das Völkerrecht nur unvollkommene Sanktionsmechanismen, selbst wenn der Verteidiger sich bewähren sollte.

Als Nuklearmacht kann Russland weder militärisch besetzt noch zur Kapitulation gezwungen werden. Es muss daher nicht fürchten, dass der Krieg zum strukturellen Untergang führt; die Ukraine kann zwar militärische Ziele beschießen, nicht aber den russischen Staat als Ganzes besetzen oder zerschlagen. Forcierte Reparationszahlungen, wie sie nach dem Zweiten Weltkrieg auferlegt wurden, sind daher nicht durchsetzbar. Und freiwillig wird Russland nicht für den Wiederaufbau der Ukraine zahlen. Zwar sind etwa 300 Milliarden US-Dollar an Reserven der russischen Zentralbank blockiert, die bei westlichen Zentralbanken gehalten werden – konfisziert sind sie jedoch nicht. Immerhin werden die Zinsen zugunsten der ukrainischen Verteidigung abgeschöpft, aber das ist lediglich ein Tropfen auf den heißen Stein: Bereits zu Beginn des Jahres 2023 schätzte die Weltbank die Kriegsschäden auf 411 Milliarden US-Dollar, und sie wachsen täglich. Auch der Verlust menschlichen Lebens ist völkerrechtlich schwer zu sühnen. Zwar kann Russland sich seiner völkerrechtlichen und humanitären Verantwortung nicht entziehen. Als Rechtsnachfolger des russischen Kaiserreiches ist es an die Haager Abkommen gebunden, und als Nachfolger der Sowjetunion an die Genfer Konventionen (1949) sowie an deren Zusatzprotokolle (1977). Verbrechen gegen das humanitäre Völkerrecht verjähren ebenso wenig wie die Haftbefehle des Internationalen Strafgerichtshofs. Der universelle Konsens des zwingenden Völkerrechts, das Folter, Völkermord und Sklaverei ächtet und den Angriffskrieg verbietet, gilt für alle Staaten, immer und überall. Russland hat zahllose

Kriegsverbrechen begangen, von den Massakern in Butscha, Izyum und Mariupol bis hin zur Entführung ukrainischer Kinder. Auch die Zerstörung der Lebensgrundlagen, die Russland mit dem Beschuss der ukrainischen Energieinfrastruktur vorgenommen hat, ist gemäß Artikel 22 und 23g der Haager Landkriegsordnung (1907) wie auch nach den Genfer Konventionen explizit verboten. Doch wie soll man diese Verbrechen sühnen und die Haftbefehle durchsetzen, insbesondere gegen einen autoritären Staat, der das Völkerrecht missachtet? In den USA sind die Kriegsverbrechen von Abu Ghraib durch starken öffentlichen Druck aufgeklärt und die Täter verurteilt worden – in Russland erhielt die Einheit, die das Massaker von Butscha verübte, ein Belobigungsschreiben und einen Ehrentitel für hervorragende Pflichterfüllung.[292]

Die einzige Möglichkeit, diese Verbrechen zu sühnen, wäre die Schaffung eines Sondertribunals, ähnlich dem mit Resolution 827 des UN-Sicherheitsrats geschaffenen Tribunal zur Aufarbeitung der Kriege im ehemaligen Jugoslawien. Doch selbst dann wäre eine strafrechtliche Verurteilung unwahrscheinlich, da viele der Täter bereits im Krieg umgekommen sind oder von Russland nicht ausgeliefert werden. Der Haftbefehl des Internationalen Strafgerichtshofs setzt zwar ein starkes Signal, und Putin reist seither nicht mehr in Staaten, die dem Römischen Statut beigetreten sind und den Haftbefehl vollstrecken könnten. Doch dass er jemals ausgeliefert und vor Gericht gestellt wird, erscheint kaum vorstellbar. Und selbst wenn es gelingt, die Täter zu fassen und zu verurteilen: Keine noch so harte Sühne baut die zerstörten Häuser und Kraftwerke wieder auf oder holt die toten Zivilisten und Soldaten ins Leben zurück. Daher wäre es sinnvoller, präventiv abzuschrecken, statt sich nach vollzogener Aggression um Bestrafung zu bemühen. Der Sicherheitsrat der Vereinten Nationen ist dazu jedoch nicht in der Lage. Zwar kann er ein Mandat erteilen, das die gewaltsame Wiederherstellung des Status quo legitimiert, doch präventive Abschreckung ist ihm nicht möglich – insbesondere dann nicht, wenn der Aggressor ein ständiges Mitglied des Sicherheitsrats ist. Aber eigentlich soll er das globale Gewaltverbot garantieren und durchsetzen, die fünf Siegermächte des Zweiten Weltkriegs sollten dafür verantwortlich zeichnen.[293]

Doch Mandate zur gewaltsamen Wiederherstellung des Status quo müssen einstimmig beschlossen werden, ein einziges Veto reicht, um es zu verhindern. Und ist ein ständiges Mitglied selbst der Aggressor, kann es durch sein Veto die Erteilung eines solchen Mandats blockieren – so wie Russland 2022. Diese Politik setzt eine unrühmliche Reihe fort: 1979 überfiel die Sowjetunion Afghanistan, 1979 griff China Vietnam an, und 2003 fielen die USA in den Irak ein – in keinem dieser Fälle wurde die Aggression direkt geahndet. Somit können de facto alle fünf ständigen Mitglieder Angriffskriege führen, ohne mit unmittelbaren Konsequenzen rechnen zu müssen. Die einzige verbleibende Möglichkeit der Abwehr ist die Unterstützung durch andere Staaten im Rahmen der Selbstverteidigung gemäß Artikel 51 der UN-Charta – wie es derzeit in der Ukraine geschieht.

Zwar könnte ein Staat, der die UN-Charta wiederholt verletzt, gemäß Artikel 6 ausgeschlossen werden, doch auch dieser Schritt erfordert die Zustimmung des Sicherheitsrats. Dadurch ist das Problem innerhalb des Rechtsrahmens der Charta unlösbar. Ihre Revision ist nur mit Zustimmung der Vetomächte möglich – was eine Reform des Sicherheitsrats praktisch ausschließt, denn die ständigen Mitglieder werden kaum freiwillig auf ihre Macht verzichten. Zeitgenössische Reformvorschläge mögen gut gemeint sein, lösen aber dieses grundlegende Dilemma nicht.[294] Die einzige mögliche Lösung wäre die Schaffung einer neuen internationalen Organisation – die UN könnten also eines Tages enden wie der Völkerbund. Schon 2015 hatte Putin angedeutet, dass die UN sich als Institution überlebt hätten, heute verbreitet sein dortiger Vertreter absurde Staatspropaganda, um ihr internationales Ansehen zu entwerten.[295]

Die einzige harte Garantie für den Frieden bleibt daher die präventive Abschreckung. Es lässt sich nicht verhindern, dass autoritäre Regime von Weltgeltung träumen, aber es ist möglich, klar und bestimmt aufzuzeigen, welche Folgen eine militärisch aggressive Politik haben wird. Diese präventive Demonstration militärischer Kraft (*show of force*) war in jüngster Zeit bereits erfolgreich. Nach dem Angriff der Hamas auf Israel im Oktober 2023 fuhren mächtige Flottenverbände mit Flugzeugträgern im östlichen Mittelmeer auf, um dem Iran zu signalisieren, dass eine Intervention sehr kostspielig sein könnte. Der Westen hatte 2021 nicht das Rückgrat, ein ähnliches Signal für die Ukraine zu setzen. Man hätte ihr präventive Lieferzusagen geben und so die Kosten einer russischen Invasion erheblich steigern können – Russland hätte dann berücksichtigen müssen, dass es gegen einen unerschöpflichen Strom westlicher Waffen und Munition kämpfen würde. Eine derartige Machtentfaltung ist derzeit jedoch nur den USA möglich. Journalistische Spekulationen, dass sie nicht in mehreren Regionalräumen gleichzeitig aktiv sein könnten, entsprechen nicht den militärischen Fakten. Allein die U. S. Navy verfügt über mehr als 280 global einsatzfähige Kampfschiffe, darunter elf Flugzeugträger. Es mag nicht jedem gefallen, in einer amerikanisch garantierten Welt zu leben, aber sie ist eindeutig einer *multipolaren* Weltordnung vorzuziehen, in der Imperien die Welt unter sich aufteilen und über ihre Satelliten herrschen. Eine Welt, in der Russland seine *Einflusssphäre* regiert, können sich nur diejenigen herbeiwünschen, die nicht darin zu leben haben – oder diejenigen, die sich schon heute vorauseilend den neuen Herren andienen.

Putins Tragik liegt letztlich darin, dass er sich nicht von diesen imperialen Ordnungsvorstellungen lösen konnte. Für ihn existiert eine ukrainische Nation nicht, er *kann* in der Ukraine nichts anderes sehen als eine Kolonie, die eigentlich russisch, ja von Russland erst erschaffen worden sei und fundamental in der russischen *Einflusssphäre* verortet ist. Wie seinem politischen Ziehvater Andropow, der 1956 als Leiter der KGB-Außenstelle in Budapest den ungarischen Aufstand miterlebte, so muss ihm auch der Euromaidan von 2013 als ein von ausländischen Mächten angezettelter Aufstand erschienen sein. Er selbst erlebt 1989 in Dresden die friedliche Wende in der DDR mit, auch diese erschien ihm vielleicht als westlicher Umsturzversuch.

In seinem imperialen Weltbild ist kein Platz für die Idee, dass die Ukraine eine eigene nationale Identität besitzt, dass ihre Menschen sich nicht als *Kleinrussen*, als Bewohner *Neurusslands* empfinden. Darauf weist auch die ursprüngliche Invasionsplanung hin: Wer ein Land, das größer als Frankreich ist und 44 Millionen Einwohner hat, innerhalb von 14 Tagen mit nicht einmal 200.000 Soldaten niederwerfen will, muss davon ausgehen, dass das Land gar nicht besetzt werden muss, dass dessen Armee sich von selbst auflöst, sobald die westlich installierte Agentenregierung flieht, dass die Bevölkerung binnen kurzem die russischen *Befreier* bejubelt. Wie überrascht musste er sein, dass das scheinbar inexistente Gebilde sich doch so entschlossen wehrte.

Stets mahnt er in seinen Reden, nicht die Fehler der Vergangenheit zu wiederholen, aber die *Spezialoperation* ist fast wörtlich dem Drehbuch der sowjetischen Invasion in Afghanistan entnommen: Fallschirmjäger erobern ein Flugfeld nahe der Hauptstadt, darüber eingeflogene Truppen nehmen sie im Handstreich, gleichzeitig stoßen in der Provinz dezentral geführte Verbände entlang der Hauptverkehrsachsen vor. Und als dieser Plan nicht aufging, reagierte er genau wie die sowjetischen Truppenführer: Mehr Material hineinwerfen, mehr Menschen, es kann nicht sein, dass zerlumpte Bauern mit amerikanischen Waffen sich uns erfolgreich widersetzen.[296] Russland hat schon jetzt ein Vielfaches der Verluste von 1979 erlitten, menschlich wie materiell, und ein Ende ist nicht in Sicht. Im Februar 2025 hatte Russland bereits über 20.000 mechanisierte Systeme und Luftkampfmittel verloren. Schon in den ersten Kriegswochen begann das propagandistische *Z* auf den russischen Fahrzeugen für *zerstört* zu stehen. Seit dem Koreakrieg hat keine mechanisierte Landarmee in so kurzer Zeit so umfassende Verluste erlitten; die vermeintliche Großmacht ist von einem in jeder Hinsicht schwächeren Gegner umfassend und gegen ihren Willen abgerüstet worden. Ihre Infanterie nimmt zwar Dorf um Dorf im Donbass ein, aber Russland blutet dabei langsam aus. Es ist nicht unvorstellbar, dass es sich zu Tode siegt.[297]

Die Schrecken des Krieges sind heimgekehrt, die Europäer können nicht länger die Augen davor verschließen und sich davonträumen. Die Ukraine hat ihnen schmerzhaft die eigenen Lebenslügen aufgezeigt, ihnen vorgeführt, wie Appeasement letztlich immer endet. Und vielleicht liegt die historische Ironie darin, dass ihr Wehrwille auch diejenigen Milieus, die sich noch heute dem russischen Imperium andienen wollen, vor sich selbst schützt. Vielleicht wird es ihnen eines Tages gelingen, ihre Sehnsüchte nach einem slawischen Märchenland glücklicher Familien und reicher Ressourcen in die weiten Landschaften der Ukraine zu projizieren.

Diese aber sind für Putin unerreichbar geworden, solange die westliche Waffenhilfe weitergeht. Es wehen russische Flaggen im Donbass, aber sie wehen über zerbombten Städten und Dörfern, dort siedelt niemand mehr. Die Unterstützer seiner Marionettenregime haben sich nach Moskau abgesetzt, sofern

der Krieg sie nicht verschlungen hat. Die Industriebasis des
Donbass, die Putin so stolz als sowjetisches Erbe preist (sie
entstand bereits in den 1880er Jahren), ist im Krieg restlos vernichtet worden. Der tatsächlich sowjetisch erbaute Staudamm
von Nova Kachowka ist zerstört, die fruchtbare Schwarzerde
so stark von Schützengräben durchzogen und vermint, dass
Landwirtschaft auf absehbare Zeit unmöglich ist. Und nun
werden die Kriegs- und Besatzungskosten auf die russischen
Regionalbudgets umgelegt, deren Verwalter sich zunehmend
unzufrieden zeigen.[298]

Er hätte es billiger haben, eine permanent neutrale Ukraine
tolerieren können, die zwar mit der EU wirtschaftlich assozi-
iert, aber weder EU- noch NATO-Mitglied gewesen wäre. Nun
aber ist ihr westlicher Integrationskurs unumkehrbar geworden. Aber Putin hat ihr nicht nur dazu, sondern auch zu einem
postmodernen Gründungsmythos verholfen. Sein Angriff hat
der Ukraine gerade den inneren und ideellen Zusammenhalt gegeben, den das russische Imperium für sich selbst nie
gefunden hat: Egal, ob orthodox, muslimisch oder katholisch,
polnischer, ukrainischer oder russischer Muttersprache, slawischer, jüdischer oder krimtatarischer Abstammung – alle eint
der Verteidigungskampf für die Freiheit und die Bewahrung
der Souveränität. Stellte so mancher noch 2014 infrage, ob eine
ukrainische Identität oder Staatlichkeit überhaupt existiere, so
begründet der Abwehrkampf der Ukraine endgültig eine vereinigende Nationalidee.

Aber nach Osten wird man die Grenzen schwer befestigen müssen, ihr künftiges Erscheinungsbild wird ihrem Namen entsprechen: у країна, *beim Grenzland*. Die Frage ist
nicht länger, ob sie zur zentralen Festung des künftigen europäischen Abwehrgürtels wird, sondern nur noch, wo die
Hauptkampflinie verläuft: an der Staatsgrenze von 1991, im
Donbass oder am Dnipro. Jedenfalls lässt der Krieg sich nicht

einfrieren – Russland wird jede Kampfpause nutzen, um sich zu konsolidieren und wiederaufzurüsten, und danach erneut versuchen, die Ukraine zu unterwerfen. Und solange die Krim russisch besetzt bleibt, solange sich dort Flugplätze und Munitionslager befinden, kann die Ukraine jederzeit erneut angegriffen werden. Und auch wenn die konventionellen Kampfhandlungen enden sollten, wird Russland nicht von seinem imperialen Denken abrücken und auch weiterhin versuchen, den Staat mit allen Mitteln der hybriden Kriegführung zu destabilisieren. Wirklich enden wird der Krieg erst, wenn die Ukraine untergeht oder sie ihr besetztes Staatsgebiet restlos befreit.

Ihr bleibt daher nichts anderes übrig, als massiv aufzurüsten, will sie ihre Staatlichkeit erhalten. Bis sie militärisch in der Lage ist, die vollständige Kontrolle über ihr Territorium zurückzugewinnen, wird sie die Hauptkampflinie so hart wie möglich befestigen und technische Infrastrukturen gegen russische Sabotageakte isolieren müssen. Der NATO beitreten kann sie auf absehbare Zeit nicht, solange ein Teil ihres Staatsgebiets russisch besetzt bleibt, aber ihre eigene Rüstungsindustrie ist im Aufbau begriffen, und es gibt erste Joint Ventures westlicher Rüstungsunternehmen mit dem umfirmierten ukrainischen Staatskonzern UDI. Die europäischen Staats- und Regierungschefs haben im Dezember 2024 erklärt, die Ukraine mit *eisernen Sicherheitsgarantien* ausstatten zu wollen – man wird ihre Entschlossenheit daran messen, welche Taten diesen Worten folgen. Praktikabel wäre ein Übergangsmodell nach israelischem Vorbild, in dem die USA oder ein Verbund europäischer Staaten die Ukraine massiv aufrüsten und mit einer unbedingten militärischen Unterstützungszusage im Falle erneuter russischer Aggression versehen. Diese scharfkantige Abwehr, gepaart mit der militärischen und wirtschaftlichen Unterstützung des Westens, ist ihre einzige Überlebensgarantie.[299]

Wer sich auch heute noch empört, dass die Ukraine sich gegen die russische Aggression mit Waffengewalt wehrt und sich nicht unterwerfen will, hat vielleicht die wohlstandspazifistische Prägung zu sehr verinnerlicht – *der Klügere gibt nach!* Aber was in der Verkehrserziehung funktioniert, führt im Krieg in die Selbstvernichtung. Wer heute aus der warmen, bequemen Etappe, wo man frei unter dem sicheren NATO-Schirm lebt, die Ukraine in Gutsherrenmanier zu *Verhandlungen* auffordert und laut überlegt, welche Landesteile sie zuerst abtreten könnte, sollte sich fragen, ob er zu Hause tolerieren würde, was er von anderen Völkern wie selbstverständlich erwartet. Wer dem Imperium eine *Einflusssphäre* zugestehen will, muss sich nicht wundern, wenn ihm bald die Länder ausgehen, über deren Territorium es sich verhandeln lässt, wenn bald über das eigene Land verhandelt wird und man unversehens selbst in einem russisch kontrollierten Satellitenstaat lebt.

Das Ende der Geschichte ist erneut vertagt worden. Es hilft daher wenig, *Meine Söhne geb ich nicht* zu singen, solange es expansive Staaten gibt, die glauben, über dem Völkerrecht zu stehen. Wer immer nur davonläuft, wird irgendwann feststellen, dass man nirgendwohin mehr fliehen kann, weil die ganze Welt unfrei geworden ist. Und diejenigen, unter denen man dann zu leben hat, fragen nicht mehr, ob man die Söhne geben will – sie nehmen sie sich mit Gewalt. Natürlich ist der Weltfrieden ein alter Menschheitstraum. Wer wünscht sich nicht eine Welt herbei, in der alle Menschen frei und friedlich leben, ungestört miteinander Handel treiben, in der politischer Wettbewerb nur in einem globalen, allseits akzeptierten Rechtsrahmen stattfindet und Konflikte nur vor internationalen Schiedsgerichten ausgetragen werden. Aber solange es unsterbliche Ideen gibt, die nicht die individuelle Freiheit, sondern die rücksichtslose staatliche Gewaltanwendung legitimieren wollen, solange es Weltanschauungen gibt, die anderen Völkern und Staaten das Existenzrecht und die Souveränität absprechen, muss auch diese friedliche Welt gewaltsam abgeschirmt werden.

Als Ronald Reagan 1987 in Westberlin sprach – *tear down this wall* –, demonstrierten 50.000 Menschen gegen seine Anwesenheit in der Stadt und seine atomare Abschreckungspolitik gegenüber der Sowjetunion. Kein einziger von ihnen hätte auch nur ein Wort sagen oder einen Schritt tun können, wenn die Alliierten nicht die Existenz Westberlins und damit die persönliche Freiheit der Demonstranten militärisch garantiert hätten. Was sie als selbstverständlich hinnahmen – frei zu sprechen und Kritik äußern zu können, ohne Repressalien fürchten zu müssen –, war auf der anderen Seite der Mauer unmöglich.

Die Ukraine zeigt, was passiert, wenn kein Schutzschirm, keine Alliierten vorhanden sind, während ein expansiver Nachbar imperiale Ideen verfolgt. Sie lehrt aber auch, wie effektiv man selbst begrenzte Mittel einsetzen kann, wenn der Wille, sich der Gewalt zu verweigern, stark genug ist. Ohne westliche Waffenhilfe hätte die Ukraine nicht lange kämpfen können – ohne ihren Widerstandswillen aber auch nicht. Jeder Einzelne kann und sollte sich heute fragen, ob er oder sie selbst den Mut gehabt hätte, zu widerstehen, statt sich vorauseilend zu unterwerfen, ob der eigene Ruf gelautet hätte: *I need ammo, not a ride.* Vielleicht hat die Ukraine der westlichen Welt den moralischen Kompass zurückgegeben, ihr gezeigt, dass selbst blutig erkämpfte Selbstbestimmung besser ist als Sklaverei oder Flucht. Diese wehrhafte Freiheitsliebe ist das Vermächtnis des Krieges.

Personen- und Stichwortverzeichnis

Quellen und Anmerkungen

1 Vgl. Mund, S. (2003) *Orbis Russiarum: genèse et développement de la représentation du monde »russe« en Occident à la Renaissance*. Genève: Librairie Droz, pp. 108–111.

2 Zum gemeinsamen Ursprung und der unterschiedlichen Entwicklung beider Staaten vgl. Plokhy, S. (2008) *Ukraine & Russia: Representations of the past*. Toronto: Toronto University Press. Zur Kulturgeschichte der alten Rus vgl. Pritsak, O. (1977) The origin of Rus'. *The Russian Review* 36(3), 249–273.

3 Übersichtsweise zur imperialen Expansion nach Osten, die das zerfallende mongolische Weltreich quasi retrograd aufsaugt, vgl. Shields Kollmann, N. (2017) *The Russian Empire 1450–1801*. Oxford: Oxford University Press; zum mongolischen Weltreich selbst vgl. May, T., Hope, M. (2022) *The Mongol World*. London: Routledge.

4 Nikolaus II. ließ 1897 die erste und einzige reichsweite Volkszählung durchführen, bei der die Nationalität indirekt durch Fragen zur Sprache, Religion und Stand ermittelt wurde, vgl. Cadiot, J. (2004) Searching for nationality: Statistics and national categories at the end of the Russian empire (1897–1917). *The Russian Review* 64, 440–455; Bauer, H. et al. (1991). Die Nationalitätenfrage im Russischen Reich: Auswertung der Volkszählung von 1897. *Historical Social Research* 16(2), 171–181.

5 Vgl. hierzu die letzte vollständige Volkszählung der Sowjetunion, Originaldaten: Болдырев, В. А. (1990): Итоги Переписи Населения СССР. Население СССР По Данным Всесоюзной Переписи Населения 1989 Г., Государственный Комитет СССР По Статистике, Москва.

6 Vgl. Kappeler, A. (2022) *Russland als Vielvölkerreich* (vierte Auflage). München: C. H. Beck, speziell zu den Problemen des inneren Staatsaufbaus vgl. Kappeler, A. (Hrsg.) (1996) *Regionalismus und Nationalismus in Russland*. Baden-Baden: Nomos.

7 Dieser Ausspruch stammt von Graf Sergej Witte (1849–1915), der Alexander III. und Nikolaus II. zwischen 1892 und 1903 als Finanzminister dient, zitiert nach Hosking, G. (1997) *Russia: People and Empire 1552–1917.* Cambridge MA, p.479 (eigene Übersetzung). Zur Bedeutung der russischen Geographie für die imperiale Identität vgl. Bassin, M. (2006)

Geographies of imperial identity, in Lieven, D. (ed.) *The Cambridge history of Russia*. Cambridge University Press, pp. 45–64.

8 Zum oft schmerzhaften und diffusen Prozess nationaler Selbstfindung im russischen Imperium vgl. Billington, J. (2004) *Russia: In search of itself*. Baltimore MD: Johns Hopkins University Press. Zur Identitätssuche und der fluiden politischen Symbolik nach 1991 vgl. Chafetz, G. (1996) The struggle for a national identity in post-Soviet Russia. *Political Science Quarterly* 111(4), 661–688 sowie Tolz, V. (1998) Conflicting »homeland myths« and nation-state building in postcommunist Russia. *Slavic Review* 57, 267–294. Zur Fortexistenz der strukturellen Probleme eines Vielvölkerstaates in der Russländischen Föderation vgl. Codagnone, C., Filippov, V. (2000) Equity, exit and national identity in a multinational federation: The ›multicultural constitutional patriotism‹ project in Russia. *Journal of Ethnic and Migration Studies* 26(2), 263–288.

9 Peter I. wird 1721 vom Regierenden Senat und der Großen Synode zum Kaiser proklamiert, in seiner Annahmeerklärung nennt er sein Reich erstmals offiziell *Russländisches Imperium* (Российская Империя), vgl. Hughes, L. (1998) *Russia in the age of Peter the Great*. Yale University Press. Daher ist es genau genommen falsch, von einer *russischen* Föderation zu sprechen, aber der westlichen Staatsrechtslehre fehlt eine entsprechende Begrifflichkeit. Im 19. Jahrhundert erfinden deutsche Gelehrte daher das Kunstwort *russländisch*, um die Unterscheidung zwischen ethnischen russischen und nichtrussischen Angehörigen des Imperiums zu replizieren.

10 Zitiert nach Romaniello, M. (2012), *The elusive empire: Kazan and the creation of the Russia*. Madison: University of Wisconsin Press, p.3 (eigene Übersetzung).

11 Zur Ideenwelt des Panslawismus vgl. Kohn, H. (1961) The impact of pan-Slavism on Central Europe. *The Review of Politics* 23(3), 323–333; zu ihrer Bedeutung in den Balkankriegen des 19. Jahrhunderts vgl. Gülseven, A. (2017) Rethinking Russian pan-Slavism in the Ottoman Balkans: N. P. Ignatiev and the Slavic Benevolent Committee (1856–77). *Middle Eastern Studies* 53(3), 332–348. Zur Geschichte allrussischer Ideen vgl. Kolstø, P. (2025) Ukrainians and Russians as ›one people‹: An ideologeme and its genesis. *Ethnopolitics* 24(2), 139–158.

12 Rudyard Kipling (1865–1936), Autor des *Dschungelbuchs* und Literaturnobelpreisträger von 1907, deutet in seinem Gedicht *The white man's burden* (1899) die Kolonisierung fremder Landstriche als zivilisatorische, gottgewollte Bildungsmission um. Detailliert zu den Vorstellungen russischer Staatsmänner, Militärs und Historiker des 19. Jh., die den Völkern des Imperiums die Fähigkeit zur Staatsbildung absprechen, vgl. Schulze-Wessel, M. (2023) *Der Fluch des Imperiums*. München: C. H. Beck, pp. 87 ff. Zur Idee der Selbstkolonisation vgl. Etkind, A. (2011) *Internal colonization: Russia's imperial experience*. Cambridge: Polity Press. Zur

Kontinuität dieses Denkens in der Sowjetunion vgl. Kassymbekova, B., Chokobaeva, A. (2023) *Expropriation, assimilation, elimination: understanding Soviet settler colonialism.* South/South Dialogues, 5.7.2023.

13 Zur sowjetischen Nationalitätenpolitik unter Stalin vgl. Kotljarchuk, A., Sundström, O. (Hrsg.) (2017) *Ethnic and religious minorities in Stalin's Soviet Union: New dimensions of research.* Södertörn Academic Studies; Blitstein, P. (2006) Cultural diversity and the interwar conjuncture: Soviet nationality policy in its comparative context. *Slavic Review* 65(2), 273–293. Die inneren Widersprüche der sowjetischen Nationalitätenpolitik erläutert Slezkine, Y. (1994) The USSR as a communal apartment, or how a socialist state promoted ethnic particularism. *Slavic Review* 53(2), 414–452.

14 Zu Putins imperialem Projektionsgedanken jenseits der Nationalstaatsgrenzen, der sich auch in anderen Imperien finden lässt, vgl. Mankoff, J. (2022) *Empires of Eurasia.* Yale University Press, 23–43.

15 Zur Basmatschi-Revolte vgl. Olcott, M. (1981) The Basmachi or freemen's revolt in Turkestan 1918–1924. *Soviet Studies* 33(3), 352–369.

16 Zu den Auflösungserscheinungen während der Bürgerkriegsjahre vgl. Raleigh, D. (2006) The Russian civil war, 1917–1922, in Suny, R. (ed.) *The Cambridge history of Russia.* Cambridge University Press, pp. 140–167.

17 Nüchterne zeitgenössische Wahrnehmungen, die nicht der damaligen Gorbatschow-Euphorie verfielen, lieferten Aron, L. (1989) *Gorbatchev's mounting nationalities crisis.* Heritage Foundation, The Backgrounder, 9.3.1989 sowie Olcott. M. (1989) Gorbachev's national dilemma. *Journal of International Affairs* 42(2), 399–421. Der später als Gegner Jelzins im ersten Tschetschenienkrieg bekannt gewordene Dzhokar Dudayev ist 1988 in Estland stationiert, wo er sich weigert, auf zivile Demonstranten zu schießen. Gorbatschow erklärte gegenüber US-Präsident G. H. W. Bush seine unverändert imperialen Ansichten zur Nationalitätenfrage, vgl. Document No. 14: Memorandum of Conversation, Bush–Gorbachev, Second Restricted Bilateral Meeting, Malta, 11:45 a. m. – 12:45 p. m., wörtlich publiziert in Blanton, T., Savranskaya, S. (2020). *The last superpower summits.* Budapest: Central European University Press, pp. 479–569. Zu Gorbatschows gewaltsamer, aber letztlich erfolgloser Intervention in Litauen vgl. Senn, A. (1995) *Gorbachev's failure in Lithuania.* New York: Palgrave Macmillian.

18 Ausführlich zu Polens radikaler außenpolitischer Wende vgl. Meiklejohn Terry, S. (2000) Poland's foreign policy since 1989: the challenges of independence. *Communist and Post-Communist Studies* 33(1), 7–47. Die mittlerweile deklassifizierten Gesprächsprotokolle zwischen Clinton und Wałęsa sind im Originaltext verfügbar (https://clinton.presidential-libraries.us/items/show/100540).

19 vgl. von Hirschhausen, U., Leonhard, J. (2023) *Empires. Eine globale Geschichte 1780–1920.* München: C. H. Beck.

20 Zur Aufstiegsassimilation und Elitenintegration im russischen Zarenreich vgl. O'Neill, K. (2010) Rethinking elite integration: The Crimean Murzas and the evolution of Russian nobility. *Cahiers du monde russe* 51(2–3), 397–417; Sultangalieva, G., Tuleshova, U., Werth, P. (2022) Nomadic nobles: pastoralism and privilege in the Russian empire. *Slavic Review* 81(1), 77–96 sowie Potapenko, S. (2015) Cossack officials in Sloboda Ukraine: from local elite to imperial nobility?, in Marczewski, P., Eich, S. (eds.) *Dimensions of modernity. The enlightenment and its contested legacies.* Wien: IWM Junior. Zur sowjetischen Aufstiegsassimilation vgl. Brandenberger. D. (2002) *National Bolshevism. Stalinist mass culture and the formation of modern Russian national identity*, 1931–1956. Cambridge MA: Harvard University Press. Zur Armee als Assimilationsinstrument vgl. Laitin, D. (1998) *Identity in formation. The russian-speaking populations in the near abroad.* Ithaca, NY: Cornell University Press 1998, pp. 55 ff.

21 Zur belgischen Kolonialpolitik und der kulturellen Assimilation der évolués vgl. Mutamba Makombo, J. (2009) Les évolués : situation au Congo belge, in : Tousignant, N. (ed.) *Le manifeste Conscience africaine (1956).* Bruxelles: Presses universitaires Saint-Louis Bruxelles, 83–115. Zur kontraproduktiven Wirkung der sowjetischen Aufstiegsassimilation vgl. Jansen, J., Osterhammel, J. (2013) *Dekolonisation. Das Ende der Imperien.* München: C.H. Beck.

22 Zur regionalen Geschichte der Krim als polyethnischer Transit- und Siedlungsraum vgl. Jobst, K. (2020) *Geschichte der Krim. Iphigenie und Putin auf Tauris.* Berlin/Boston: De Gruyter Oldenbourg. Die Propagandaerzählung der »heiligen russischen Erde« erläutert Voytyuk, O. (2024) Russian disinformation and propaganda campaign justifying the annexing of Crimea in 2014. *Nowa Polityka Wschodnia* 37(2), 125–145.

23 Zu den ideellen Überzeugungen der russischen Minderheiten im Baltikum vgl Austers, A., Bukovskis, K. (eds.) (2017) *Euroscepticism in the Baltic States.* Riga: Latvian Institute; Bergmane,U. (2020) Fading Russian influence in the Baltic states. *Orbis* 62(3), 479–488.

24 Im Original: *Russia can be either an empire or a democracy, but it cannot be both*, zitiert nach Brzezinski, Z. (1994) The premature partnership. Foreign Affairs, March/April 1994 (eigene Übersetzung).

25 Zum – auch selbstpropagierten – Mythos des *melting pot* in den USA vgl. Smith, D. (2012) The American melting pot: A national myth in public and popular discourse. *National Identities* 14(4), 387–402. Zu ethnisch getrennten Siedlungsräumen von Neueinwanderern in den USA vgl. Eriksson, K., Ward, Z. (2019) The residential segregation of immigrants in the United States from 1850 to 1940. *Journal of Economic History* 79(4), 989–1026. Zu deutschsprachigen Parallelgesellschaften in den USA vgl. Emmerich, A. (2019): *Little Germany: Deutsche Auswanderer in Nordamerika*, Frankfurt/New York, zu chinesischen Gemeinschaften vgl. Waldinger, R., Tseng, Y. (1992) Divergent diasporas: The Chinese

communities of New York and Los Angeles compared. *Revue Européenne des Migrations Internationales* 8(3), 91–115.

26 Zum komplexen, stets unterschiedliche Interessen austarierenden Staatsaufbau der Schweiz und dessen Geschichte vgl. Maissen, T. (2022) *Geschichte der Schweiz.* (7. Auflage). Zürich: Hier & Jetzt Verlag.

27 Zur Sprachpolitik als Russifizierungsmechanismus vgl. Gasimov, Z. (Hrsg.) (2012) *Kampf um Wort und Schrift: Russifizierung in Osteuropa im 19.–20. Jahrhundert.* Göttingen: Vandenhoeck & Ruprecht; Staliunas, D. (2007) *Making Russians. Meaning and practice of russification in Lithuania and Belarus after 1863.* Brill: On the Boundary of Two Worlds, Band 11.

28 Die tiefe Verankerung regionaler Identitäten und deren Sprengkraft für den imperialen Staatsaufbau diskutiert Semenenko, I. (2015) Ethnicities, nationalism and the politics of identity: Shaping the nation in Russia. *Europe-Asia Studies* 67(2), 306–326. Einen vergleichenden Überblick zu Autonomie- und Unabhängigkeitsbestrebungen vormaliger autonomer Sowjetrepubliken in den 1990er Jahren bieten Stepanov, V. (2000) Ethnic tensions and separatism in Russia. *Journal of Ethnic and Migration Studies* 26(2), 305–332; Gorenburg, D. (1999) Regional separatism in Russia: Ethnic mobilisation or power grab? *Europe-Asia Studies* 51(2), 245–274.

29 Zu den relativen Bevölkerungsverhältnissen und dem starken Bevölkerungswachstum in den zentralasiatischen SSR vgl. den letzten sowjetischen Zensus: Болдырев, В. А. (1990): Итоги Переписи Населения СССР. Население СССР По Данным Всесоюзной Переписи Населения 1989 Г., Государственный Комитет СССР По Статистике, Москва, p.9.

30 Zur regionalen Rohstoffverteilung vgl. Federal Finance Ministry of the Republic of Austria & International Organizing Committee for the World Mining Congresses (2024) *World Mining Data 2024*, Vol. 39; Elsner, H. et al. (2009) *Die Rohstoffindustrie der Russischen Föderation.* Hannover: Bundesanstalt für Geowissenschaften und Rohstoffe; Statista (2022) *Leading federal subjects by gross regional product (GRP) per capita in Russia in 2022* (https://www.statista.com/statistics/1039679/russia-regions-with-highest-grp-per-capita/).

31 Länderspezifisches BIP pro Kopf für 2021, generiert aus International Monetary Fund (2024), World Economic Outlook database October 2024 (https://www.imf.org/en/Publications/WEO/weo-database/2024/October), mit den Einstellungen: *gross domestic product per capita, constant prices, purchasing power parity, 2021 international dollar:* Russland 38.938 US\$, Estland 45.054 US\$, Lettland 36.608 US\$, Litauen 46.424 US\$.

32 Puschkins originale Zeilen lauten: »И смолкнул ярый крик войны: / Все русскому мечу подвластно. / Кавказа гордые сыны, / Сражались, гибли вы ужасно; / Но не спасла вас наша кровь (…) / Изменит

прадедам Кавказ (…)« Eigene Übersetzung aus seinem Gedicht Кавказский пленник (1822), часть 3, эпилог. Detailliert zum Vorwurf der Undankbarkeit gegenüber den kaukasischen Völkern vgl. Grant, B. (2009) *The captive and the gift*. Cornell University Press. Bis heute findet sich diese imperiale Larmoyanz selbst bei vergleichsweise liberalen russischen Historikern. Zu einer Einordnung dieses Denkens vgl. Kassymbekova, B., Marat, E. (2022) *Time to question Russia's imperial innocence*. PONARS Eurasia Policy Memo No. 771.

33   Zur Abstimmung in Guinea vgl. Migani, G. (2012): Sékou Touré et la contestation de l'ordre colonial en Afrique sub-saharienne, 1958–1963, *monde(s)*, no.2, 257–274. Zum kurzlebigen Konstrukt der *communauté française* vgl. Turpin, F. (2008) 1958, la Communauté franco-africaine: un projet de puissance entre héritage de la IVe République et conceptions gaulliennes, *Outre-Mers. Revue d'histoire* 96(358–359), 45–58.

34   Zum Fortwirken des Identitätsproblems bis in die Gegenwart vgl. Blakkisrud, H. (2023) Russkii as the new rossiiskii? Nation-building in Russia after 1991. *Nationalities Papers* 51(1), 64–79.

35   Zu diesen Motiven in der politischen Propaganda Putins vor 2022 vgl. Sharafutdinova, G. (2014) The Pussy Riot affair and Putin's démarche from sovereign democracy to sovereign morality. *Nationalities Papers* 42(4), 615–621 sowie ausführlich Suslov, M., Uzlaner, D. (2019) *Contemporary Russian conservatism: Problems, paradoxes, and perspectives*. Leiden and Boston: Brill.

36   Die »Balkonreden« Wilhelms II. am 31.7. und 1.8.1914 sowie seinen Aufruf »An das deutsche Volk« vom 6.8.1914 dokumentiert Biehl, W. (1991) (Hrsg.) *Deutsche Quellen zur Geschichte des Ersten Weltkrieges* (Ausgewählte Quellen zur deutschen Geschichte der Neuzeit, Bd. 29). Wissenschaftliche Buchgesellschaft, pp. 47–56; zu deren propagandistischen Wirkmechanismen vgl. Wengeler, M. (2006) »Wir hatten deshalb keine andere Wahl«. Deutsche Kriegsbotschaften des 20. Jahrhunderts als eine wieder aktuell gewordene Textsorte. In Girnth, H., Spieß, C. (Hrsg.) *Strategien politischer Kommunikation. Pragmatische Analysen*. Berlin 2006, pp. 79–96.

37   Vgl. Gluschenko, K. (2022) Costs of living and real incomes in the Russian regions. *Regional Research of Russia* 12(3), 365–377.

38   Zu namentlich bestätigten Verlusten und deren Herkunftsregionen vgl. Mediazona (2025) *Russian losses in the war with Ukraine*. Laufend nachgeführte Zählung unter https://en.zona.media/article/2022/05/20/casualties_eng-trl

39   Zur Entwicklung der Antrittsprämien sowie der ökonomischen Attraktivität des Modells vgl. The Bell (2024) *The mounting costs of Russia's army recruitment*. The Bell Weekly, 15.10.2024; mit eingehender Analyse dazu Inozemtsev, V. (2024) *Will Russia face a new mobilization?* Riddle Russia, 11.4.2024. Zu den Grenzen der Rekrutierungsmöglichkeiten und

dem jüngsten Abflachen des Interesses vgl. Meduza (2024) *Even after doubling its sign-on bonus payment, the Russian army's recruitment rate is falling: Losses may now outpace new enlistments*, 4.12.2024 (https:// meduza.io/en).

40 Zur Rationalität des eigenen Ablebens vgl. Inozemtsev, V. (2023) *Putin's »deathonomics«*. Riddle Russia, 11.6.2023. Der Monatssold für Kontraktniki ist, je nach Region, bis zu zehnmal höher als der Medianlohn. Vgl. Klein, M. (2024) *Wie Russland für einen langen Krieg rekrutiert. Verdeckte Mobilisierung über »Freiwillige«, Vorbereitung einer neuen Mobilmachung*. Stiftung Wissenschaft und Politik, SWP-Aktuell Nr. 26, Juni 2024.

41 Zur Landwirtschaftspolitik vgl. Kvartiuk, V., Herzfeld, T. (2021) Redistributive politics in Russia: The political economy of agricultural subsidies. *Comparative Economic Studies* 63(1), 1–30; Paustyan, E., Busygina, I. (2024) The regional dimension of Russia's resilience during its war against Ukraine: an introduction. *Post-Soviet Affairs* 40(4), 243–249. Zur Taktik der Rohstoffkonzerne vgl. Tysiachniouk, M., Olimpieva, I. (2019) Caught between traditional ways of life and economic development: Interactions between indigenous peoples and an oil company in Numto nature park. *Arctic Review on Law and Politics* 10, 56–78.

42 Eingehend zu dieser Rezentralisierung und Entmachtung vgl. Blakkisrud, H. (2015) Governing the governors: legitimacy vs. control in the reform of the Russian regional executive. *East European Politics* 31(1), 104–121, detailliert Rogoża, J. (2014) *Federation without federalism. Relations between Moscow and the regions*. OSW Ośrodek Studiów Wschodnich.

43 Zu dieser bereits 2023 deutlich sichtbaren Rezentralisierung vgl. Pertsev, A. (2023) *Russia's September elections mark a return to Soviet-style regional management*. Riddle Russia, 8.9.2023.

44 Das schrittweise Aushöhlen der regionalen Machtbalance schon vor dem Krieg diskutiert Golosov, G. (2018) Russia's centralized authoritarianism in the disguise of democratic federalism: Evidence from the September 2017 sub-national elections. *International Area Studies Review* 21(3), 231–248. Zur Beschleunigung dieses Prozesses seit der Invasion von 2022 vgl. Klimovich, S. (2024) Federalism at war: Putin's blame game, regional governors, and the invasion of Ukraine. *Post-Soviet Affairs* 40(4), 262–277.

45 Das heutige Russland ist daher ein dualer Staat, in dem die formale durch informelle Machtausübung moderiert oder gänzlich ersetzt wird, vgl. Sakwa, R. (2010) The dual state in Russia. *Post-Soviet Affairs* 26(3), 185–206. Zu entsprechenden pseudolegalen Mechanismen im nationalsozialistischen Deutschland vgl. Fraenkel, E. (1974) *Der Doppelstaat*. Frankfurt/Main: Europäische Verlagsanstalt.

46 Unvergessen bleibt der spektakuläre Protest der Fernsehjournalistin Marina Owsjannikowa, die 2022 vor laufenden Kameras im russischen

Staatsfernsehen ihr Plakat »no war« hochhielt. Zur Aussichtslosigkeit von Demonstrationen und der Persistenz subversiver Protestformen vgl. Dubina, V., Archipova, A. (2023) »Nein zum Karpfen«: Stiller Protest im heutigen Russland. Bundeszentrale für politische Bildung, Russland-Analyse Nr. 433. Illustrativ ist insbesondere der (scheinbare) Werbeclip *Shokolad Kazakhstan*, vgl. https://youtu.be/4wGZlt4iXwI

47 Eine politische Biographie und detaillierte Beschreibung der Ideen von Nikolaus I. liefert Lincoln, W. (1981) *Nikolaus I. von Russland: 1796–1855*. Callwey.

48 Zur Mitwirkung der orthodoxen Kirche in der Staatspropaganda vgl. Negron, Z. (2025) To whom much is given: The Russian orthodox church's role in the russo-ukrainian war. *Journal of Church and State*, 67(1). Speziell zur zeitgenössischen Musik als Propagandainstrument vgl. Tabeshadze, N. (2024) *Music in the times of war: Case study: Ukraine and Russia*. Örebro University.

49 Autokephale Kirchen haben ein eigenes geistliches Oberhaupt, das nur dem ökumenischen Patriarchen von Konstantinopel untersteht. Zur inneren Struktur der orthodoxen Welt vgl. Döpmann, H. (2010) *Die orthodoxen Kirchen in Geschichte und Gegenwart*. Frankfurt/Main: Peter Lang.

50 Illustrativ zu scheinlegalen Enteignungsmechanismen vgl. Gudkov, L., Dubin, B., Gabowitsch, M. (2005) Der Oligarch als Volksfeind: Der Nutzen des Falls Chodorkovskij für das Putin-Regime. *Osteuropa* 55(7), 52–75.

51 Im Original: Пусть враги запомнят это: Не грозим, а говорим. Мы прошли с тобой полсвета. Если надо – повторим (Соловьёвым-Седым, В. (1954) В путь, III (eigene Nachdichtung).

52 Über die Einsegnung der Statue berichtet Armstrong, K. (2023) *Russian priest investigated for blessing Stalin statue*. BBC News, 18.8.2023 Putin hat in den ersten zehn Jahren seiner Regierungszeit mindestens 37 Stalindenkmäler errichten lassen, illustrativ dazu Жеянов, И. (2024) Ресталинизация: Кто, где и зачем ставит памятники Сталину? Точка, 1.10.2023 (https://pointmedia.io/story/6519c947274c780b0a8cc ecb). Die schon lange vor dem russisch-ukrainischen Krieg einsetzende orthodoxe Verehrung des Diktators kommentiert Margolina, S. (2008) *Der heilige Josef Wissarionowitsch*. Welt, 17.12.2008.

53 Der lateinische Buchstabe Z kommt im kyrillischen Alphabet nicht vor. Das Symbol Z ist nicht buchstäblich, sondern als taktisches Zeichen gemeint, das gepanzerte Fahrzeuge aus dem westlichen Militärbezirk markiert. Es wurde bereits vor dem russisch-ukrainischen Krieg verwendet, erst mit der Invasion von 2022 deutet es die Staatspropaganda zum Symbol von Putins *Spezialoperation* um.

54 Zum politischen Mord und Verschwindenlassen als Mittel der Repression vgl. Gioe, D., Goodman, M., Frey, D. (2019) Unforgiven: Russian

intelligence vengeance as political theater and strategic messaging. *Intelligence and National Security* 34(4), 561–575; sowie Hänni, A., Grossmann, M. (2020) Death to traitors? The pursuit of intelligence defectors from the Soviet Union to the Putin era. *Intelligence and National Security* 35(3), 403–423. Historische und aktuelle politische Morde illustrieren Woerlen, S., Huber, D., Müller, Y. (2024) *Die lange Liste von toten Putin-Gegnern und Oligarchen – nun starb eine bekannte Ökonomin.* http://www.watson.ch, 25.7.2024.

55   Zu Struktur und Einkommensbeitrag fossiler Exporte aus Russland vgl. Oesterreichische Nationalbank (2022) *The Russian economy and world trade in energy: Dependence of Russia larger than dependence on Russia.* Memo, 15.4.2022; zur regionalen Marktstruktur des Vorkriegsgeschäfts vgl. U.S. Energy Information Administration (2021) *Country analysis executive summary: Russia,* 13.12.2021.

56   Ausführlich zu den Kapazitäten und Umleitungsoptionen russischer Ölflüsse vgl. Zu, C. (2022) *Russia crude oil pipeline capabilities to mainland China – The ESPO crude oil pipeline.* S&P Global, 1.4.2022 sowie Sieta, N. (2023) *Kazakhstan's oil supply reshaping: is there a viable alternative to the CPC pipeline?* S&P Global, 9.10.2023.

57   Zur Schätzung des fiskalischen Breakeven vgl. Griffin, R. (2021) *Russia, OPEC+ seen moving closer on fiscal breakeven oil prices.* S&P Global, 2.12.2021. Ausführlich zu der komplexen russischen Budgetmechanik, die die Erlöse aus dem Ölgeschäft mittels Steuern und Exportzöllen in Staatseinnahmen wandelt, vgl. Yermakov, V. (2024) *Follow the money: Understanding Russia's oil and gas revenues.* Oxford: Oxford Institute for Energy Studies, March 2024.

58   Zur direkten Sanktionierung der Schiffe am Beispiel der arktischen Ölproduktion vgl. Staalesen, A. (2025) Paralysis looms over Russia's Arctic oil. The Barents Observer, 13.1.2025. Zur weltweiten Sanktionierung vgl. Thornber, E., Lee, J. (2024) *Dozens of sanctioned Russian oil tankers are sitting idle all over the world.* Bloomberg, 10.7.2024. Ausführlich zur Struktur und den Sanktionierungsmöglichkeiten der russischen Schattenflotte vgl. McKinney, B. et al. (2024) *Russia's shadow fleet – formation, operation and continued risks for sanctions compliance teams.* S&P Global, white paper, 19.4.2024.

59   Zu den Discounts vgl. den quartalsweise erscheinenden *oil market report* der International Energy Agency, erhältlich online unter https://www.iea.org/. Discounts auf russisches Öl gegenüber North Sea Dated Oil für September 2024 sind dem Bericht vom 12.9.2024 entnommen.

60   Detailliert zu den russischen Gasexporten vor dem Krieg Yermakov, V. (2021) *Big bounce: Russian gas amid market tightness.* Oxford Energy Comment, September 2021. Oxford Institute of Energy Studies; zum Exportanteil vgl. U.S. Energy Information Administration (2021) *Country analysis executive summary: Russia,* 13.12.2021. Zum verbleibenden

Gasexport heute vgl. Henderson, J., Chyong, K. (2023) *Do future Russian gas pipeline exports to Europe matter anymore?* Oxford: Oxford Institute for Energy Studies, die restlichen Gasexporte nach China dokumentiert Yermakov, V. (2024) *Follow the money: Understanding Russia's oil and gas revenues.* Oxford: Oxford Institute for Energy Studies, March 2024. Zur sanktionierten Technologie für die arktische Gasproduktion vgl. Staalesen, A. (2022) *New sanctions deal fatal blow to Russia's Arctic LNG.* The Barents Observer, 12.4.2022.

61 Langfristige Charts der TTF-Preise sind verfügbar unter https://trading economics.com/commodity/eu-natural-gas; den Jahresverlust kommentiert Rudnik, F. (2024) *Gazprom in 2023: financial losses hit a record high.* OSW Center for Eastern Studies, 14.6.2024. Zu den Entlassungsplänen vgl. Илюхина, E. (2025) «Газпром» подтвердил письмо о массовых сокращениях в центральном аппарате. RogTech Magazine, 17.1.2025.

62 Detailliert zu den grundsätzlichen Strukturproblemen des russischen Sozialsystems und den limitierten Handlungsoptionen vgl. Cook, L., Aasland, A., Prisyazhnyuk, D. (2019) Russian pension reform under quadruple influence. *Problems of Post-Communism* 66(2), 96–108.

63 Zur Lebenserwartung in Russland vgl. Lebenserwartung siehe WHO (2025), *The global health observatory,* Life expectancy at birth (years), interaktiv unter https://www.who.int/data/gho/data/indicators/indicator-details/GHO/life-expectancy-at-birth-(years).

64 Anfangs- und Endbestand gemäß Tradingeconomics (2025) Russia national wealth fund assets (https://tradingeconomics.com/russia/national-wealth-fund-assets) und Barisitz, S., Deswel, P. (2021) *European banks in Russia: developments and perspectives from 2017 through the COVID-19 pandemic (2020/2021).* Austrian National Bank, Focus on European economic integration, Q3/21. Der NWF war Juni 2023 noch 12,35 Billionen Rubel schwer, berichtet von Воронова, T. (2023) Минфин в мае продал юани и золото из ФНБ почти на 49 млрд рублей. Frank Media, 2.6.2023., dies entsprach zum damaligen USD/RUB-Wechselkurs von durchschnittlich 83 einem Gegenwert von ca. 150 Mrd. US$. Zum liquiden Anteil per Ende 2024 vgl. Prokopenko, A. (2025) *Russia's economic gamble: The hidden costs of war-driven growth.* Carnegie Politika, 20.12.2024. Zur Idee und ursprünglichen Funktionsweise des Nationalen Wohlfahrtsfonds vgl. Sohag, K., Hassan, M., Kalina, I., Mariev, O. (2023) The relative response of Russian National Wealth Fund to oil demand, supply and risk shocks. *Energy Economics,* 123, 106724; zum Abschmelzen, insbesondere in einem Szenario niedriger Ölpreise, vgl. Belkin, V. (2024) *No backup plan: The liquidity of Russia's national wealth fund could dry up in months if oil prices crash.* The Insider, 1.11.2024.

65 Goldreserve ist angegeben gemäß World Gold Council (2025) *2023 gold reserves* (https://www.gold.org/goldhub/data/gold-reserves-by-country).

66 Zum Personalmangel vgl. Мануйлова, А. (2024) Эксперты насчитали на рынке труда 2,7 млн вакансий. Kommersant, 31.10.2024. Wertveränderung der Währungen berechnet mit Daten von XE, vgl. https://www.xe.com/currencycharts/

67 Zum russischen Schattenhaushalt im Rüstungssektor und dessen inflationären Tendenzen vgl. Kennedy, C. (2025) *Russia's hidden war debt.* Substack, 11.1.2025.

68 Zur gescheiterten Importsubstitution vgl. Simola, H. (2024) *Recent trends in Russia's import substitution of technology products.* Bank of Finland, BOFIT Policy Brief 5/2024; Simola, H. (2022): *Made in Russia? Assessing Russia's potential for import substitution.* Bank of Finland, BOFIT Policy Brief 3/2022, Bank of Finland; sowie Shagina, M. (2020) *Drifting East: Russia's import substitution and its pivot to Asia,* CEES Working Paper no.3, Center for Eastern European Studies, Universität Zürich.

69 Zu Staaten, die sich mangels besserer Optionen als Vehikel für den Import sanktionierter Technologie zur Verfügung stellen, vgl. Borozna, A., Kochtcheeva, L. (2024) Sanctions busting: The role of various states in Russia's resistance to sanctions, in *War by other means: Western sanctions on russia and Moscow's response*, pp. 81–105. Cham: Springer Nature; Astrov, V. et al. (2024) *Monitoring the Impact of Sanctions on the Russian Economy.* CES-ifo, EconPol Policy Report 47.

70 Beispielhaft zum Graumarkt und gebrauchten Ersatzteilen vgl. Gauthier-Villars, D., Stolyarov, G. (2023) *How Russia keeps its fleet of Western jets in the air.* Reuters, 23.8.2023. Zur Sanktionsumgehung durch Substitution vgl. Feldstein, S., Brauer, F. (2024) *Why Russia has been so resilient to Western export controls.* Carnegie Endowment for International Peace, 11.3.2024. Zur aktuellen Substitution in Russland vgl. die Umfrage des Gaidar-Instituts von 2023, berichtet von Чугунов, А. (2023) Промышленность не рассталась с подсанкционным импортом. *Kommersant*, 7.2.2023.

71 Russland belegte im *Global Innovation Index* 2021 bei der weltweiten Innovationsleistung Platz 45 von 132, bei der europäischen Platz 29 von 39. Sein Innovationspotenzial entsprach zwar dem Entwicklungsstand seiner Volkswirtschaft, war aber weit von der Spitzengruppe entfernt, vgl. World Intellectual Property Organization (WIPO) (2021) *Global Innovation Index 2021, Russian Federation.* Geneva: WIPO. Im Ranking von 2024 war es auf Platz 59 von 100 untersuchten Nationen zurückgefallen, vgl. die interaktive Auswertung unter https://www.wipo.int/web-publications/global-innovation-index-2024/en/gii-2024-results.html

72 Zur verdeckten Armut in Russland vgl. Brand, M. (2021) The OECD poverty rate: Lessons from the Russian case. *Global Social Policy* 21(1), 144–147. Zur aktuellen Durchschnittsrente vgl. Statista (2025) *Average gross monthly volume of retirement benefits per pensioner in Russia from 2015 and 2024* (https://www.statista.com/statistics/1093950/average-monthly-retirement-benefit-value-russia/). Tagesaktuelle Lebensmittelpreise in

Russland dokumentiert die Seite https://pricing.day/ Zur Lebensrealität der sowjetischen Bevölkerung vgl. Belge, B., Deuerlein, M. (Hrsg.) (2014) *Goldenes Zeitalter der Stagnation? Perspektiven auf die sowjetische Ordnung der Breznev-Ära.* Mohr Siebeck; Tompson, W. (2003) *The Soviet Union under Brezhnev.* Routledge.

73 Im Wortlaut des ersten Flugblatts: *Nichts ist eines Kulturvolkes unwürdiger, als sich ohne Widerstand von einer verantwortungslosen und dunklen Trieben ergebenen Herrscherclique ›regieren‹ zu lassen.* Zitiert nach Keller, G. (2014) *Die Gewissensentwicklung der Geschwister Scholl.* Herbolzheim: Centaurus Verlag & Media, pp. 82–99.

74 Zur resignativen Stimmung in den letzten Jahren der Sowjetunion vgl. Bahry, D., Silver, B. (1990) Soviet citizen participation on the eve of democratization. *American Political Science Review* 84(3), 821–847. Diese eingeübte politische Passivität beschleunigte schon in Putins ersten Regierungsjahren den autoritären Umbau des Staates, vgl. Lussier, D. (2011) Contacting and complaining: Political participation and the failure of democracy in Russia. *Post-Soviet Affairs* 27(3), 289–325.

75 Das zeitgenössische politische System in Russland erläutert Taylor, B. (2018) *The code of Putinism.* Oxford: Oxford University Press. Die Entwicklung des russischen Gesellschaftsvertrags vor dem Krieg beschreiben Feldmann, M., Mazepus, H. (2017) State-society relations and the sources of support for the Putin regime: bridging political culture and social contract theory. *East European Politics* 34(1), 57–76; dessen Veränderung nach der Invasion von 2022 kommentiert Fomin, I. (2024) Two statisms of Putin's ideology: from proclamations of patriotic values to welfare promises of wartime mobilization. *Post-Soviet Affairs* 41(1), 64–82.

76 Zum wirtschaftlichen Aufstieg der Siloviki vgl. Dawisha, K. (2014) *Putin's kleptocracy: who owns Russia?* New York: Simon & Schuster; zu ihrer Weltanschauung vgl. Renz, B. (2006) Putin's militocracy? An alternative interpretation of Siloviki in contemporary Russian politics. *Europe-Asia Studies* 58(6), 903–924.

77 Der Sicherheitsrat ist in Art. 83 der Verfassung der Russländischen Föderation nur als beratendes Gremium definiert, erfüllt heute aber die Rolle einer zentralen Exekutive, detailliert hierzu Schulmann, E. & Galeotti, M. (2021). A tale of two councils: the changing roles of the security and state councils during the transformation period of modern Russian politics. *Post Soviet Affairs* 37(5), 453–469. Zur politischen Rolle der orthodoxen Kirche im putinistischen Russland vgl. Shakhanova, G., Kratochvíl, P. (2022) The patriotic turn in Russia: Political convergence of the Russian orthodox church and the state? *Politics and Religion* 15(1), 114–141.

78 Zu den internen Machtkämpfen des Regimes und Putins Doppelrolle als Partei und Schiedsrichter vgl. Meakins, J. (2018) Squabbling siloviki: Factionalism within Russia's security services. *International Journal of*

Intelligence and CounterIntelligence 31(2), 235–270. Detailliert zu Putins ideologischen Überzeugungen und seinem Weltbild vgl. Behrends, J. (2022) Tschekist, Etatist, Imperialist: Anmerkungen zu Vladimir Putins Weltbild. *Osteuropa* 11, 111–126. Zum kollektiven Gedankengut der Siloviki sowie anderen zentralen Figuren der Oligarchie vgl. Kragh, M., Umland, A. (2023) Putinism beyond Putin: the political ideas of Nikolai Patrushev and Sergei Naryshkin in 2006–20. *Post-Soviet Affairs* 39(5), 366–389. Die irreführende Darstellung, dass die russischen Interventionskriege Putins persönlicher Rachefeldzug seien, vertritt z. B. Galeotti, M. (2022). *Putin's Wars: From Chechnya to Ukraine*. London: Osprey.

79   Zu Hitlers sozialer Herkunft, medialer Inszenierung und Machttechnik sowie seinem reaktionären Kulturverständnis vgl. Fest, J. (2003) *Hitler. Eine Biographie*. Berlin: Propyläen. Die finanziellen Erfolge aus der Verbreitung von *Mein Kampf* diskutiert Plöckinger, O. (2011) *Geschichte eines Buches: Adolf Hitlers »Mein Kampf«*. München: Oldenbourg. Zum politischen und ökonomischen Aufstieg Putins unter Anatoli Sobtschak vgl. Hill, F., Gaddy, C. (2013) *Mr. Putin. Operative in the Kremlin*. Washington: Brookings Institution Press.

80   Zur NS-Propaganda und ihren Feindbildern vgl. Kallis, A. (2005) *Nazi Propaganda and the Second World War*. London: Palgrave Macmillan. Zu Putins Idee der westlichen Weltverschwörung, die stets auf Russlands Niedergang abzielt und sich dabei diverser Stellvertreter bedient, vgl. De Luca, M., Giungato, L. (2024) Conspiratorial narratives and ideological constructs in the Russia–Ukraine conflict: From the new world order to the golden billion theories. *Genealogy* 8(4), 131; Laruelle, M. (2024) *Russia's ideological construction in the context of the war in Ukraine*. Russie.Eurasie.Reports, No. 46, Ifri (French Institute of International Relations), März 2024.

81   Vgl. hierzu Solschenizyns originale Worte von 1990 (Ответ Святославу Караванскому) und von 2006 (Московские новости, номер от 28 апр./4 мая 2006), nachzulesen unter https://rg.ru/2014/05/16/solzhenitsyn.html Zu Brodskys Schmähgedicht vgl. Desnitsky, A. (2024) Deimperializing Joseph Brodsky: »On the independence of Ukraine« and other poems. *Studies in East European Thought* 76, 609–622.

82   Illustrativ zur Zeit Alexanders II. und seinen Reformen vgl. Eklof, B., Bushnell, J., Zakharova, L. (eds.) (1994) *Russia's great reforms, 1855–1881*. Bloomington: Indiana University Press; Lincoln, W. (1990) *The great reforms: autocracy, bureaucracy, and the politics of change in imperial Russia*. DeKalb: Northern Illinois University Press.

83   Illustrativ für dieses idealistische, aber auch teleologische Denken der 1990er Jahre sind Fukuyama F. (1992) *The end of history and the last man*. New York: Free Press sowie Fukuyama, F. (2014) *Political order and political decay: from the industrial revolution to the globalization of democracy*.

Farrar, Straus and Giroux. Zur ideengeschichtlichen Einordnung dieser Illusionen vgl. Savoldi, A. (2023) The end of history: re-spatialization of a utopia and temporalization of a dystopia. *História da Historiografia*, 16(41), e2106.

84 Diese negative kollektive Erinnerung illustriert Alexijewitsch, S. (2015) *Secondhand-Zeit. Leben auf den Trümmern des Sozialismus.* Suhrkamp; zu Putins geschickter Positionierung vgl. Malinova, O. (2021) Framing the collective memory of the 1990s as a legitimation tool for Putin's regime. *Problems of Post-Communism* 68(5), 429–441.

85 Exemplarisch für dieses Denken stehen Wladimir Schirinowski, Sergej Glazyev und vor allem Alexander Dugin mit seinem Konzept des *Eurasianismus*, gemäß dem Russland eine eigene, antiliberale Zivilisation bilde, vgl. Shlapentokh, D. (2019) The time of troubles in Alexander Dugin's narrative. *European Review* 27(1), 143–157. Zum Einfluss ultranationalistischer Vordenker vgl. Laruelle, M. (2016) The Izborskij club, or the new conservative avant-garde in Russia. *The Russian Review* 75(4), 626–644; Barkanov, B. (2020) A realist view from Moscow: Identity and threat perception in the writings of Sergei A. Karaganov (2003–2019). *Journal of Soviet and Post-Soviet Politics and Society* 6(2), 57–112.

86 Im Original: В Европе мы были приживальщики и рабы, а в Азию явимся господами. В Европе мы были татарами, а в Азии и мы европейцы. Zitiert aus Дневник писателя, январь, глава вторая, IV, nach der Textdarstellung gemäß https://kh-davron.uz/russian-rus-tilida/ f-m-dostoevskij-chto-takoe-dlya-nas-aziya.html (eigene Übersetzung).

87 Zu Peters Reformen und dem ideologischen Konflikt des Zarewitsch Alexei mit seinem Vater vgl. Massie, R. (2012) *Peter the Great: His life and world.* New York: The Modern Library.

88 Den Wechsel der offiziellen Sprachregelung erklärt Kolesnikov, A. (2023) *How Putin's »special military operation« became a people's war.* Carnegie Politika, 10.4.2023.

89 Zu dieser schrittweisen Eingliederung vgl. LeDonne, J. (2004) *The Grand Strategy of the Russian Empire, 1650–1831.* Oxford University Press; Morkva, V. (2021) Unlocking the Caucasus for Empire: Roots, causes and consequences of the Russian annexation of the East Georgian kingdom of Kartli-Kakheti, 1801. *Cappadocia Journal of Area Studies (CJAS)* 3(2), 153–172.

90 Zu Stalins persönlicher Herkunft und politischer Biographie vgl. Plamper, J. (2004) Georgian koba or Soviet ›father of peoples‹? The Stalin cult and ethnicity, in Apor, B., Behrends, J., Jones, P., Rees, E. (eds.) *The leader cult in communist dictatorships: Stalin and the Eastern bloc.* London: Palgrave Macmillan, pp. 123–140. Zur ethnischen Struktur und russischen Siedlungspolitik in Georgien vgl. Müller, D. (2013) Demography: ethno-demographic history, 1886–1989, in Hewitt G. (ed.) *The Abkhazians. A Handbook.* Routledge. Zur Vertreibung ethnischer Minderheiten im 20.

Jh. vgl. Kaiser, C. (2015) *Lived Nationality: Policy and Practice in Soviet Georgia, 1945–1978*. Dissertation, University of Pennsylvania.

91 Die 2006 eröffnete BTC(Baku-Tbilisi-Ceyhan)-Ölpipeline sowie die Erdgas transportierende SCP (*South Caucasus Pipeline*) verbinden Aserbaidschan und die Türkei über georgisches, nicht aber russisches Staatsgebiet; sie mindern somit Georgiens energetische Abhängigkeit von Russland.

92 Zum russisch-georgischen Handelskrieg von 2006 vgl. Newnham, R. (2015) Georgia on my mind? Russian sanctions and the end of the ›Rose Revolution‹. *Journal of Eurasian Studies* 6(2), 161–170.

93 Nachdem auch Armenien 2024 seine Mitgliedschaft pausiert hat, besteht die OVKS heute noch aus Russland, Belarus, Kasachstan, Kirgistan und Tadschikistan. In einem nicht verbindlichen Referendum, das zeitgleich mit den Präsidentschaftswahlen vom 5.1.2008 durchgeführt wurde, sprachen sich 68 % der Bevölkerung für einen NATO-Beitritt aus, vgl. Malek, M. (2008) NATO and the South Caucasus: Armenia, Azerbaijan, and Georgia on different tracks. *Connections* 7(3), Summer Supplement, 30–51.

94 Zu Iwanischwilis Aufstieg sowie den Gründen für seinen politischen Erfolg vgl. Aprasidze, D., Siroky, D. (2020) Technocratic populism in hybrid regimes: Georgia on my mind and in my pocket. *Politics and Governance* 8(4), 580–589.

95 Zur zeitgenössischen wirtschaftlichen Situation Georgiens vgl. IMF (2024) *Georgia: Drivers of Inflation and Monetary Policy* [online] sowie Webber, C. (2023) Georgia's strategic path: Economic integration as a strategic pathway. *Caucasus Survey* 11(2–3), 341–361.

96 Im Sommer 2024 bestätigten Satellitenfotos erstmals die zahlreichen vorherigen Ankündigungen, vgl. Williams, L. (2024) Construction accelerates at planned Russian navy base in disputed Abkhazia. *Bellingcat*, 30.7.2024.

97 Zu Struktur und Möglichkeiten des georgischen Militärs vgl. Kuimova, A., Wezeman, S. (2008) *Georgia and Black Sea Security*. Stockholm International Peace Research Institute; sowie Jones, S. (2013) *Georgia: A political history since independence*. London: Tauris.

98 Die Abgrenzung zwischen diesen Truppen ist diffus, zu einer detaillierten Übersicht der militärischen und logistischen Situation vgl. Lins de Albuquerque, A., Hedenskog, J. (2016) *Moldova: a defence sector reform assessment*. Report FOI-R-4350-SE. Stockholm: Swedish Defence Research Agency.

99 Im Wortlaut: *We reiterate our expectation of an early, orderly and complete withdrawal of Russian troops from Moldova. In this context, we welcome the recent progress achieved in the removal and destruction of the Russian military equipment stockpiled in the Trans-Dniestrian region of Moldova and the completion of the destruction of non-transportable ammunition. We welcome the commitment by the Russian Federation to*

complete withdrawal of the Russian forces from the territory of Moldova by the end of 2002. Zitiert nach Organization for Security and Co-operation in Europe (1999) *Istanbul Document 1999*, pp. 49 f.

100   Zur politischen Ökonomie solcher Klientelstaaten siehe Marandici, I. Leşanu, A. (2021) The political economy of the post-Soviet de facto states: A paired comparison of Transnistria and the Donetsk People's Republic. *Problems of Post-Communism* 68(4), 339–351. Zu ihrem quasistaatlichen Anspruch und der Instrumentalisierung der Regionalgeschichte vgl. Voronovici, A. (2020) Internationalist separatism and the political use of »historical statehood« in the unrecognized republics of Transnistria and Donbass. *Problems of Post-Communism* 67(3), 288–302.

101   Die Gagausen, eine turksprachige Ethnie, haben eine enge Bindung an Russland entwickelt, zu den Gründen vgl. Katchanovski, I. (2005) Small nations but great differences: Political orientations and cultures of the Crimean Tatars and the Gagauz. *Europe-Asia Studies* 57(6), 877–894.

102   Zu den zeitgenössischen Zuständen, insbesondere zur multikulturellen Identität vgl. die Reportage von Scheller. J. (2017) Globalisierung im Mikrokosmos. *Merkur Zeitschrift* 71(822).

103   Vgl. The World Bank Group (2020) *Armed forces personnel, total – Moldova* [online]; Orbán, T. (2022) *Military modernisation in the Republic of Moldova (post-1991)*. Danube Institute, 30.6.2022.

104   Ausführlich zur russischen Pass- und Identitätspolitik schreibt Mirza, N. (2021) *Passportisation in Transnistria*. Centrum pro bezpečnostní analýzy a prevenci, 8.2.2021.

105   Illustrativ hierzu *Russian Propagandists Zero In on Kazakh Crisis*, Foreign Policy, 14.1.2022. Zum andauernden *nation building* im postsowjetischen Raum vgl. Isaacs, R., Polese, A. (2016) *Nation-building and identity in the post-Soviet space*. London: Routledge.

106   Dazu gehören die rücksichtslosen Eroberungen der Städte Taschkent (1865) und Samarkand (1868) durch General von Kaufmann, die folgenden Zwangsumsiedlungen der Zivilbevölkerung sowie das Massaker von Gök-Tepe (1881). Der Maler Wereschagin (Василий Васильевич Верещагин) begleitet die russischen Generäle und zeigt unverstellt die Brutalität ihrer Kriegführung, sein Gesamtwerk ist in der Moskauer Tretyakov-Galerie zu sehen. Zur systematischen Eroberung sowie zum Siedlungskolonialismus in Zentralasien vor der sowjetischen Zeit vgl. Morrison, A. (2021) *The Russian Conquest of Central Asia*. Cambridge: Cambridge University Press; Morrison, A. (2016) Russian settler colonialism, in: Cavanagh, E., Veracini, L. (eds.) *The Routledge handbook of the history of settler colonialism*. London: Routledge, 313–326. Das kulturelle Überlegenheitsgefühl der Kolonisatoren beschreibt Happel, J. (2010) *Nomadische Lebenswelten und zarische Politik*. Stuttgart: Franz Steiner.

107   Für detaillierte Hintergründe zum eurasischen Aufstand von 1916 vgl. Morrison, A., Chokobaeva, A., Drieu, C. (2019) *The Central Asian revolt*

of 1916 : A collapsing empire in the age of war and revolution. Manchester University Press.

108   Eine übersichtliche Darstellung der zentralasiatischen Rohstoffe sowie der institutionenökonomischen Probleme ihres Abbaus liefert Pomfret, R. (2011) Exploiting energy and mineral resources in Central Asia, Azerbaijan and Mongolia. *Comparative Economic Studies* 53, 5–33. Zu Auswirkungen der Nukleartests auf die Umwelt sowie die Gesundheit der lokalen Bevölkerung vgl. Brunn, S. (2010) Fifty years of Soviet nuclear testing in Semipalatinsk, Kazakstan: Juxtaposed worlds of blasts and silences, security and risks, denials and memory. In Brunn. S. (ed.) *Engineering Earth: The Impacts of Megaengineering Projects,* Dordrecht: Springer, 1789–1818.

109   Zur Veränderung lokaler Bevölkerungsverhältnisse durch koloniale Siedlungspolitik vgl. Hofmeister, U. (2016) Civilization and russification in tsarist Central Asia, 1860–1917. *Journal of World History* 27(3), 411–442.

110   Noch heute verweist der Landesname *Usbekistan* (von Özbek Khan, ein Nachfahre des Batu Khan, der wiederum von Dschingis Khan abstammte) auf das mongolische und turksprachige Erbe. An dessen Beispiel zur Rolle von Sprache und Schrift als Instrumente der Kulturpolitik vgl. Fierman, W. (1991) *Language planning and national development: The Uzbek experience.* DeGruyter Mouton.

111   Zu den kasachischen Hungersnöten vgl. Richter, J. (2020) Famine, memory, and politics in the post-Soviet space: Contrasting echoes of collectivization in Ukraine and Kazakhstan. *Nationalities Papers* 48(3), 476–491. Zu den umfassenden Bevölkerungsverschiebungen vor 1991 vgl. Saparbekova, A., Kocourková, J., Kučera, T. (2014) Sweeping ethno-demographic changes in Kazakhstan during the 20th century: A dramatic story of mass migration waves. Part I: From the turn of the 19th century to the end of the Soviet era. *Acta Universitatis Carolinae Geographica* 49(1), 71–82; für die Zeit danach vgl. Saparbekova, A., Kocourková, J., Kučera, T. (2015) Sweeping ethno-demographic changes in Kazakhstan during the 20th century: A dramatic story of mass migration waves. Part II: International migration in the Republic of Kazakhstan since 1991. *Acta Universitatis Carolinae Geographica* 50(1), 75–90.

112   Bis heute schwelen diese Nationalitätenkonflikte, nicht zuletzt aufgrund der verschachtelten Grenzen und ethnischen Exklaven. Zuletzt entluden sie sich 2022 in gewalttätigen Zusammenstößen an der kirgisisch-tadschikischen Grenze. Zur Rückwanderung ethnischer Russen vgl. Heleniak, T. (2001) Migration and restructuring in post-Soviet Russia. *Demokratizatsiya* 9(4), 531–549. Detailliert hierzu Tishkov, V., Zayinchkovskaya, Z., Vitkovskaya, G. (2005) *Migration in the countries of the former Soviet Union.* Global Commission on International Migration, 1–42.

113 Bizarre, an stalinistische Vorbilder erinnernde Personenkulte entwickelten z.B. Saparmurat Niyaz(ow) in Turkmenistan, der sich als *Türkmenbashi* (Vater aller Turkmenen) verehren ließ, sowie Nursultan Nazarbay(ew) in Kasachstan, der sich als *Elbasy* (Führer der Nation) stilisierte. Die 1991 begonnene innere Demokratisierung Kirgistans wurde bald durch den wachsenden Autoritarismus unter Präsident Akay(jew) untergraben, der 2005 durch die Tulpenrevolution entmachtet wurde. Sein Nachfolger Baky(jew) regierte jedoch ebenfalls autoritär, bis er 2010 abgesetzt wurde. Nach seinem Sturz begann unter Präsidentin Otunbay(jewa) eine zweite Phase der Demokratisierung, die durch erneute autoritäre Tendenzen unter Präsident Jeenbek(ow) abgelöst wurde.

114 Alle länderspezifischen BIP pro Kopf in diesem Abschnitt sind für das Jahr 2023 angegeben gemäß Int. Monetary Fund (2024), World Economic Outlook database October 2024 (https://www.imf.org/en/Publications/WEO/weo-database/2024/October), mit den Einstellungen: *gross domestic product per capita, constant prices, purchasing power parity, 2021 international dollar.*

115 In Russland waren 2020 ca. elf Millionen registrierte Arbeitskräfte mit direktem Migrationshintergrund tätig. Eine detaillierte Übersicht zum Stand der Arbeitsmigration in Russland bietet Jayaprakash, R. (2024) *Steady, but evolving: an overview of Russia's migrant labour market.* Observer Research Foundation, occasional paper 435, 29.4.2024. Zur Lebensrealität zentralasiatischer Migranten, insbesondere der gegen sie gerichteten Xenophobie vgl. Eraliev, S., Urinboyev, R. (2020) Precarious times for Central Asian migrants in Russia. *Current History* 119(819), 258–263. Berichte zur versuchten Zwangsrekrutierung durch die russische Armee liefern Najibullah, F. (2024) *Tajik migrants say they were beaten, deported by Russian police for refusing to fight in Ukraine.* Radio Free Europe/Radio Liberty, 13.12.2023 sowie Baranovskaya, M. (2023) *How Russia drafts migrants to fight in Ukraine.* Deutsche Welle, 12.9.2023.

116 Vgl. Hurskainen, H. (2024) *Chinese exports to Central Asia after Russia's invasion of Ukraine.* BOFIT Policy Brief, No. 7/2024. Bank of Finland, Bank of Finland Institute for Emerging Economies (BOFIT), Helsinki.

117 Die Neutralität Turkmenistans wurde durch Resolution 50/80-A der Generalversammlung der Vereinten Nationen vom 12. Dezember 1995 formalisiert und 2015 durch Resolution 69/285 bestätigt. Sie erkennt die dauerhafte Neutralität Turkmenistans an und hebt deren Bedeutung für den Frieden und die Sicherheit in der Region hervor. Erste Gespräche zwischen Turkmenistan und den USA meldete die Jamestown Foundation (*U.S. military develops contacts with Turkmenistan*, Monitor 4(148), 3.8.1998), zu derzeitigen Gesprächen mit der Türkei vgl. Anadolu Agency, *Turkmenistan eyes advancing defense cooperation with Türkiye.* Daily Sabah, 27.12.2023.

118   Der britische Komiker Sacha Baron Cohen spielt dort die antisemitische Klischeefigur *Borat*. Er spricht allerdings nicht kasachisch, sondern hebräisch mit polnischen Einsprengseln. Sein angeblich kasachischer Assistent Azamat ist Armenier, und die angeblich in Kasachstan spielenden Szenen sind in der rumänischen Walachei gedreht.

119   Zur kulturellen Renaissance in Zentralasien am Beispiel Kasachstans vgl. Junisbai, B., Junisbai, A. (2018) Are youth different? The Nazarbayev generation and public opinion in Kazakhstan. *Problems of Post-Communism* 67(3), 251–263.

120   Detailliert zu diesen Motiven vgl. Laruelle, M., Royce, D., Beyssembayev, S. (2019) Untangling the puzzle of »Russia's influence« in Kazakhstan. *Eurasian Geography and Economics* 60(2), 211–243; Hudson, D. (2022) The impact of Russian soft power in Kazakhstan: creating an enabling environment for cooperation between Nur-Sultan and Moscow, *Journal of Political Power* 15(3), 469–494.

121   Ein russisches Gericht ordnete 2022 an, die CPC wegen angeblicher Umweltrisiken für 30 Tage stillzulegen, vgl. Reuters (2022) *Russian court orders halt to Caspian oil pipeline but exports still flow*, 6.7.2022 sowie Reuters (2022) *Russian court lifts suspension for Caspian pipeline operations*, 11.7.2022. Der russische Pipelinebetreiber Transneft drohte 2024, die CPC stillzulegen, um die Aufhebung westlicher Sanktionen zu erreichen, vgl. Reuters (2024) *Russia warns Kazakhstan oil transit to Germany at risk over service payments, sources say*, 25.4.2024. Zur kasachischen Abhängigkeit von diesen Strukturen vgl. Rudenshiold, E. (2022) *Ukrainian fallout: Kazakhstan's economy could be caught between Russia and the U.S.* Caspian Policy Center, Washington D.C., 24.5.2024.

122   Zur rüstungspolitischen Abhängigkeit Kasachstans von Russland vgl. SIPRI (2024) *Trends in international arms transfers 2023*. Stockholm: Stockholm International Peace Research Institute, p.6. Illustrativ für chinesische Garantieabsichten z.B. Rysmukhamedova, D. (2022) Xi vows backing for Kazakhstan in first trip since pandemic. Barron's, 14.9.2022.

123   Zur ersten Zugfahrt vgl. Grey, E. (2015) *Can the trans-Caspian route deliver the next freight revolution?* Railway Technology, 3.11.2015. Ausführlich zu aktuellen Potenzialen des transkaspischen Korridors vgl. Prause, G. (2024) *The South Caucasian transport corridor: A new Eurasian transport option*. Wismarer Diskussionspapiere, No. 03/2024. Hochschule Wismar, Fakultät für Wirtschaftswissenschaften; Eldem, T. (2022) *Russia's war on Ukraine and the rise of the middle corridor as a third vector of Eurasian connectivity*. SWP Comment 2022/C 64. Berlin: Stiftung Wissenschaft und Politik. Den Suezkanal durchfuhren 2023 über 25.000 Schiffe mit einer Gesamtladung von über 1,6 Milliarden Tonnen, was einem täglichen Volumen von rund 4,4 Millionen Tonnen entspricht, vgl. Informare.it (2024) *Nel 2023 il traffico marittimo nel canale di Suez ha raggiunto un nuovo record storico*, 15.2.2024. Zur Kapazität der Trans-Caspian

International Transport Route vgl. die Homepage des Betreiberkonsortiums, https://middlecorridor.com/en/ Zu möglichen Konkurrenzmodellen zentralasiatischer Eisenbahnen zum Weltseeverkehr vgl. Keupp, M. M. (2022) *Die Illusion der Abschottung.* Berlin et al.: SpringerGabler, pp. 121 ff.

124 Zum jungtürkischen Denken und dessen zeithistorischem Fortwirken vgl. Ashirova, A. (2009) Die politische Ideologie der Jungtürken: Osmanismus oder Panturkismus? *Forum für osteuropäische Ideen- und Zeitgeschichte* 13(1), 65–76.

125 Stalin forderte 1945 eine Neuverhandlung des 1925 geschlossenen Freundschafts- und Nichtangriffsvertrags sowie inhaltliche Veränderungen der Konvention von Montreux, vgl. hierzu Isci, O. (2023) Turkey at a crossroads: the Soviet threat and postwar realignment, 1945–1946. *Diplomatic History* 47(4), 621–646. Zur zeitgenössischen Wahrnehmung dieser Forderungen in der Türkei vgl. Coş, K., Bilgin, P. (2010) Stalin's demands: Constructions of the »Soviet Other« in Turkey's foreign policy, 1919–1945. *Foreign Policy Analysis* 6(1), 43–60. Zu den türkischen Motiven, der NATO beizutreten, vgl. Zürcher, E. (2017) *Turkey: A modern history.* London: Tauris.

126 Die Konvention von Montreux (1936) regelt, inwiefern Handels- und Kriegsschiffe die Dardanellen und den Bosporus durchfahren dürfen. Ist die Türkei in Kriegszeiten selbst nicht Kriegspartei, dürfen Handelsschiffe aller Nationen passieren (Art. 4), daher können Russland und die Ukraine ihre Agrargüter weiterhin exportieren, obwohl sie sich bekriegen. Kriegsschiffe und U-Boote kriegführender Nationen dürfen hingegen nicht passieren, es sei denn, sie kehren zu ihrer Heimatbasis zurück (Art. 12, Art. 19).

127 Zur Aufnahme syrischer Flüchtlinge in der Türkei vgl. UNHCR Türkiye (2024) *Refugees and asylum seekers in Türkiye,* https://www.unhcr.org/tr/en/refugees-and-asylum-seekers-in-turkey Zur türkischen Rüstungsproduktion vgl. SIPRI (2024) *Trends in International Arms Transfers.* Fachsheet, March 2024. Stockholm: SIPRI. Detailliert zur Nutzung ziviler Nuklearenergie in der Türkei vgl. das Länderprofil bei der IAEA (2022) Turkish Nuclear Power Profile, https://www-pub.iaea.org/MTCD/publications/PDF/cnpp2022/countryprofiles/Turkey/Turkey.htm

128 Das schwarzhumorige Lied *Bayraktar* von Taras Borovok (https://www.youtube.com/watch?v=hRiYXdiFHMo) zeigte der Weltöffentlichkeit 2022 erstmals die hohe russische Abnutzungsrate und die Bedeutung von Kampfdrohnen auf. Ausführlich zur türkischen Politik zum Getreideabkommen und dessen militärischen Garantien durch die türkische Marine vgl. Kormych, B., Averochkina, T., Kormych, L. (2024) Black Sea, grain, and two humanitarian corridors: unblocking Ukrainian shipping amid the Russian invasion. *Small Wars & Insurgencies* 35(8), 1360–1396.

129 Vgl. «Бэнк оф Чайна» изолируется от санкций в РФ, *Kommersant*, 24.6.2024.

130 Der aus dem Persischen übernommene Begriff *müdara* stammt ursprünglich aus der islamischen Theologie: Man soll sich äußerlich stets freundlich verhalten, gerade auch gegenüber Feinden, um Schaden von den eigenen Interessen abzuwenden, selbst wenn man dabei innerlich grollt, vgl. Matuz, J. (1994) *Das Osmanische Reich: Grundlinien seiner Geschichte.* Wissenschaftliche Buchgesellschaft, pp. 84 ff.

131 Eine Übersicht über die türkisch-aserbaidschanischen Beziehungen seit der Unabhängigkeit bieten Ismayilov, M., Graham, N. (eds.) (2016) *Turkish-Azerbaijani relations. One nation – two states?* Routledge.

132 Zum Energiesektor vgl. IEA (2021) *Azerbaijan 2021. Energy Policy Review* (https://www.iea.org/reports/azerbaijan-2021) sowie IEA (2023) *Azerbaijan Energy Profile* (https://www.iea.org/reports/azerbaijan-energy-profile/overview). Zu den historischen Importdaten der EU vgl. European Commission (2019) *Quarterly report on European gas markets.* Market Observatory for Energy, DG Energy, Volume 12(4). Zum lokalen Erdgasverbrauch in Aserbaidschan vgl. State Statistical Committee of the Republic of Azerbaijan (2024) *Energy of Azerbaijan,* Statistical Collection [online].

133 Zur Abhängigkeit der armenischen von der russischen Wirtschaft und möglichen Auswegen vgl. Ter-Matevosyan, V. et al. (2017) Armenia in the Eurasian Economic Union: reasons for joining and its consequences. *Eurasian Geography and Economics* 58(3), 340–360; Baghirov, O. (2024) *Significant economic reliance on Russia stunts Armenia's integration with West.* Eurasia Daily Monitor 21(3). The Jamestown Foundation, 10.1.2024. Zur Sanktionsumgehung durch armenische Tarnfirmen vgl. Mgdesyan, A. (2023) *As Armenia seeks allies in the West, its economic dependence on Russia grows.* Eurasianet, 28.4.2023. Zur aktuellen Entspannung und den bleibenden Herausforderungen im armenisch-aserbaidschanischen Verhältnis vgl. Huseynov, V. (2024) *The Armenia-Azerbaijan peace treaty is ›within reach‹ but out of grasp.* Jamestown Foundation, *Eurasia Daily Monitor* 21(141), 1.10.2024. Zu Armeniens geopolitischer Neuorientierung vgl. de Waal, T. (2024) *Armenia navigates a path away from Russia.* Carnegie Endowment, 11.7.2024. Zur wachsenden Bedeutung Indiens für Armenien siehe Fazl-e-Haider, S. (2024) *India becomes Armenia's largest defense supplier. Eurasia Daily Monitor,* 21(131). Jamestown Foundation, 12.9.2024.

134 Aserbaidschan wurde bereits bei Gründung der Eurasischen Wirtschaftsunion 2014 zum Beitritt aufgefordert, ist der russischen Einladung aber bis heute nicht gefolgt. Zu den Gründen hierfür vgl. Mammadov, M. (2021) *Azerbaijan in the Eurasian Economic Union.* Top Chubashov Center, Policy Brief, April 2021. Zur besonderen geopolitischen Lage vgl. Zeynalov, F. (2017) *Azerbaijan at the crossroads of Eurasia.* Peter Lang.

Der Importkorridor durch den Iran verkürzt den Seeweg zwischen Ust-Luga und Mumbai um fast die Hälfte, ausführlich dazu U. S. Institute for Peace (2023) *The Iran primer. Iran & Russia: new land & sea networks*, 18.5.2023. Zu Russlands Interesse an der zügigen Fertigstellung des Internationalen Nord-Süd-Korridors vgl. Smagin, N. (2023) *A North–South corridor on Putin's dime: Why Russia Is bankrolling Iran's infrastructure.* Carnegie Endowment, 15.6.2023.

135 Im nordwestlichen Iran wird überwiegend nicht Farsi, sondern Aseri gesprochen, dort leben mindestens zwölf Millionen ethnische Aseris, die wiederholt ihre regionale Autonomie gegenüber dem persischen und iranischen Zentralstaat eingefordert haben, vgl. Mammadov, G. (2023) Iranian Azerbaijanis – from a »well integrated« ethnic minority to a different identity? *The Journal of Iranian Studies* 7(1), 25–52; Souleimanov, E., Kraus, J. (2017) *Iran's Azerbaijan question in evolution. Identity, society, and regional security*. Institute for Security Development and Policy, Silk Road Paper, September 2017.

136 Zur Geschichte russisch-persischer Beziehungen bis ins frühe 20. Jh. vgl. Kazemzadeh, F. (1991) Iranian relations with Russia and the Soviet Union, to 1921, in Avery, P., Hambly, G., Melville, C. (eds.) *The Cambridge History of Iran*, Vol. 7, Cambridge University Press, pp. 314–349.

137 Die deutsche Wehrmacht versucht daher im Zweiten Weltkrieg auch eine *Spezialoperation*: Sie will 1942 den Kaukasus durchqueren, um Zugriff auf die Ölquellen von Baku zu erhalten (*Unternehmen Edelweiß*), scheitert aber am verbissenen Widerstand der Roten Armee wie auch an logistischer Überdehnung und am harten Winterwetter. Gewisse Parallelen zur russischen Invasion von 2022 sind unübersehbar.

138 Truman übte diplomatischen Druck aus, drohte aber nicht mit einem atomaren Schlag; entsprechende Behauptungen sind ein weitverbreiteter, aber unzutreffender Mythos, vgl. Samii, K. (1987) Truman against Stalin in Iran: a tale of three messages. *Middle Eastern Studies* 23(1), 95–107.

139 Vgl. Gasiorowski, M. (1987) The 1953 coup d'etat in Iran. *International Journal of Middle East Studies* 19(3), 261–286; Marsh, S. (2007) Anglo-American crude diplomacy: Multinational oil and the Iranian oil crisis, 1951–53. *Contemporary British History* 21(1), 25–53.

140 Zur Außenpolitik der Pahlavi-Dynastie vgl. Saikal, A. (1991) Iranian foreign policy, 1921–1979, in Avery, P., Hambly, G., Melville, C. (eds.) (1991) *The Cambridge History of Iran*, Vol. 7, Cambridge University Press, 426–456. Zu den iranisch-sowjetischen Beziehungen zwischen 1979 und 1991 siehe Rubinstein, A. (1981) The Soviet Union and Iran under Khomeini. *International Affairs* 57(4), 599–617 sowie Kalinovsky, A. (2012) The Soviet Union and the Iran-Iraq war, in Ashton, N., Gibson, B. (2012) *The Iran-Iraq War. New International Perspectives*. Routledge.

141 Vgl. Axworthy, M. (2013) *Revolutionary Iran: A History of the Islamic Republic*. Oxford University Press.

142 Zur Kooperation beider Länder in den 1990er Jahren vgl. Freedman, R. (1997) Russia and Iran: A tactical alliance. *SAIS Review* 17(2), 93–109.

143 Seit Inkrafttreten des Nuklearen Nichtverbreitungsvertrages 1970 ist die IAEA dafür zuständig, die Einhaltung des Vertrags durch die Nicht-Atommächte zu überwachen. Hierzu darf sie auf der Grundlage bilateraler Verträge (*Comprehensive Safeguards Agreements*) alle Anlagen der zivilen Nuklearenergie inspizieren und kontrollieren, vgl. Heinonen, O. (2020) *IAEA Mechanisms to Ensure Compliance with NPT Safeguards*, WMCDE Series (2), UNIDIR, Genf. Mit Resolution 1929 des UN-Sicherheitsrats (und somit mit russischer Zustimmung) werden 2010 die bisher schärfsten Sanktionen gegen den Iran beschlossen. Zur russischen und chinesischen Position in den JCPOA-Verhandlungen der nächsten Jahre vgl. Pieper, M. (2019) An Iran nuclear deal without the United States? Chinese, European, and Russian interests and options after the U.S. withdrawal from the Joint Comprehensive Plan of Action, in Yu, F., Kwan, D. (eds.) (2019) *Contemporary issues in international political economy*. Springer, pp. 35–53. Zur russischen Position vgl. Paulraj, N. (2016) The JCPOA and changing dimensions of the Russia-Iran relations. *Contemporary Review of the Middle East* 3(1), 95–110.

144 Zum Anteil der Ölexporte am gesamten Exporterlös vgl. Kalmarzi, H., Fotros, M. (2024) Oil revenue, government size, and inflation in Iran: A Markov switching approach. *Petroleum Business Review* 8(2), 30–42. Im November 2019 führten Subventionskürzungen bei Dieseltreibstoff zu einem starken Preisschock, dem starke gesellschaftliche Proteste folgten, vgl. Zaroki, S., Nasrnejad Nesheli, S., Gorgani Firoozjah, N. (2023). Exploring the role of inflation across different commodity groups on economic welfare in Iran. *Journal of Economic Research* 23, 158–202. Seit 2018 beträgt die iranische Inflationsrate zwischen 20 % und 50 % pro Jahr, vgl. International Monetary Fund (2024) *Consumer price index, Iran* (https://www.imf.org/external/datamapper/PCPIEPCH@WEO/IRN).

145 Zum iranischen Ölexporten nach China vgl. U.S. Energy Information Administration (2024) *Country Analysis Brief: Iran* (https://www.eia. gov/international/overview/country/IRN). Zu Irans Abkommen mit China vgl. Azad, S. (2023) Bargain and barter: China's oil trade with Iran. *Middle East Policy* 30(1), 23–35.

146 Im Sommer 2023 übernahm Russland die Position der Golfstaaten bezüglich der vom Iran beanspruchten Inseln im Persischen Golf, was im Iran weithin als Beleg fehlender Verlässlichkeit interpretiert wurde, vgl. Ziabari, Kourosh (2023) *Russia, Iran, and the Territorial Dispute with the UAE*. Arab Center Washington D.C., 16.8.2023. Allgemein zu irrigen Vorstellungen einer neuen »Achse des Bösen« vgl. Grajewski, N. (2022) An illusory entente: The myth of a Russia-China-Iran »axis«. *Asian Affairs* 53(1), 164–183.

147 Zum begrenzten Außenhandelspotenzial vgl. Mahmoudian, A. (2023) *Economic incompatibility limits Russia-Iran ties*, Stimson Center, Commentary, 13.7.2023. Nach russischen, mit Vorsicht zu genießenden Angaben, war der Warenverkehr zwar 2022 auf rund 4,9 Mrd. US$ gestiegen – wovon fast vier Mrd. US$ auf russische Exporte entfielen –, aber bereits im Folgejahr 2023 wieder um 17 % auf vier Mrd. US$ gefallen, vgl. Interfax (2024) Товарооборот России и Ирана в 2023 году снизился на 17,3%, до $4 млрд, 24.2.2024.

148 Zu diesem zentralasiatischen Gashandel und Potenzialen für europäische Exporte vgl. O'Byrne, D. (2023) *Turkmenistan-Iran-Azerbaijan gas swaps surge.* Eurasianet, 20.6.2023; O'Byrne, D. (2023) *Turkmenistan signals major change in energy-export stance.* Eurasianet, 15.8.2023.

149 Zur Entstehung Saudi-Arabiens vgl. Goldberg, J. (1985) The origins of British-Saudi relations: The 1915 Anglo-Saudi treaty revisited. *The Historical Journal* 28(3), 693–703. Zu den Beweggründen des britischen Rückzugs aus dem Mittleren Osten vgl. Smith, S. (2016) Britain's decision to withdraw from the Persian Gulf: A pattern, not a puzzle. *The Journal of Imperial and Commonwealth History* 44(2), 328–351.

150 Übersichtsweise zur US-Präsenz in den GCC-Staaten vgl. Gresh, G. (2015) *Gulf security and the U. S. military. Regime survival and the politics of basing.* Stanford University Press. Die Abkommen der USA mit den Golfstaaten legitimieren zwar deren militärische Präsenz, verpflichten sie aber nicht zur Verteidigung, vgl. Saab, B. (2016) *The United States has no Gulf allies.* Atlantic Council, 13.4.2016. Eingehend dazu Quero, J., Dessì, A. (2019) Unpredictability in US foreign policy and the regional order in the Middle East: reacting vis-à-vis a volatile external security-provider. *British Journal of Middle Eastern Studies* 48(2), 311–330.

151 Eingehend zur Verschlechterung dieses Verhältnisses, vor allem seit der Ermordung des saudischen Journalisten Jamal Kashoggi, vgl. Hokayem, E. (2022) Fraught relations: Saudi ambitions and American anger. *Survival* 64(6), 7–22; Gause, F. (2023) *The kingdom and the power. How to salvage the U. S.-Saudi relationship.* Foreign Affairs 102(1), January/February 2023.

152 Vgl. Aftandilian, G. (2023) *U. S. troop buildup in the Gulf reemphasizes military power.* Arab Center Washington D. C., 15.8.2023.

153 Zum bisherigen Gesellschaftsvertrag in den Golfstaaten und den Veränderungen in der Zivilgesellschaft vgl. Peterson, J. (2012) *The GCC states: participation, opposition, and the fraying of the social contract.* Kuwait Programme on Development, Governance and Globalisation in the Gulf States (26). London: London School of Economics and Political Science. Zu den wirtschaftlichen Vorteilen, die die GCC-Staaten aus dem Krieg ziehen, vgl. Mankoff, J. (2024) The Middle East and the Ukraine war: Between fear and opportunity. *Middle East Policy* 31(2), 47–66. Die Auswirkungen der Ölpreissteigerungen von 2022 auf die Golfstaaten

schildert Ulrichsen, K. (2023) The Russia-Ukraine war and the impact on the Persian Gulf states. *Asia Policy* 18(2), 39–46. Zur finanziellen Hilfe der Golfstaaten für Bahrain vgl. Mogielnicki, R. (2018) *The politics of aid: GCC support for Bahrain*. Middle East Institute, 30.10.2018.

154 Die EIA rechnet sogar damit, dass die Ölproduktion im Permian-Becken ab 2024 auf durchschnittlich 6,3 Millionen bpd steigt, vgl. U. S. Energy Information Administration (2024) *Permian production forecast growth driven by well productivity, pipeline capacity.* 21.8.2024. Zusammen liefern die arabischen Länder und Iran fast die Hälfte der chinesischen Ölimporte, vgl. Levesque, E. (2024) *Oil keeps Russia and China close, but analysts warn it won't last.* Arabian Gulf Business Insight, 21.5.2024.

155 Vgl. zur Illustration die nationalen Strategiepapiere *We the UAE 2031, Saudi Vision 2030, Qatar National Vision 2030, Kuwait Vision 2035, Oman Vision 2040.* Internationale Unternehmen müssen seit 2024 ihren regionalen Geschäftssitz nach Saudi-Arabien verlegen, wenn sie weiterhin Regierungsaufträge erhalten wollen; diese Politik signalisiert einen regionalen Standortwettbewerb um Kapital und Arbeitsplätze, vgl. Hausheer Ali, S. (2023) *Saudi Arabia is requiring companies to establish headquarters in the kingdom. That strategy may pay off.* Atlantic Council, 9.6.2023.

156 Die Vereinigten Arabischen Emirate halten sich mit Daten über die genaue Zahl der Migranten im Land bedeckt. 2010 wurden offiziell 947.997 Emiratis gegenüber 7.316.073 Ausländern gezählt, vgl. United Arab Emirates Ministry of Foreign Affairs (2024) *Facts and figures* [online]. In Dubai selbst waren 2023 nur rund acht % der Bevölkerung emiratische Staatsbürger, vgl. Dubai Statistics Center (2023) *Number of population estimated by nationality – Emirate of Dubai (2023–2021)* [online]. Die Erwerbsquote der emiratischen Bevölkerung lag 2019 bei nur 49 % im Vergleich zu 85 % bei den Migranten, vgl. Dubai Statistics Center (2019) *Percentage distribution of population 15 Years and over by nationality, gender and economic activity status – Emirate of Dubai* (2019) [online].

157 Saudi-Arabien handelte 2023 mit Russland Waren im Wert von ca. 3,71 Mrd. US$, die fast ausschließlich auf den seit Kriegsbeginn gestiegenen Import von Ölprodukten und Getreide entfielen, vgl. General Authority for Statistics (2024) International Trade. 2023 [online]. Im Vergleich belief sich das Handelsvolumen mit den USA auf rund 34 Mrd. US$ und mit China sogar auf rund 98 Mrd. US$. Bei den Golfstaaten dominieren weiterhin westliche Rüstungslieferanten, vgl. Wezeman, P., Djokic, K., George, M., Hussain, Z., Wezeman, S. (2024) Trends in International Arms Transfers, 2023. *SIPRI Fact Sheet.* März 2024. SIPRI.

158 Zu den Formalisierungsbemühungen neuer Verteidigungsabkommen mit den USA vgl. Saab, B. (2024) *A US–Saudi deal deserves its own scrutiny, regardless of Israeli normalization,* 29. Mai 2024. Expert Comment, Chatham House. Die Entwicklung der saudischen Verteidigungsaus-

gaben dokumentiert die *SIPRI Military Expenditure Database* (https://
milex.sipri.org/sipri). Zur Diversifizierung der Rüstungsbeschaffung vgl.
Parker, T., Bakir, A. (2024) *Strategic shifts in the Gulf: GCC defence diver-
sification amidst US Decline.* The International Spectator 59(4), 116–133.

159 Vgl. hierzu die eindeutige Ansage des saudischen Kronprinzen Moham-
med bin Salman auf CBS: *Saudi crown prince: If Iran develops nuclear
bomb, so will we.* CBS News, 15.3.2018; weiterhin bekräftigt in Aitken, P.
(2023) *Bret Baier interviews Saudi Prince: Israel peace, 9/11 ties, Iran nuke
fears: ›Cannot see another Hiroshima‹.* Fox News, 20.9.2023.

160 Das *Aihui History Museum* nahe der Stadt Heihe widmet sich ausschließlich der zaristischen Aneignung kaiserlich-chinesischen Territoriums.
Weitere Beispiele nationalistischer Erinnerungskultur an der russisch-
chinesischen Grenze dokumentieren Adda, I., Lin, Y. (2022) Geopolitics
in glass cases: Nationalist narratives on Sino–Russian relations in Chinese border museums. *Europe-Asia Studies* 74(6), 1051–1081.

161 Zur chinesischen Militärpräsenz in diesem Raum vgl. Lewis, J., Litai, X.
(2016) China's security agenda transcends the South China Sea. *Bulletin
of the Atomic Scientists* 72(4), 212–221. Detailliert den *Taiwan Relations
Act* von 1979 kommentiert Lee, D. (2000) *The making of the Taiwan Relations Act: Twenty years in retrospect.* New York: Oxford University Press.

162 Schon im Herbst 2021 wichen die USA von ihrer bisherigen Kommu-
nikationsstrategie ab: Anstatt wie bisher die strategische Ambiguität zu
betonen, gaben sie eine explizite Verteidigungszusage ab, die mehrfach
wiederholt wurde. Vgl. Mao, F. (2022) *Biden again says US would defend
Taiwan if China attacks.* BBC, 19.9.2022.

163 Zur wechselseitigen Verflechtung und Taiwans Rolle in der Weltwirtschaft vgl. Dimerco (2024) *Taiwan's strategic role in the global semiconductor supply chain*, 28.10.2024; Shattuck, T. (2021) Stuck in the middle:
Taiwan's semiconductor industry, the U. S.-China Tech Fight, and cross-
strait stability. *Orbis* 65(1), 101–117.

164 Die historischen Formosastraßen-Krisen und die Rolle der USA darin
illustriert Bruce, A. (2014) *Taiwan Straits: crisis in Asia and the role of the
U. S. Navy*, Rowman & Littlefield.

165 Vgl. Stevis-Gridneff, M., Erlanger, S. (2023) *China's ambassador to the
E.U. tries to distance Beijing from Moscow.* New York Times, 5.4.2023.

166 Vgl. Oxford Analytica (2024) *Power of Siberia-2 gas pipeline appears less
likely.* Emerald Expert Briefings, 21.8.2024; Downs, E., Losz, A., & Mit-
rova, T. (2024) *The future of the Power of Siberia 2 pipeline.* University of
Columbia, Center on Global Energy Policy, 15.5.2024.

167 Zur chinesischen Zurückhaltung bei der Lieferung militärischer Güter
nach Russland vgl. Purbrick, M. (2023) *The no limits partnership: PRC
weapons support for Russia.* China Brief 23(15), The Jamestown Foundation, 18.8.2023. Zur permanenten Drohung der USA mit Sekundärsanktionen vgl. Bo, H. (2023) Implications of the Ukraine war for China: can

China survive secondary sanctions? *Journal of Chinese Economic and Business Studies* 21(2), 311–322.

168 Eingehend zum russisch-chinesischen Handel vgl. Kluge, J. (2024) *Russia-China economic relations. Moscow's road to economic dependence.* Research Paper 2024/RP 06, Stiftung Wissenschaft und Politik. Die Absatzmärkte chinesischer Exporte dokumentiert die Datenbank *Tradingeconomics* (https://tradingeconomics.com/china/exports-by-country). Zur Distanzierung chinesischer Banken von russischen Finanzströmen vgl. «Бэнк оф Чайна» изолируется от санкций в РФ, *Kommersant*, 24.6.2024.

169 Eingehend zur Nordostpassage und deren kommerziellem Potenzial vgl. Keupp, M. M. (ed.) (2015) *The Northern sea route: a comprehensive analysis.* Berlin et al: Springer. Zu Chinas arktischen Interessen und künftigen Geschäftsmodellen vgl. Pezard, S. et al. (2022) *China's strategy and activities in the Arctic.* RAND Corporation.

170 Ausführlich zu diesen Netzwerken und ihrer Infiltrierung der deutschen Politik und Wirtschaft vgl. Bingener, R., Wehner, M. (2023) *Die Moskau-Connection.* München: C. H. Beck sowie Høvsgaard, J. (2019) *Gier, Gas und Geld: Wie Deutschland mit Nordstream 2 Europas Zukunft riskiert.* Europa Verlag.

171 Die Bundesrepublik Deutschland und die DDR haben weder fusioniert noch eine neue Verfassung ausgehandelt, stattdessen trat die DDR dem Bundesgebiet nach Art. 23 a. F. GG bei, womit sie als Staat unterging. Zu den Spuren dieses Untergangs in den persönlichen Biographien und dem folgenden Elitenaustausch vgl. Derlien, H. (2001) Elitezirkulation zwischen Implosion und Integration, in Bertram, H., Kollmorgen, R. (Hrsg.), *Die Transformation Ostdeutschlands*, Opladen 2001, pp. 53–76 sowie Derlien, H. (1998) Elitezirkulation in Ostdeutschland 1989–1995. *Aus Politik und Zeitgeschichte*, 05/1998.

172 Der rauschebärtige, in folkloristischen Phantasiekostümen, Stiefeln und Bärenfellmütze verkleidete *Iwan Rebroff* ist eine Kunstfigur des deutschen Konzertsängers Hans Rolf Rippert, der russisches Liedgut frei interpretierte und behauptete, russische und ostjüdische Vorfahren zu haben. Die Mitglieder der von Ralph Siegel geschaffenen Schlagergruppe *Dschinghis Khan* trugen ebenfalls bunte, tatarisch anmutende Phantasiekostüme, waren aber deutsche, ungarische und südafrikanische Staatsbürger. Sie stellen Russland märchenhaft als fremd und geheimnisvoll, trinkfreudig und feurig, letztlich aber gutmütig dar.

173 Ausführlich zu entsprechenden russischen Drohungen und Anspielungen seit Kriegsbeginn vgl. Mills, C. (2024) *Russia's use of nuclear threats during the Ukraine conflict.* House of Commons Library, research briefing no. 9825, 20.12.2024.

174 Zu entsprechenden Erzählungen der russischen Staatspropaganda und deren ausführlicher Widerlegung vgl. Fridrichová, K. (2023) Mugged by

reality: Russia's strategic narratives and the war in Ukraine. *Defense & Security Analysis* 39(3), 281–295; Schuette, C. (2023) Russian disinformation on NATO expansion and the war in Ukraine. *Journal of Strategic Security* 16(4), 34–56; Sarotte, M. (2023) *Nicht einen Schritt weiter nach Osten. Amerika, Russland und die wahre Geschichte der NATO-Osterweiterung*. München: C. H. Beck.

175 Das Transkript der Rundfunkansprache Thomas Manns (März 1941, aus der Serie *Deutsche Hörer! bei der* BBC) sowie alle weiteren Ansprachen sind dokumentiert in Mann, T. (2025) Deutsche Hörer! S. Fischer Verlag.

176 Bereits 2005 protestieren Polen und Litauen gegen den Bau von Nord Stream 1. Zum Nachwirken deutscher imperialer Vorstellungen im osteuropäischen Raum und Ideen einer deutsch-russischen Achse vgl. Koenen, G. (2023) *Der Russland-Komplex. Die Deutschen und der Osten.* München: C. H. Beck. Zum russlandzentrierten Fokus der Ostpolitik vgl. Schulze-Wessel, M. (2023) *Der Fluch des Imperiums.* München: C. H. Beck, pp. 247 ff.

177 Die Mercator-Projektion bildet die gekrümmte Oberfläche der Erde auf einer flachen Karte ab. Dabei erscheinen die Ränder größer und das Zentrum kleiner als in der Realität, da Flächen in hohen Breitengraden stark überdehnt dargestellt werden. Grönland erscheint geradezu riesig gegenüber dem afrikanischen Kontinent, obwohl es in Wirklichkeit etwa 14-mal kleiner ist. Die verzerrte Wahrnehmung bei deutschen Politikern, Intellektuellen und Personen des öffentlichen Lebens illustriert Wendland, A. (2014) Hilflos im Dunkeln. *Osteuropa* 64(9–10), 13–33.

178 Zur aktuellen Familienpolitik in Russland vgl. Boll-Palievskaya, D. (2024) *Gebären fürs Vaterland.* IPG-Journal, 14.11.2024. Zum internationalen Vergleich der Lebenserwartung siehe WHO (2025) *The global health observatory*, Life expectancy at birth (years), interaktiv unter https://www.who.int/data/gho/data/indicators/indicator-details/GHO/ life-expectancy-at-birth-(years) Zur HIV-Inzidenz vgl. Nikoloski, Z., King, E., Mossialos, E. (2023) HIV in the Russian Federation: mortality, prevalence, risk factors, and current understanding of sexual transmission. *AIDS* 37(4), 637–645. Die Rate der Neuansteckungen ist in Russland etwa achtmal höher als in Europa, vgl. European Centre for Disease Prevention and Control (2023) *HIV/AIDS Surveillance in Europe 2023.* Stockholm: ECDC.

179 Der durchschnittliche Medianwochenlohn in den USA lag 2024 bei US\$ 1124, was einem Monatseinkommen von ca. US\$ 4496 entspricht, vgl. U. S. Bureau of Labor Statistics (2024) *The Economics Daily / median weekly earnings*, May 2, 2024.

180 Der Gini-Koeffizient ist definiert im Intervall zwischen 0 und 1, wobei 0 vollständige Gleichheit und 1 maximale Ungleichheit darstellt. Er lag 2021 in Russland bei 0,35, 2022 in den USA bei 0,42. Vgl. World Bank (2024) Gini index. https://data.worldbank.org/indicator/SI.POV.GINI?

end=2022&start=2017 Zu den regionalen Armutsquoten in Russland vgl. VisaSam.Ru, Уровень бедности в России в 2025 году, 4.1.2025 (https:// visasam.ru/russia/goroda/bednost-v-rossii.html), detailliert zu den russischen Durchschnittslöhnen nach Region vgl. CEIC Data (2025) *Russia: Average monthly wages by region,* https://www.ceicdata.com/en/russia/ average-monthly-wages-by-region

181 Die revisionistischen Tendenzen solchen Denkens kommentiert Gieseke, J. (2023) Besprechung von Hoyer, K. *Diesseits der Mauer. Eine neue Geschichte der DDR 1949–1990.* Hamburg 2023, in: HistLit 2023-3-091, H-Soz-Kult, 31.8.2023.

182 Illustrativ für die tiefe Russland*feindschaft* (sic!) weiter Teile der deutschen Arbeiterbewegung und Sozialdemokratie, die noch bis 1918 den Zaren als Gewaltherrscher und Unterdrücker der Arbeiterklasse sowie Russland als Gefährdung des Friedens in Europa empfand, vgl. Miller, S. (1966) *Das Kriegstagebuch des Reichstagsabgeordneten Eduard David 1914 bis 1918,* in Conze, W., Matthias, E. (1966) Quellen zur Geschichte des Parlamentarismus und der politischen Parteien, Bd. 4. Düsseldorf: Droste Verlag.

183 Russische Händler setzen 1741 auf die Aleuten über und zwingen die dortigen indigenen Völker, für sie Pelztiere zu jagen – kaum ein Jahrhundert später ist ganz Alaska eine russische Provinz, bis es 1867 an die USA verkauft wird. Zum Erstkontakt vgl. Veltre, D., McCartney, A. (2002) Russian exploitation of Aleuts and fur seals: The archaeology of eighteenth- and early- nineteenth-century settlements in the Pribilof Island, Alaska. *Historical Archaeology* 36, 8–17.

184 Eingehend zu diesen Argumenten vgl. Roberts, K. (2017) Understanding Putin: The politics of identity and geopolitics in Russian foreign policy discourse. *International Journal* 72(1), 28–55; Clunan, A. (2019) Russia's pursuit of great-power status and security, in Kanet, R. (ed.) *Routledge Handbook of Russian Security.* London: Routledge, pp. 3–16. Zur Emotionalisierung der Außenpolitik vgl. Larson, D., Shevchenko, A. (2014) Russia says no: power, status and emotions in foreign policy. *Communist and Post-Communist Studies* 47(3–4), 269–279; Eltchaninoff, M. (2016) *In Putins Kopf. Die Philosophie eines lupenreinen Demokraten.* Stuttgart: Klett-Cotta.

185 Detailliert zu Russland im späten 16. und frühen 17. Jh. vgl. Perrie, M. (2006) The time of troubles (1603–1613), in Perrie, M. (ed.), *The Cambridge History of Russia,* Cambridge University Press, pp. 409–432; Dunning, C. (2004) *A short history of Russia's first civil war: The time of troubles and the founding of the Romanov dynasty.* Pennsylvania State University Press.

186 Zur medialen Inszenierung Putins vgl. Foxall, A. (2013) Photographing Vladimir Putin: Masculinity, nationalism and visuality in Russian political culture. *Geopolitics* 18(1), 132–156; Engelfried, A. (2012) Zar und Star:

Vladimir Putins Medienimage. *Osteuropa* 62(5), 47–68. Putin spricht ein stilistisch gänzlich anderes Russisch als seine sowjetischen Vorgänger, er verwendet oft volkstümliche Sprache wie auch kriminellen Slang, vgl. Berdy, M. (2018) Putin's language (r)evolution. *The Moscow Times*, 11.5.2018; Gorham, M. (2014) *After newspeak: Language culture and politics in Russia from Gorbachev to Putin.* Cornell University Press.

187   Zur Darstellung und umfassenden Kritik dieser Positionen, gerade auch im Kontext der stalinistischen Nationalitätenpolitik, vgl. Rosdolsky, R. (1979) *Zur nationalen Frage: Friedrich Engels und das Problem der »geschichtslosen« Völker.* Berlin: Olle & Wolter.

188   Die originalen Plakate, die dies fordern, sowie den dagegen gerichteten luxemburgischen Widerstand dokumentiert Haag, E. (2015) *The rise of Luxembourg: From independence to success.* Luxembourg: Editions Saint-Paul, 133–138. Zu Goebbels' imperialen Ordnungsvorstellungen für Europa und dem Begriff des *Kleinstaatengerümpels* vgl. Goebbels, J. (Hrsg.) (2003) Tagebücher 1924–1945. Orig.-Ausg., 3. Aufl. München: Piper, pp. 1927–1929.

189   Schmitt dokumentiert seine autoritären Vorstellungen in seinem 1939 gehaltenen Vortrag *Völkerrechtliche Großraumordnung mit Interventionsverbot für raumfremde Mächte* (abgedruckt in Ritterbusch, P. (1939) *Schriften des Instituts für Politik und Internationales Recht an der Universität Kiel*, Bd. 7, Berlin: Deutscher Rechtsverlag). Auch nach dem Zweiten Weltkrieg weicht er nicht ab davon und hält in seiner Schrift *Der Nomos der Erde* (1950) nur eine Ordnung aus *Großräumen mit Interventionsverbot für andere Großmächte* für geeignet, um der westfälischen Ordnung Geltung zu verschaffen – obwohl jeder solche Großraum eine *Ordnungsmacht* erfordert, was unvereinbar mit dem Prinzip der souveränen Gleichheit ist. Es überrascht wenig, dass diese Ideen stark von nationalsozialistischen Funktionsträgern rezipiert worden sind, die darin eine intellektuelle Legitimierung ihrer expansiven Absichten sahen – und Schmitt diente sich ihnen zumindest bis 1935 bereitwillig an.

190   Die ursprünglich theologisch begründete souveräne Gleichheit der staatstragenden Monarchen ist heute im abstrakten Staatsbegriff verrechtlicht. Art. 2 Abs. 1 der UN-Charta benennt ihn explizit. Zu Begriff und Rechtsgedanken der souveränen Gleichheit und deren Geistesgeschichte vgl. Kokott, J. (2004) Souveräne Gleichheit und Demokratie im Völkerrecht. *Zeitschrift für ausländisches öffentliches Recht und Völkerrecht* 64(3), 517–533.

191   Das Recht auf außenpolitische Handlungsfreiheit ist zudem expressis verbis in der – auch von der Sowjetunion mitgetragenen – Deklaration *Friendly Relations* der UN-Generalversammlung benannt, vgl. The United Nations General Assembly Resolution (A/RES/25/2625), *The Declaration on Principles of International Law concerning Friendly Relations*

and Co-operation among States (1970). Putin und sein Außenminister Lawrow sicherten 2004 den baltischen Staaten und 2005 der Ukraine zu, dass jedes Land seinen eigenen Weg wählen könne und solle, vgl. AFP (2005) *Lavrov: Russia Won't Interfere In Ukraine, Georgia.* Radio Free Europe / Radio Liberty, 3.1.2005.

192 Zur Kontinuität exzeptionalistischen und imperialen Denkens bis in die Gegenwart vgl. Osipian, A. (2025) Political justification of territorial expansion from Catherine II to Putin: Inventing »Novorossiya« in imperial and in post-imperial context, in Fahner, S., Feichtinger, C., Heijden, R. (eds.) *Politics of pasts and futures in (post-)imperial contexts,* Berlin, Boston: De Gruyter Oldenbourg, pp. 165–196. Zu Vorstellungen staatlicher, durch keine Norm begrenzter Allmacht in den internationalen Beziehungen vgl. Dunlop, J. (1997) Aleksandr Lebed and Russian foreign poicy. *SAIS Review (1989–2003)* 17(1), 47–72; Ortmann, S. (2017) The post-Soviet myth of the strong state in Russia, in Heathershaw, J., Schatz, E. (eds.) *Paradox of power: The logics of state weakness in Eurasia.* University of Pittsburgh Press, pp. 136–152.

193 Ausführlich zu diesem Denken vgl. Valdez, J. (1995) The near abroad, the West, and national identity in Russian foreign policy, in Starr, S., Dawisha, K. (eds.) *The making of foreign policy in Russia and the new states of Eurasia.* New York: Routledge, 84–109. Illustrativ für den autoritären Reflex z. B. Walt, S. (2023) *Ukraine and Russia need a great-power peace plan.* Foreign Policy (online), 18.4.2023. Der Autor ist immerhin so konsequent, den Vorschlag als verrückte Idee zu bezeichnen.

194 Einen ausführlichen Kommentar dieser revisionistischen Thesen liefert Schulze-Wessel, M. (2021) *Putins bedrohliche alternative Geschichtsschreibung.* Zentrum Liberale Moderne, 27.7.2021. Die von Georg Jellinek entwickelte Drei-Elemente-Lehre definiert Staatsvolk, -gebiet und -gewalt als konstitutive Elemente des Staates. Die Anerkennung durch andere Staaten wirkt zwar nur deklaratorisch, kann aber wichtig für die Teilnahme an der Völkerrechtspraxis sein, vgl. hierzu Crawford, J. (2007) *The creation of states in international law* (2nd ed.). Oxford: Oxford University Press; Bindschedler, R. (1962) Die Anerkennung im Völkerrecht. *Archiv des Völkerrechts* 9(4), 377–397.

195 Faksimile und Übersetzung des Unionsvertrags von 1922 (*Vertrag über die Gründung der Union der Sozialistischen Sowjetrepubliken*) sind auf https://www.1000dokumente.de erhältlich. Während der festen sowjetischen Zentralherrschaft war das Austrittsrecht de facto bedeutungslos, aber seit 1990 wurde es zur Rechtsgrundlage des Austritts, vgl. Schroeder, F., Meissner, B. (Hrsg.) (1974) *Bundesstaat und Nationalitätenrecht in der Sowjetunion.* Berlin: Duncker & Humblot. Der Originaltext der später als *Kiev chicken speech* verspotteten Rede ist dokumentiert (https://bush41library.tamu.edu/archives/public-papers/3267), zur damaligen politischen Diskussion und Ängsten vor dem sowjetischen Zerfall vgl.

Fink, S. (1997) From »chicken Kiev« to Ukrainian recognition: domestic politics in U.S. foreign policy toward Ukraine. *Harvard Ukrainian Studies* 21(1/2), 11–61.

196 Der *Corruptions Perception Index* von Transparency International untersucht die Korruptionsanfälligkeit von 180 Ländern weltweit. Im Ranking von 2023 findet sich Russland auf Platz 141 (mit Verschlechterungstendenz), die Ukraine auf Platz 104 (mit Verbesserungstendenz), vgl. https://www.transparency.org/en/cpi/2023

197 Zur Rechtsgeschichte des freien Kriegführungsrechts (*liberum ius ad bellum*) und seinem Verhältnis zur westfälischen Staatenordnung vgl. Hobe, S., Fuhrmann, J. (2007) Vom ius in bello zum ius contra bellum: Der Beitrag der Zweiten Haager Friedenskonferenz zur Entwicklung des modernen Völkerrechts. *Die Friedens-Warte* 82(4), 97–117.

198 Die Originalbezeichnung des Pakts lautet *Convention providing for the renunciation of war as an instrument of national policy*. Zu seiner völkerstrafrechtlichen Relevanz vgl. Bunck, J., Fowler, M. (2019) The Kellogg-Briand pact: Reappraisal. *Tulane Journal of International and Comparative Law* 27(2), 229–276.

199 Das Gewaltverbot ist in Art. 2 Abs. 4 der UN-Charta kodifiziert, das Selbstverteidigungsrecht des angegriffenen Staates in Art. 51. Dieser ist frei in der Wahl seiner Mittel, dies schließt auch Angriffe gegen militärische Ziele auf gegnerischem Territorium ein.

200 Nachdem Litauen mit seinem Austritt vom 11.3.1990 den Zerfall der Sowjetunion eingeleitet hatte, erklärte sich die RSFSR am 12.6.1990 für souverän (innerhalb der Union), alle weiteren Sowjetrepubliken treten im Laufe des Jahres 1991 aus. Mit der Deklaration von Alma-Ata vom 21.12.1991 nimmt die RSFSR die Rechtsnachfolge der Sowjetunion an – und somit auch deren Sitz im ständigen Sicherheitsrat der UN. Sie wird schließlich 1992 in die heutige Russländische Föderation überführt.

201 Im Original: Нельзя допустить, чтобы на смену международному праву пришло кулачное право, согласно которому сильный всегда прав и имеет право на все, berichtet von Rosbusinessconsulting Online (2003) В. Путин: Война в Ираке грозит катастрофой всему региону, 20.3.2003 (eigene Übersetzung).

202 Bereits 1940 hatte die Schweiz eine geheime Absprache mit Frankreich getroffen, die französischen Truppen erlaubte, Verteidigungsstellungen auf schweizerischem Staatsgebiet einzunehmen, falls das Deutsche Reich die Schweiz angreifen sollte (*Manöver H*), vgl. Bonjour, E. (1971) *Geschichte der schweizerischen Neutralität*. Band 5. Basel: Helbling & Lichtenhahn.

203 Detailliert zu den völkerrechtlichen Grundlagen des Welthandels und Weltseeverkehrs sowie deren Bedeutung für das globale Wirtschaftswachstum vgl. Keupp, M.M. (2022) *Die Illusion der Abschottung*. Berlin et al: SpringerGabler, 4–17. Zum Seekriegsrecht vgl. Fink, M. (2022) The

ever-existing »crisis« of the law of naval warfare. *International Review of the Red Cross* 104(920–921), 1971–1988.

204 Vgl. Mearsheimer, J. (1993) The case for a Ukrainian nuclear deterrent. *Foreign Affairs* 72(3), 50–66.

205 Zum Gesamtbestand der atomaren Sprengköpfe in der Welt und pro Atommacht vgl. Bulletin of the Atomic Scientists (2025) *Nuclear Notebook*, aktuell nachgeführt unter https://thebulletin.org/nuclear-notebook/

206 Zur historischen Wirtschaftsleistung vgl. Zhuravskaya, E., Guriev, S., Markevich, A. (2024) New Russian economic history. *Journal of Economic Literature* 62(1), 47–114. Russlands Anteil am Welt-BIP zur Kaufkraftparität stieg von 3,11 % im Jahr 2000 auf 3,8 % im Jahr 2008, sank dann aber wieder. Während der Pandemie stieg er leicht auf 3,69 %, seitdem sinkt er wieder, vgl. International Monetary Fund (2024): *Russian Federation, GDP based on PPP, share of world*, IMF Data Mapper, April 2024. Das russische BIP belief sich 2021 nominal auf ca. 1.800 Milliarden US$, das italienische auf ca. 2.180 Milliarden US$ (jeweils laufende Preise, konstante 2015er US$, vgl. https://data.worldbank.org/indicator/NY.GDP.MKTP.CD?locations=RU-IT). Texas hatte 2021 ein nominales BIP von ca. 2.100 Milliarden US$ (laufende Preise, konstante 2017er US$, vgl. U. S. Bureau of Economic Analysis, GDP by State, Regional Data: GDP and Personal Income, https://www.bea.gov/data/gdp/gdp-state).

207 Über genaue Daten zu den sowjetischen Rüstungsausgaben verfügte noch nicht einmal das Politbüro. Die CIA schätzte die russischen Verteidigungsausgaben von 1965 bis zu Gorbatschows Amtsantritt auf rund 15 % des jährlichen BIP, womit diese weit über dem Anteil westlicher Rüstungsausgaben lagen, vgl. Davis, C. (2002) Country survey XVI. The defence sector in the economy of a declining superpower: Soviet Union and Russia, 1965–2001. *Defense and Peace Economics* 13(3), 145–177.

208 Zur relativen Größe der (geplanten) Verteidigungsausgaben vgl. SIPRI (2024) *SIPRI fact sheet: Trends in world military expenditure 2023*. Stockholm: Institute for Peace Research.

209 Gemäß den Daten der Weltbank (https://data.worldbank.org) betrug das russische BIP 2021 zur Kaufkraftparität 5.730 Milliarden US$, dasjenige 2021 der USA 23.680 Milliarden US$, jeweils in konstanten 2021er US$. Russland will 6 % davon für Verteidigung ausgeben, die USA geben heute ca. 3,4 % dafür aus, sodass sich PPP-Verteidigungsbudgets von 344 Milliarden US$ (Russland) bzw. 805 Milliarden US$ (USA) ergeben.

210 Im November 2024 wurden 47 % des globalen Zahlungsverkehrs in US$ abgewickelt, ohne die Zahlungen innerhalb der Eurozone sogar 58 % (Euro: 22 %, britisches Pfund: 7 %, Renminbi: 3.9 %), vgl. SWIFT (2024) *RMB Tracker. Monthly reporting and statistics on renminbi (RMB) progress towards becoming an international currency*. November 2024. Der Dollar macht 58 % der globalen Währungsreserven aus. Die zweithäufigste verwendete Währung Euro hat einen Anteil von 20 %. Renminbi

hat einen Anteil von 2 % (Yen: 6 %, Pfund: 5 %), vgl. Atlantic Council (2024) Dollar Dominance Monitor (https://www.atlanticcouncil.org/programs/geoeconomics-center/dollar-dominance-monitor/). Zu den russischen Entkopplungsversuchen vgl. Demarais, A. (2024) *Russia's plans to replace the dollar are going nowhere.* Foreign Policy (online), 18.11 2024.

211 Zu den umfassenden Lieferungen des US-amerikanischen Leih- und Pachtgesetzes von 1941 (*lend and lease act*) vgl. den detaillierten Bericht des Chief of Finance, War Department (1946) *Quantities of land-lease shipments.* https://www.ibiblio.org/hyperwar/USA/ref/LL-Ship/

212 Vgl. Keupp, M. M. (2019) *Militärökonomie.* Berlin et al.: SpringerGabler, pp. 65–89.

213 Detailliert zu Strukturen und Adressaten der vom U. S. Congress verabschiedeten Hilfspakete vgl. die Auflistung des State Department (https://www.state.gov/bureau-of-political-military-affairs/releases/2025/01/u-s-security-cooperation-with-ukraine) sowie die detaillierte Zusammenstellung und Analyse des Council on Foreign Relations (2024) unter https://www.cfr.org/article/how-much-us-aid-going-ukraine#chapter-title-0-3

214 Zu diesem technologischen Austauschprozess infolge der Waffenlieferungen sowie zur staatsrechtlichen Mechanik der Waffenlieferungen über die *Presidential drawdown authority* vgl. Hoffman, S. et al. (2024) *How supporting Ukraine is revitalizing the U. S. defense industrial base.* Center of Strategic & International Studies, 18.4.2024.

215 Ausführlich zu den strukturellen Problemen und taktischen Anpassungen der russischen Armee vgl. Kofman, M. (2023) *Assessing Russian military adaptation in 2023.* Washington D. C.: Carnegie Endowment for International Peace.

216 Zur sowjetischen Doktrin vgl. U. S. Army (1984) *The Soviet Army. Operations and Tactics*, Field Manual N° 100-2-1, Headquarters, Department of the Army, Washington D. C., 16.7.1984, p.44.

217 Ausführlich zu den Kapazitäten und Fähigkeiten vor Kriegsbeginn vgl. Westerland, F., Oxenstierna, S. (eds.) (2019) *Russian military capability in a ten-year perspective.* Report FOI-R-4758-SE. Stockholm: Swedish Defence Research Agency, speziell zu den einsatzfähigen Vorkriegsbeständen dort pp. 116 ff. Am 24.2.2024 bestätigte die UK Defense Intelligence, dass Russland mindestens 2.700 Kampfpanzer, d. h. fast den gesamten einsatzfähigen Vorkriegsbestand, verloren hatte. Zu historischen und laufenden Verlustziffern der russischen und ukrainischen Armee vgl. Oryx Blog (2025) https://www.oryxspioenkop.com/2022/02/attack-on-europe-documenting-equipment.html sowie https://www.oryxspioenkop.com/2022/02/attack-on-europe-documenting-ukrainian.html

218 Zur zentralen Bedeutung der Eisenbahn für die russische Militärlogistik vgl. Ferris, E. (2023) *Russia's railway troops: The backbone sustaining*

Russian military force posture. Center of Naval Analysis, Report IOP-2023-U-035262-Final; Engqvist, M. (2022) *A railhead too far: The strategic role of railroads during Russia's invasion of Ukraine.* Stockholm: Swedish Defence Research Agency.

219 Zu diesem kontinuierlichen Abbau vgl. Institut Action Resilience (2023) *How many tanks left for Russia now?* Analysis Summary No. 6. Marseille: IAR. Per 11.2.2025, also nach 1.083 Kriegstagen, hatte Russland gemäß der Statistik des *Oryx Blog* 3.740 Kampfpanzer verloren, also nicht ganz vier pro Kampftag. Diese Verlustrate übersteigt die Neuproduktionsrate bei weitem, da nur etwa 20 % des russischen Nachschubs neu produzierte Systeme sind, vgl. hierzu Watling, J., Reynolds, N. (2023) *Russian military objectives and capacity in Ukraine through 2024.* RUSI commentary, 13.2.2024. Somit zehrt Russland kontinuierlich von seinen eingelagerten Beständen. Illustrativ zu Satellitenfotos, wie diese sich aufgrund dieses Abschmelzens allmählich leeren, vgl. Syngaivska, S. (2024) *The UK Defense Intelligence: satellite imagery reveals Russia's shrinking soviet-era tank stocks as losses in Ukraine reach 11,600.* DefenseExpress, 18.12.2024; Bender, J. (2024) *Die Zeit läuft gegen Russland.* Frankfurter Allgemeine Sonntagszeitung, 30.6.2024.

220 Zum allmählichen Verflachen der anfänglich enormen Artillerieüberlegenheit vgl. Hambling, D. (2025) *Russia's artillery advantage in the Ukraine war is slipping away.* 19Fourtyfive Blog, 11.2.2025. Zum Reimport ehemals exportierter Waffen vgl. Grove, T., Said, S. (2023) *Russia turns to longtime arms customers to boost war arsenal.* Wall Street Journal, 8.11.2023 sowie Seki, Y., Fujii, S. (2023) *Russia ›buying back‹ arms parts exported to Myanmar and India.* Nikkei Asia, 5.6.2023.

221 Exportdaten aus Wezeman, P. et al. (2024) *Trends in international arms transfers* (SIPRI Fact Sheet March 2024). Stockholm: SIPRI. Detailliert zu diesem Verdrängungseffekt bei den russischen Waffenexporten vgl. Gosselin-Malo, E. (2023) *Weakened but never alone: Russia's evolving arms market and customer base.* Report IOP-2023-U-036681-Final. Center for Naval Analysis.

222 Zu den sowjetischen Bevölkerungsdaten vgl. den letzten sowjetischen Zensus, dokumentiert in Болдырев, В. А. (1990) Итоги Переписи Населения СССР. Население СССР По Данным Всесоюзной Переписи Населения 1989 Г., Государственный Комитет СССР По Статистике, Москва, p.8. Heutige Einwohnerzahl gemäß Destatis (2024) *Russische Föderation: Statistisches Länderprofil.* Ausgabe 08/2024. Wiesbaden: Statistisches Bundesamt.

223 Zum Bevölkerungsschwund in Russland vgl. Chawrylo, K. (2024) *Short-term stability and long-term problems. The demographic situation in Russia.* OSW Centre for Eastern Studies, 3.7.2024; Balzer, H. (2024) *A Russia without Russians? Putin's disastrous demographics.* Atlantic Council, Russia Tomorrow, 7.8.2024.

224 Zum neuerlichen Interesse an Empfängnisverhütung und Schwangerschaftsabbruch vgl. Костарнова, Н., Ракитина, Е. (2024) Еще не нарожали. *Kommersant*, 2.8.2023.

225 Zu dieser Logistikinfrastruktur im Kommandobereich CENTCOM siehe U.S. Army Central (2022) *Army prepositioned stock – fact sheet*. USARCENT: Chief of Public Affairs, speziell zu den europäischen Strukturen vgl. U.S. Army Europe and Africa Public Affairs Office (2020) *Army prepositioned stock*, detailliert zur Logistik und dem zugehörigen Ressourcenaufwand siehe Government Accountability Office (2019) *Prepositioned stocks*. Report to Congressional Committees GAO-19-244, Washington D.C. Das *International Donor Coordination Center* in Wiesbaden koordiniert die internationalen Waffenlieferungen, es untersteht dem U.S. European Command (EUCOM).

226 Detailliert zur begrenzten maritimen Projektionsfähigkeit Russlands schon vor dem Krieg vgl. Garberg Bredesen, M., Friis, K. (2020) Missiles, vessels and active defence. *The RUSI Journal* 165(5–6), 68–78. Zur Antriebstechnik der *Admiral Kusnezow* vgl. Kass, H. (2024) *Black smoke: Russia's Admiral Kuznetsov aircraft carrier has a problem*. The National Interest, 21.10.2024.

227 Detailliert zur unveränderten Unipolarität der Welt, auch aus wirtschaftlicher und technologischer Sicht, vgl. Brooks, S., Wohlforth, W. (2023) *The myth of multipolarity: American power's staying power*. Foreign Affairs, May/June 2023.

228 Zu fossilen Brennstoffen als politische Kontrollinstrumente vgl. Bouzarovski, S. (2010) Post-socialist energy reforms in critical perspective: entangled boundaries, scales and trajectories of change. *European Urban and Regional Studies* 17(2), 167–182; Bouzarovski, S., Bassin, M. (2011) Energy and identity: imagining Russia as a hydrocarbon superpower. *Annals of the Association of American Geographers* 101(4), 78–794, zu entsprechender Erpressungspolitik nach 1991 vgl. Molchanov, M. (2018) Russian security strategy and the geopolitics of energy in Eurasia, in Kanet, R. (ed.) *Routledge Handbook of Russian Security*. London: Routledge, pp. 181–191.

229 Eine ausführliche historische Aufarbeitung der Erdgaspolitik der deutschsprachigen Länder im 20. Jh. liefert Högselius, P. (2013) *Red Gas*. New York: Palgrave Macmillan US. Zu den europäischen Importmengen 2021 vgl. BP (2022) *Statistical review of world energy 2022* (71st ed.). London: bp plc, p. 31. Zur Kapazität der Transanatolischen Pipeline vgl. https://www.tanap.com/en/route-above-ground-installations; zu derjenigen der transadriatischen siehe: https://www.tap-ag.com/infrastructure-operation/tap-route-and-infrastructure

230 Detailliert zu Reagans Versuch, technologische Sanktionen gegen Gaspipelines durchzusetzen, vgl. Dziggel, O. (2016) The Reagan pipeline sanctions: Implications for U.S. domestic policy and the future of international law. *Towson University Journal of International Affairs* 50(1), 129–154.

231   Zu den historischen europäischen Gaspreisen für Haushalte und Industrie vgl. Eurostat database (2025) *Gas prices for household consumers – bi-annual data from 2017 onwards; Gas prices for non-household consumers – bi-annual data from 2017 onwards*, beide dokumentiert unter https://ec.europa.eu/eurostat/databrowser/explore/all/envir?lang=en &subtheme=nrg.nrg_price.nrg_pc&display=list&sort=category&extracti onId=nrg_pc_202

232   Vgl. hierzu Oesterreichische Nationalbank (2022) *The Russian economy and world trade in energy: Dependence of Russia larger than dependence on Russia*. Memo, 15.4.2022.

233   Zum litauischen LNG-Terminal und den baltischen Bestrebungen, unabhängig von russischem Erdgas zu werden, vgl. Mišík, M., Prachárová, V. (2016) Before ›independence‹ arrived: Interdependence in energy relations between Lithuania and Russia. *Geopolitics* 21(3), 579–604.

234   Gaspipelines können grundsätzlich bidirektional betrieben werden, sofern in beiden Richtungen Kompressoren installiert sind. Der Knotenpunkt Tarvisio / Arnoldstein verbindet das österreichische mit dem italienischen Gasnetz. Da Italien über die transadriatische und transanatolische Pipeline aserbaidschanische und zentralasiatische sowie zusätzlich via Sizilien auch nordafrikanische Gaslieferungen empfangen kann, wäre eine zukunftssichere Versorgung möglich.

235   Zum Ausbau der griechischen Infrastrukturen vgl. Elliot, S. (2024) *Greece-Bulgaria gas link operator to press on with expansion to 5 Bcm/year.* S&P Global, Commodity Insights, 7.8.2024. Zur Neustrukturierung der physischen Lieferwege und detaillierten Preisanalyse in den europäischen Binnenstaaten vgl. Sharples, J. (2025) *The end of Russian gas transit via Ukraine: Immediate impact and implications for the European gas market in 2025.* Oxford Institute for Energy Studies, Energy Insight 162.

236   Zu den Vorkriegskapazitäten vgl. Brady, A., Grati, H., Lindstrom, K. (2022) *Impact of the Russia-Ukraine crisis on »full shutdown« of the Druzhba pipeline network to Europe.* S&P Global, Commodity Insights, 16.3.2022.

237   Prozentsätze sind berechnet, indem für jedes Metall die russischen Produktionsmengen im Jahr 2022 der Weltproduktion im gleichen Jahr gegenübergestellt werden, als Rohdatenquellen wurden die folgenden Zahlenwerke verwendet, wobei sich die Prozentangaben über alle drei Werke in der jeweils gleichen Größenordnung ergeben: Federal Finance Ministry of the Republic of Austria & International Organizing Committee for the World Mining Congresses (2024) *World Mining Data 2024*, Vol. 39. Vienna; British Geological Survey (2024) *World Mineral Production 2018–2022*. Keyworth, Nottingham; U. S. Geological Survey (2024) *Mineral Commodity Summaries 2024*. Reston VA.

238   Vgl. Bähr, C., Fremerey, M., Fritsch, M., Obst, T. (2022) *Rohstoffabhängigkeiten der deutschen Industrie von Russland.* IW-Kurzbericht Nr. 31/2022, 3.4.2022.

239 Einen Überblick über Herstellungsverfahren künstlicher Edelsteine bieten Renfro, N., Koivula, J., Wang, W., Roskin, G. (2010) Synthetic gem materials in the 2000s: a decade in review. *Gems & Gemology* 46(4), 260–273. Kubisches Bornitrid ist eine äußerst harte und wärmeleitende Verbindung aus Bor und Stickstoff, die sich anders als Diamant kaum abnutzt und daher häufig in Schneide-, Schleif- oder Bohrwerkzeugen eingesetzt wird, vgl. Hofsäss, H., Eyhusen, S. (2005) Beständiger als Diamant. Kubisches Bornitrid – die bessere Alternative. *Georgia Augusta* 4, 10–15.

240 Vgl. Kjølberg, T. (2023) *The world's largest underground deposit of high-grade phosphate discovered in Norway*. Daily Scandinavian, 11.7.2023.

241 Für eine ausführlichen Überblick zum Forschungsstand bei kupferbasierten Nanomaterialien, die Palladium ersetzen können, vgl. Pathak, R., Punetha, V.D., Bhatt, S. et al. (2024) A review on copper-based nanoparticles as a catalyst: synthesis and applications in coupling reactions. *Journal of Material Science* 59, 6169–6205.

242 Vgl. British Geological Survey (2024) *World Mineral Production 2018–2022*. Keyworth, Nottingham. Russland produziert etwa 200 kg Iridium und 300 kg Ruthenium pro Jahr; dies entspricht etwa einem Zehntel der gesamtafrikanischen Produktion.

243 Zu Verfahrenstechniken des *urban mining* vgl. Fröhlich, P. et al. (2017) Wertmetalle: Gewinnungsverfahren, aktuelle Trends und Recyclingstrategien. *Angewandte Chemie* 129(10), 2586–2624; Pöttgen, R., Jüstel, T., Strassert, C. (Hrsg.) (2020) *Rare earth chemistry*. Walter de Gruyter.

244 Detailliert zum Produktionsrückgang und der damit einhergehenden Angebotsverknappung sowie zu sämtlichen bekannten abbaufähigen Uranvorkommen und -fördermengen vgl. Nuclear Energy Agency & International Atomic Energy Agency (2022) *Uranium 2022: Resources, production and demand*. Paris: OSCE.

245 Zum Wachstum der russischen Landwirtschaft und ihrer Weltmarktexporte vgl. Wegren, S., Nilssen, F. (2022) *Russia's Role in the Contemporary International Agri-Food Trade System*. Palgrave Macmillan; Liefert, W., Liefert, O. (2020) Russian agricultural trade and world markets. *Russian Journal of Economics* 6, 56–70. Sämtliche Prozentangaben sind aus den folgenden Datenbanken berechnet: Food and Agriculture Organization of the United Nations (2024) *Land, Inputs and Sustainability/Fertilizers by Nutrient*, FAOSTAT [online]; Foreign Agricultural Service United States Department of Agriculture (2024) *Production, Supply and Distribution, Graphical Query: Top Commodities By Country* [online].

246 Zum ägyptischen Brotpreis vgl. Kamal, O. (2015) *Half-baked, the other side of Egypt's baladi bread subsidy. A study of the market intermediaries and middlemen in the system*, Barcelona Centre for International Affairs, Barcelona; Jovanovic, N., Glauber, J. (2024) *Higher wheat prices push Egypt to increase price of subsidized bread for first time since 1989*. IFPRI

Blog, International Food Policy Research Institute, 7.8.2024. Anfang 2025 sind 20 Piaster weniger wert als ein Euro-Cent. Zur Bedeutung ägyptischen Weizens im Römischen Reich vgl. Hölbl, G. (2001) *A history of the Ptolemaic empire.* Routledge, pp. 179 ff; Lloyd, A. (2010) *A companion to ancient Egypt.* Blackwell Publishing, pp. 159 ff.

247 Sämtliche Angaben dieses Abschnitts sind den Datenbanken FAO-STAT (https://www.fao.org/faostat/en/#data/TCL) und WITS World Integrated Trade Solution (2022) (https://wits.worldbank.org/) sowie der Metadatenbank https://oec.world entnommen.

248 Zur aktuellen Ernährungssituation weltweit vgl. FAO, IFAD, UNICEF, WFP & WHO (2024) *The State of Food Security and Nutrition in the World 2024.* Rom: World Health Organization.

249 Zu den Herausforderungen und Schutzmethoden kritischer Infrastrukturen und des Cyberraums vgl. Keupp, M.M. (ed.) (2020) *The security of critical infrastructures.* Springer Nature; Keupp, M.M. (ed.) (2022) *Cyberdefense: The next generation.* Springer Nature.

250 Die frühere deutsche Tochtergesellschaft *Gazprom Germania* firmiert jetzt als SEFE (*Securing Energy for Europe*). Die juristischen und technischen Probleme der Gazprom-Kontrolle sowie die Kompromittierung der deutschen Versorgungssicherheit rekonstruieren Greive, M. et al. (2023) *So entging Deutschland knapp einem Blackout.* Handelsblatt, 9.12.2023.

251 Bereits 2022 wurde das Glasfaserkabel zwischen Norwegen und Spitzbergen beschädigt, vgl. Nilsen, T. (2022) *Disruption at one of two undersea cables to Svalbard.* The Barents Observer, 9.1.2022. Die chinesische *NewNew Polar Bear* riss vermutlich am 8.10.2023 die Gaspipeline *Baltic Connector* auf, vgl. Staalesen, A. (2023) *Runaway ship Newnew Polar Bear, suspected of sabotage in Baltic Sea, is sailing into Russian Arctic waters.* The Barents Observer, 26.10.2023. Im November 2024 wurden die Datenkabel *C-Lion-1* und *Arelion*, die Mitteleuropa mit Skandinavien bzw. Schweden und Litauen verbinden, beschädigt, vgl. Koponen, L., Shaw, R. (2024) *Ein chinesischer Frachter transportiert Güter aus Russland. Dann brechen in der Ostsee plötzlich zwei Datenkabel ab. Hatte die »Yi Peng 3« einen geheimen Auftrag?* Neue Zürcher Zeitung, 23.11.2024. Zu den norwegischen Warnungen vgl. Norwegian Intelligence Service (2021) *Focus 2021.* p.64.

252 Zur Geschichte und Bedeutung der Unterseekabel, der globalen Bedeutung des Weltseeverkehrs und dessen völkerrechtlichen Grundlagen vgl. Keupp, M.M. (2022) *Die Illusion der Abschottung.* Berlin et al: Springer-Gabler, pp. 11–17.

253 Zur selektiven Piraterie der Huthis vgl. AFP (2024) *Houthis promise safe passage for Chinese, Russian ships transiting through Red sea.* The Times of Israel, 19.1.2024. Zur Struktur der Attacken vgl. The Washington Institute (2025) *Houthi shipping attacks: Patterns and expectations*

(interaktiv online https://www.washingtoninstitute.org/policy-analysis/
houthi-shipping-attacks-patterns-and-expectations-2025). Im Januar
2025 versprachen sie, nur noch israelische Schiffe anzugreifen, solange
die Waffenruhe im Gazastreifen halte, vgl. Hand, M. (2025) *Houthis to
end Red Sea attacks, except against Israeli ships.* Seatrade Maritime News,
20.1.2025.

254 Zur Remilitarisierung der Arktis und den Auswirkungen des Klimawandels für die arktische Schifffahrt vgl. Keupp, M.M. (ed.) (2015) *The Northern sea route: a comprehensive analysis.* Berlin et al: Springer.

255 Vgl. hierzu das *New York joint statement on the security and resilience of undersea cables* vom 29.11.2024, im Volltext verfügbar unter https://
www.gov.uk/government/publications/new-york-joint-statement-on-
the-security-and-resilience-of-undersea-cables

256 Zum neuerlichen Interesse der USA für Afrika und entsprechende Investitionen vgl. The White House (2024) *FACT SHEET: Celebrating U.S.-Africa partnership two years after the 2022 U.S.-Africa leaders summit,* 14.12.2024. Zum wankelmütigen Ägypten vgl. Hill, E. et al. (2023) *Egypt secretly planned to supply rockets to Russia, leaked U.S. document says.* The Washington Post, 11.4.2023.

257 Zu Chamberlains Abkehr von der Appeasement-Politik vgl. Bouverie, T. (2019) *Appeasement : Chamberlain, Hitler, Churchill, and the road to war* (First U.S. ed.). Tim Duggan Books.

258 Vgl. Yurkova, O. (2018) Ukraine: At the forefront of Russian propaganda aggression. *The SAIS Review of International Affairs* 38(2), 111–124; Kuzio, T. (2018) Euromaidan revolution, Crimea and Russia–Ukraine war: why it is time for a review of Ukrainian–Russian studies. *Eurasian Geography and Economics* 59(3–4), 529–553; Fortuin, E. (2022) »Ukraine commits genocide on Russians«: the term »genocide« in Russian propaganda. *Russian Linguistics* 46, 313–347. Zu den inszenierten Propagandaaktionen vgl. Hosaka, S. (2019) Welcome to Surkov's theater: Russian political technology in the Donbas war. *Nationalities Papers* 47, 750–773; Kazodobina, J., Hedenskog, J., Umland, A. (2024) *Why the Donbas war was never ›civil‹.* SCEEUS Report No. 6. Stockholm Centre for Eastern European Studies; Shandra, A., Seely, R. (2019) *The Surkov leaks: The inner workings of Russia's hybrid war in Ukraine.* RUSI Occasional Paper, July 2019.

259 Neben der UN-Charta selbst sind dies insbesondere: Belowescher Vereinbarungen (1991), Budapester Memorandum (1994), russisch-ukrainischer Freundschaftsvertrag (1997; dieser erkennt explizit die territoriale Integrität der Ukraine an und weist die Krim und den Donbass als ukrainisches Staatsgebiet aus), russisch-ukrainischer Flottenvertrag (1997), russisch-ukrainischer Vertrag zur gemeinsamen Nutzung des Asowschen Meeres (2003), russisch-ukrainischer Grenzvertrag (2003), Charkiw-Verträge (2010), Minsk I (2014), Minsk II (2015).

260 Zur psychischen und physischen Gewaltkultur im zeitgenössischen Russland vgl. Etkind, A. (2023) *Russia against modernity*. Polity; aus soziologischer Perspektive Kostjutschenko, J. (2023) *Das Land, das ich liebe: Wie es wirklich ist, in Russland zu leben*. München: Penguin Verlag. Illustrativ zur Allgegenwart der Gewalt schreiben Schumatsky, B. (2023) *Liebes Russland*. Frankfurter Allgemeine Sonntagszeitung, 10.9.2023 und Medwedew, S. (2022) *Die Gewaltverbrechen der russischen Armee in der Ukraine sind der Spiegel einer archaischen Kultur des Bösen, die das Land bis heute nicht aus den Klauen gelassen hat*. Neue Zürcher Zeitung, 19.6.2022.

261 Zu den empirischen Fakten, wie und warum Kriege tatsächlich enden, vgl. Reiter, D. (2010) *How wars end*. Princeton University Press; Iron R., Kingsbury, D. (eds.) (2023) *How wars end: Theory and practice*. Routledge. Zu russischen Verhandlungstechniken vgl. Lewis, D. (2020) *Russia as peacebuilder? Russia's coercive mediation strategy*. Marshall Center Security Insight, no. 61; Meerts, P. (ed.) (2009) *Negotiating with the Russian bear: Lessons for the EU?* College of Europe, EU Diplomacy Papers, 8/2009; Schecter, J. (1998) *Russian negotiating behaviour: continuity and transition*. United States Institute of Peace; Kimura, H. (1996). The Russian way of negotiating. *International Negotiation* 1(3), 365–389. Den Nachweis, dass das Signalisieren eigener Schwäche die Aggressionstendenz verstärkt, führt Skylar Mastro, O. (2019) *The costs of conversation*. Cornell University Press.

262 Der Artikel des Wall Street Journal wurde wenig später korrigiert und neu publiziert, vgl. Pancevski, B. (2024) *In Central Europe, Czechs go hunting for arms for Ukraine*. Wall Street Journal [online], 17.3.2024. Zur verärgerten Kritik an der Originalfassung vgl. Willoughby, I. (2024) *Wall Street Journal changes headline referring to Czechs after criticism*. Radio Prague International, 18.3.2024. Ausführlich zu Propagandatechniken und dem Einsickern russischer Staatspropaganda in die zeitgenössische mediale Berichterstattung vgl. Watanabe, K. (2017) The spread of the Kremlin's narratives by a Western news agency during the Ukraine crisis. *The Journal of International Communication* 23(1), 138–158; Paul, C., Mathews, M. (2016) *The Russian »firehose of falsehood« propaganda model*. RAND Corporation, Report PE198.

263 Eine ernüchternde Analyse zur fehlenden europäischen Verteidigungsfähigkeit mit Illustrationen zu sinkenden Personalbeständen und fehlender Einsatzfähigkeit liefern Meijer, H., Brooks, S. (2021) Illusions of autonomy: Why Europe cannot provide for Its security if the United States pulls back. *International Security* 45(4), 7–43. Zu den logistischen Problemen der europäischen Armeen und ihrer Abhängigkeit vom NATO-Verbund vgl. Grand, C. (2024) *Defending Europe with less America*. Policy Brief, European Council on Foreign Relations, 3.7.2024. Speziell zur Bundeswehr vgl. Jungbluth, F. (2023) Pistorius: *Bundeswehr*

ist nicht verteidigungsfähig. Deutscher Bundeswehrverband, 1.3.2023;
Heimbach, T. (2022) *Munition für maximal zwei Tage Krieg.* Business
Insider, 10.10.2022.

264 So z. B. die Studie von Greenpeace (Hrsg.) (2024) *Wann ist genug ge-*
nug? Ein Vergleich der militärischen Potenziale der Nato und Russlands.
Hamburg: Greenpeace e. V., die theoretische (auf Papier zugesicherte)
mit tatsächlicher (logistisch lauffähiger) Einsatzbereitschaft verwechselt
und zudem keine Überlegungen zur Nachschubfähigkeit der NATO-
Kampfverbände anstellt.

265 Zu den Reformen der russischen Armee unter Verteidigungsminister
Serdjukow vgl. Giles, K. (2014) A new phase in Russian military trans-
formation. *The Journal of Slavic Military Studies* 27(1), 147–162; Bryce-
Rogers, A. (2013) Russian military reform in the aftermath of the 2008
Russia-Georgia war. *Demokratizatsiya* 21(3), 339–368.

266 Detailliert zu den strukturellen Problemen und Produktionskapazitäten
der russischen Rüstungsindustrie siehe Connolly, R., Boulègue, M. (2018)
Russia's new state armament programme. London: The Royal Institute of
International Affairs; Luzin, P. (2021) *Russia's defense industry and its*
influence on policy: Stuck in a redistributive feedback loop. Russia Matters,
3.11.2021. Eingehend zum Wiederaufbaupotenzial vgl. Boulègue M. et al.
(2024) *Assessing Russian plans for military regeneration.* Chatham House;
Massicot, D. (2024) *Russian military reconstitution: 2030 Pathways and*
Prospects. Carnegie Endowment for International Peace, 12.9.2024. Sehr
detailliert die Produktionskapazitäten verschiedener Waffensysteme
und Munition im militärisch-industriellen Komplex analysieren Cooper,
J. (2024) Military production in Russia before and after the start of the
war with Ukraine. *The RUSI Journal* 169(4), 10–29; Boulègue, M. et al.
(2024) *Assessing Russian plans for military regeneration.* Research Paper,
London: Royal Institute of International Affairs.

267 Grundsätzlich zum Wiederaufbauproblem und zur verzögerten Umsetzung von Geldmitteln in militärische Fähigkeiten vgl. Keupp, M. M.
(2019) *Militärökonomie.* Berlin et al.: SpringerGabler, pp. 106–110;
speziell zur deutschen Situation vgl. Wolff, G., Burilkov, A., Bushnell, K.,
Kharitonov, I. (2024) *Fit for war in decades: Europe's and Germany's slow*
rearmament vis-a-vis Russia. Kiel Report, 1. Kiel Institute for the World
Economy; Mölling, C:, Schütz, T., Hellmonds, S. (2023) *Zeitschleife statt*
Zeitenwende. Deutsche Gesellschaft für Auswärtige Politik, DGAP Policy Brief, 15.6.2023.

268 Zur logistischen Abhängigkeit de Gaulles von amerikanischer Unterstützung vgl. Fuller, R. (2019) *The struggle for cooperation.* University Press
of Kentucky. Zu seiner Außenpolitik, seinem Prestigebedürfnis und den
daraus resultierenden Spannungen vgl. Reyn, S. (2010) *Atlantis Lost: The*
American experience with De Gaulle, 1958–1969. Amsterdam University
Press.

269 Der Supreme Allied Commander Europe (SACEUR) ist traditionell ein US-amerikanischer General oder Admiral. Um dem französischen Prestigebedürfnis dennoch entgegenzukommen, bestimmte man 1949 Paris als ersten NATO-Sitz. Dennoch verließ Frankreich 1966 das gemeinsame militärische Oberkommando (Supreme Headquarters Allied Powers Europe, SHAPE) – es sollte bis 2008 nicht zurückkehren –, worauf das Kommando zunächst nach Brüssel, 2010 schließlich nach Mons verlegt wurde, wo es sich bis heute befindet. Zur nicht immer unproblematischen Haltung Frankreichs vgl. Grant, R. (1985) French defense policy and European security. *Political Science Quarterly* 100(3), 411–426.

270 Der Zwei-plus-Vier-Vertrag (1990) garantierte den Verbleib von NATO-Truppen (einschließlich der US-Truppen) in Deutschland, das jedoch souverän über die Stationierung ausländischer Truppen entscheiden kann. Darüber hinaus ist das *Status of Forces Agreement* von 1951 (mit diversen Zusatzprotokollen) unverändert in Kraft, es regelt die rechtlichen Rahmenbedingungen für die Stationierung amerikanischer Truppen in Deutschland. Übersichtshalber historisch und aktuell zu den deutschen Standorten vgl. Deutscher Bundestag (2017) *Die Entwicklung der Personalstärke der US-Streitkräfte (...).* Wissenschaftliche Dienste, Bericht WD 2 – 3000 – 009/17. Zur globalen Präsenz vgl. USA Facts (2024) *Where are US military members stationed, and why?*, 3.2.2024; O'Dell, H. (2023) *Where in the world are US military deployed?* Chicago Council on Global Affairs, 25.10.2023.

271 Zur volkswirtschaftlichen Wirkung der US-Basen in Rheinland-Pfalz vgl. SWR Aktuell (online) (2025) *Amtseinführung Trump: Fünf Fakten, was Rheinland-Pfalz und die USA verbindet*, 17.1.2025. Detailliert zu den Stationierungskosten und dem Beitrag zur europäischen Sicherheit vgl. U. S. Department of Defense (2022) *Fact sheet: U. S. defense contributions to Europe*, 29.6.2022; Radin, A., Gentile, G. (2023) *Why the United States still needs ground forces in Europe.* DefenseOne, 23.7.2023.

272 Vgl. NATO (2018) *Communique PR/CP(2018)091: Defence expenditure of NATO countries 2011–2018.* Bruxelles: North Atlantic Treaty Organization.

273 Im Juli 2023 wurde der 2024 *National Defense Authorization Act* durch den amerikanischen Senat angepasst. Seither benötigt der US-Präsident eine Mehrheit im Kongress und eine Zweidrittelmehrheit aller Senatoren, falls er beabsichtigt, den NATO-Vertrag zu kündigen, ansonsten erhält er nur sehr beschränkte Budgetmittel für den Truppenrückzug aus Europa, was diesen de facto undurchführbar macht. Detailliert zum Kaine-Rubio-Amendment vgl. Harris, B. (2023) *With eyes on Trump, Senate votes to make NATO withdrawal harder.* DefenseNews, 20.7.2023.

274 Zur Präsenz dieses Gedankens in der amerikanischen Staatsdoktrin und seinen Folgen für die militärische Logistik vgl. O'Rourke, R. (2022)

Defense primer: Geography, strategy, and U.S. force design. Washington D. C.: Congressional Research Services, IF 10485.

275   Vgl. NATO (2024) *Defence expenditure of NATO countries (2014–2024).* Press Release. Brussels: NATO.

276   Die Datenbank https://leave-russia.org/ zeigt, welche internationalen Firmen Russland mittlerweile verlassen haben und welche dort noch tätig sind.

277   Vgl. Bertelsmann Stiftung (2016) *Frayed partnership: German public opinion on Russia.* Gütersloh: Institute of Public Affairs; Graf, T. (2024) *Zwischen Kriegsangst und Kriegstauglichkeit.* Forschungsbericht 137. Potsdam: Zentrum für Militärgeschichte und Sozialwissenschaften der Bundeswehr; Zink, W., Heinzelmann, P., Rerbal, S, Schulte, N. (2022) *Die Sicherheitslage aus Sicht der Bevölkerung.* PricewaterhouseCoopers.

278   Der lettische Großmeister und Weltmeister Mihails Tāls, aufgrund seines russifizierten Namens Михаил Таль häufig irrtümlich für einen Russen gehalten, war berühmt für seine gewagten Opferkombinationen. Spätere Analysen konnten zwar Fehler in seinen Kombinationen aufdecken – teils erst Jahrzehnte später und computerunterstützt. Sie waren jedoch so komplex erdacht, dass es seinen Gegnern nur selten gelang, sie innerhalb der verfügbaren Zeit zu widerlegen.

279   Zum Wachstum und zur Wertsteigerung der russischen Goldreserven vgl. Statista (2024) *Russland: Goldreserven und Devisenreserven der russischen Zentralbank von Dezember 2009 bis Dezember 2024,* online unter https://de.statista.com/statistik/daten/studie/487403/umfrage/gold-und-devisenreserven-von-russland/

280   Zur maritimen Stärke der jeweiligen Verbände und ihren Fähigkeiten vgl. Savitz, S., Winston, I. (2024) *A brief naval overview of the Baltic Sea region.* RAND Corporation, Report PE-A2111-1.

281   Detailliert zur polnischen Aufrüstung vgl. Oryx (2022) *A 21st Century powerhouse: listing Poland's recent arms acquisitions.* Oryx Blog, 10.11.2022 (https://www.oryxspioenkop.com/2022/11/a-21st-century-powerhouse-listing.html). Detailliert zu den geographischen Standorten und Aufbaubedarfen an der neuen Ostflanke vgl. GLOBSEC (2023) *Will the Eastern flank be battle ready?* Bratislava: GLOBSEC Future Security and Defence Council. Zur Erlaubnis der NATO-Grundakte für Truppenaufstockungen vgl. deren Wortlaut: *In diesem Zusammenhang können, falls erforderlich, Verstärkungen erfolgen für den Fall der Verteidigung gegen eine Aggressionsdrohung und für Missionen zur Stützung des Friedens im Einklang mit der Charta der Vereinten Nationen (…),* aus dem Originaltext gemäß https://www.nato.int/cps/en/natohq/official_texts_25468.htm?selectedLocale=de

282   Im Januar kündigte der syrische Betreiber des Hafens von Tartus den Nutzungsvertrag zugunsten der russischen Armee, vgl. Wanhoff, T. (2025) *Russland: Putin verliert wichtigen Marinehafen in Syrien.* T-online,

23.1.2025. Die übrigen Basen stehen zur Disposition, zu entsprechenden diplomatischen Versuchen Russlands, sie zu halten, vgl. Sonne, P., Goldbaum, C. (2025) *Russia, seeking to salvage military bases, goes hat in hand to Syria.* The New York Times, 2.2.2025.

283   Zu Putins anfänglicher Position gegenüber der Hamas vgl. Myers, S., Myre, G. (2006) *Hamas delegation visits Moscow for a crash course in diplomacy.* The New York Times, 4.3.2006; zum Ausgleich syrischer und israelischer Interessen vgl. Klein, M., Averbukh, L. (2018) *Russlands Annäherung an Israel im Zeichen des Syrien-Konflikts.* Stiftung Wissenschaft und Politik, SWP-Aktuell 2018/A45; Rumer, E. (2019): *Russia in the Middle East: Jack of all trades, master of none.* Carnegie Endowment for International Peace, 31.10.2019.

284   Die aktuell bekannten Gasvorkommen belaufen sich auf etwa 188 Billionen m^3, wovon 47,8 Billionen m^3 in Russland lagern. Der globale Jahresverbrauch liegt derzeit bei etwa vier Billionen m^3, und man geht von zusätzlichen 351 Billionen m^3 unkonventionellen Gasvorkommen aus, vgl. Energy Institute (2024) *Statistical review of world energy*, online: https://www.energyinst.org/statistical-review sowie Dou, L., Wen, Z., Wang, Z., (2024) *Global oil and gas resources: potential and distribution.* Springer Singapore. Für eine ausführliche Analyse der Substitutionskapazität und LNG-Entwicklung sowie den Preisaussichten für russisches Erdgas vgl. Henderson, J., Chyong, K. (2023) *Do future Russian gas pipeline exports to Europe matter anymore?* Oxford: Oxford Institute for Energy Studies.

285   Zur geplanten Wärmewende in München vgl. https://stadt.muenchen.de/infos/waermewende-muenchen.html, zur Erdgasabhängigkeit der Stadt Berlin vgl. den Primärenergieverbrauch unter https://www.statistik-berlin-brandenburg.de/e-iv-5-j sowie die Erzeugerdaten unter https://www.bew.berlin/fernwaermesystem/erzeugungsanlagen/ Zum Mannheimer Ausstieg vgl. Kwiatkowski, D. (2025) *Mannheimer Versorger MVV: Gasnetz wird bis 2035 stillgelegt.* SWR Aktuell, 8.11.2024.

286   In Schwechat bei Wien betreibt der österreichische Mineralölkonzern OMV eine entsprechende Anlage, vgl. Blasenbauer, D. et al. (2024) *Recovery of plastic packaging from mixed municipal solid waste. A case study from Austria. Waste Management* 180, 9–22. Zur chinesischen Energiewende und dem starken Ausbau der Nuklearenergie vgl. das Länderprofil bei der IAEA (2022) *Country Nuclear Profile*: China, https://www-pub.iaea.org/MTCD/Publications/PDF/cnpp2022/countryprofiles/China/China.htm Zum globalen Wachstum der Elektromobilität vgl. International Energy Agency (IEA) (2023) *Global EV Outlook.* Paris: IEA.

287   Zur Prognose des *peak demand* vgl. International Energy Agency (2024) *Oil 2024.* Paris: IEA; Organization of the Petroleum Exporting Countries (2024) *World oil outlook* 2024. Wien: OPEC. Zu den makroökonomischen Konsequenzen sinkender Ölpreise vgl. Baffes, J. et al. (2015) *The great plunge in oil prices : causes, consequences, and policy responses.*

Policy Research Note PRN/15/01. Washington D.C.: The World Bank Group. Zu Gaidars unheilvoller Vorahnung vgl. Gaidar, E. (2007) *Collapse of an empire: lessons for modern Russia.* Washington D.C.: Brookings Institution Press, p. 255.

288 Ausführlich zu den Problemen der historischen russischen Petrodollarökonomie und ihrer Verwundbarkeit gegenüber globalen Preisschocks vgl. Ermolaev, S. (2017) *The formation and evolution of the Soviet Union's oil and gas dependence.* Working Paper, Carnegie Endowment for International Peace, 29.3.2017.

289 Seitdem die Sowjetunion 1947 atomwaffenfähig wurde, kontrolliert das Zwölfte Hauptdirektorat im russischen Verteidigungsministerium (12 Главное Управление Министерства Обороны) zentral von Moskau aus sämtliche nuklearen Waffen und Testanlagen. Zum Gesamtbestand des Arsenals vgl. Kristensen, H., Korda, M., Johns, E., Knight, M. (2024) Russian nuclear weapons, 2024. *Bulletin of the Atomic Scientists* 80(2), 118–145. Zur Beruhigung entsprechender Angstvorstellungen vgl. Diaz-Morin, F. (2023) *What would happen if a military group took over Russia's nuclear arsenal?* Bulletin of the Atomic Scientists (online), 26.6.2023.

290 Zum Fortleben des imperialen Gedankens durch alle Epochen und politischen Systeme vgl. Abalow, A., Kusnezowa, E., Inosemzew, W. (2019) Das letzte Imperium. *Internationale Politik*, Januar/Februar, pp. 118–126.

291 Vgl. Mann, T. (1954) *Der Zauberberg.* Sechstes Kapitel, letzter Abschnitt: Als Soldat und brav. S. Fischer, p. 731. Sehr klar zu den Folgen falsch verstandener Toleranz für die Weltordnung die Rede des schweizerischen Bundespräsidenten Berset vom 19.9.2023 vor der UN-Generalversammlung, im Wortlaut unter https://gadebate.un.org/en/78/switzerland

292 Zum materiellen Schaden vgl. World Bank et al. (2023) *Third Ukraine rapid damage and needs assessment (RDNA3).* Washington D.C.: The World Bank Group. Grundsätzlich zum humanitären Völkerrecht vgl. Fleck, D. (ed.) (2021) *The handbook of international humanitarian law.* 4th Edition. Oxford Academic. Der Internationale Strafgerichtshof verfügt seit 2014 über die territoriale Gerichtsbarkeit in der Ukraine, daher kann Russland nicht nur als Staat verantwortlich gemacht werden, sondern unter dem Römischen Statut auch die verantwortlichen Politiker und Generäle. Zum zwingenden Völkerrecht vgl. Weatherall, T. (2015) *Jus Cogens: International Law and Social Contract.* Cambridge: Cambridge University Press. Zur Auszeichnung der Kriegsverbrecher durch Putin vgl. Ritchie, H., Angelova, M., Picheta, R. (2022) *Putin gives honorary title to Russian brigade accused of war crimes in Bucha.* CNN World, 19.4.2022.

293 Die Siegermächte des Zweiten Weltkriegs – und nicht etwa die Atommächte, wie oft fälschlich angenommen wird – sind permanente Mitglieder des Sicherheitsrats (1945, bei der Gründung der UN, sind nur die USA auch Atommacht, die Republik China ist Siegermacht gegenüber

Japan). Die heutige Russländische Föderation nimmt, als Rechtsnachfolgerin der Sowjetunion, deren Sitz ein.

294 Grundsätzlich zur Durchsetzungs- und Reformproblematik vgl. Fassbender, B. (2020) Die Beharrungskraft des Status quo: Die Bemühungen um eine Reform des Sicherheitsrats im Jahr des 75-jährigen Bestehens der Vereinten Nationen. *Die Friedens-Warte* 93(3/4), 390–412; zu aktuellen Reformvorschlägen vgl. Hathaway, O., Mills, M., Zimmerman, H. (2025) Crisis and change at the United Nations: non-amendment reform and institutional evolution. *Michigan Journal of International Law*, forthcoming.

295 Zur damaligen Rede Putins vgl. Ioffe, J. (2015) *The remarkable similarity of Putin's and Obama's speeches at the U.N.* Foreign Affairs, 29.9.2015. Zur russischen Zersetzungstechnik internationaler Organisationen vgl. Schmitt, O. (2020) How to challenge an international order: Russian diplomatic practices in multilateral security organizations. *European Journal of International Relations* 26(3), 922–946. Beispielhaft zur Flutung der UN-Institutionen mit absurden Propagandageschichten vgl. United Nations (2022) *United Nations not aware of any biological weapons programmes in Ukraine, senior disarmament affairs official tells security council.* Press Release SC/15084 (27.10.2022), 9171st Meeting (PM).

296 Übersichtsweise zum Ablauf der Invasion vgl. Hughes, G. (2008) The Soviet-Afghan war, 1978–1989: An overview. *Defence Studies* 8(3), 326–350.

297 Per 10. Februar 2025 hat Russland über 20.000 mechanisierte Systeme und Luftkampfmittel verloren, vgl. detailliert hierzu Oryx Blog (2025) *Attack on Europe: documenting Russian equipment losses during the Russian invasion of Ukraine,* laufend nachgeführt unter https://www.oryxspioenkop.com/2022/02/attack-on-europe-documenting-equipment.html

298 Zur unfreiwilligen Kostenübernahme vgl. Бонч-Осмоловская, К. (2024) Сколько российские регионы заплатили за войну. Важные истории, 7.11.2022; ebenso Мухаметшина, Е. (2022) Регионы начали закладывать в бюджетах средства на восстановление ДНР и ЛНР. Ведомости, 28.9.2022.

299 Der 2010 gegründete Staatskonzern Укроборонпром hatte die früheren sowjetischen Rüstungsbetriebe in der Ukraine zusammengelegt, seit 2023 firmiert er als *Ukrainian Defence Industry (UDI).* Zur Berliner Erklärung vgl. nike/dpa csi (2024) *Europäische Länder sichern Ukraine »eiserne Sicherheitsgarantien« zu.* Rheinische Post, 12.12.2024.